Ladies Golf

Vivien Saunders

Ladies Golf

Die besten Tipps für ein besseres Spiel

KOSMOS

Titel der Originalausgabe „The golf handbook for women“,

Aus dem Englischen von Helga Strelow

Umschlaggestaltung von eStudio Calamar unter Verwendung
einer Abbildung der Bildagentur Mauritius/age.

Bibliografische Information der Deutschen Bibliothek:
Die Deutsche Bibliothek verzeichnet dies Publikation in der Deutschen Nationalbibliografie. Detaillierte bibliografische Angaben sind im Internet über http://dnb.ddb.de abrufbar.

KOSMOS Postfach 106011
D-70049 Stuttgart
TELEFON +49 (0)711-2191-0
FAX +49 (0)711-2191-422
WEB www.kosmos.de
E-MAIL info@kosmos.de

Gedruckt auf chlorfrei gebleichtem Papier

Für die deutsche Ausgabe
1. Auflage: Jahr Top Special Verlag GmbH, Hamburg
Für die vorliegende 2. Auflage:

ISBN 3-440-10157-6
Printed in China / Imprimé en Chine

Inhalt

Einleitung

Vivien Saunders konnte sich als erste Europäerin für die US Tour qualifizieren. 1977 errang sie den Sieg in der British Ladies Open Championship. Sie besitzt zwei viel besuchte Golfplätze in England und betreut die Nationalmannschaften mehrerer Länder. Sie wurde zweimal zum British Sports Coach of the Year gewählt und erhielt im Jahre 1977 den OBE (Officer of the British Empire-Orden) für ihre Verdienste im Golfsport.

Ganz gleich, ob Sie nun Anfängerin oder eine Spielerin mit Vorgabe null sind - oder sogar eine Nichtgolferin, die nur Spaß am Zuschauen hat - das *Handbuch für Golferinnen* hält für jeden etwas bereit.

Am besten erlernt man Golf natürlich draußen auf dem Platz oder auf der Driving Range, doch auch als erfahrene Spielerin werden Sie feststellen, dass das *Handbuch für Golferinnen* nicht nur für Anfänger, sondern auch für Fortgeschrittene ein sehr hilfreicher Führer ist.

Dieses Buch mit seinen reichhaltigen Fotografien und Diagrammen vermittelt Ihnen das elementare Wissen über Golf und führt Sie in diesen Sport, seine Terminologie und seine Regeln ein. Die fortgeschrittene Golferin findet viele Tipps zur Technik und Denkweise beim Spiel, so dass sie besser verstehen lernt, wie sie gewinnen und Punkte erzielen kann.

Jede Seite ist mit Schlüsselgedanken versehen, an die Sie sich erinnern können, wenn Sie an Ihrer Technik arbeiten oder in einem Turnier spielen. Golf ist ein herrliches Spiel. Es kann von jedem von sechs bis achtzig erlernt werden. Viele Frauen beginnen mit diesem Sport erst, wenn sie schon über fünfzig oder sechzig Jahre alt sind, und sie können immer noch eine gute Spielstärke erreichen. Der große Vorteil des Golfsports ist sein Handicap-System, das es einem relativen Neuling ermöglicht, gegen Spieler mit einem viel höheren Spielniveau anzutreten. Es ist ein Sport, bei dem Männer und Frauen auf Grund ihrer Handicaps und unterschiedlicher Platzlängen zu fairen Bedingungen miteinander konkurrieren können.

Heutzutage gibt es auf der Welt wahrscheinlich mehr als zehn Millionen weibliche Golfer. Nahezu jedes Land bietet Plätze in herrlicher Umgebung und von unterschiedlichem Schwierigkeitsgrad. An diesen Orten sind schon wunderbare Freundschaften geschlossen worden.

Wenn Sie bisher noch nicht Golf gespielt haben, hoffe ich, dass das vorliegende Buch Ihnen eine unterhaltsame und angenehme Einführung in diesen Sport vermittelt.

Sollten Sie bereits eine erfahrene Golferin sein, werden Sie sicherlich, wenn Sie auf der letzten Seite dieses Buches angekommen sind, eine noch bessere sein.

Viel Spaß beim Golf!

Vivien Saunders
Abbotsley, St. Neots, Cambridgeshire
www.ladiesgolf.co.uk

Damengolf - ein kurzer Überblick

Niemand kennt die genauen Ursprünge des Spiels. Die einen glauben, dass es im Mittelalter begann, als Schafhirten mit ihren Hirtenstäben Kieselsteine über die Hänge schlugen, um sich die Zeit beim Schafehüten zu vertreiben.

Andere wiederum meinen, dass sich Golf von dem alten flämischen Spiel „Chole" herleitet, das bereits Mitte des 14. Jahrhunderts in England gespielt wurde.

Der wahrscheinlichste Vorläufer dürfte jedoch das holländische Spiel „kolf" gewesen sein, über das bereits Ende des 13. Jahrhunderts berichtet und das bis ins 16. Jahrhundert hinein auf vielen holländischen Landschaftsgemälden dargestellt wurde. Auf jeden Fall spielten die „Golfer" mit einem Stock und einem Ball quer über das Gelände, jedoch nicht in ein Loch, sondern zu Türen an bestimmten Gebäuden.

Erst in Schottland hat sich das Spiel richtig entwickelt. An der ganzen Ostküste entlang wurde es offensichtlich zu einem so beliebten Zeitvertreib, dass König James II. im Jahre 1457 Golf - wie auch Fußball - gesetzlich verbot, da diese Spiele zu einer Vernachlässigung des Bogenschießens führten. Der geschickte Umgang mit Pfeil und Bogen war jedoch lebenswichtig, um die Engländer von Schottland fern zu halten.

Das Spiel blieb auf Schottland beschränkt - mit Ausnahme vielleicht des holländischen Äquivalents „kolf" -, bis James VI. von Schottland gleichzeitig König von England wurde und es auch im Süden des Landes einführte. In Blackheath südlich von London legte der schottische Edelmann einen 7-Löcher-Platz an, damit er und sein Hofstaat auch hier ihrem geliebten Sport frönen konnten.

Die frühen Plätze in Schottland hatten nur wenig Ähnlichkeit mit unseren heutigen Golfplätzen. Das Spiel wurde auf öffentlichem Gelände gespielt - wie es manchmal auch heute noch der Fall ist -, und man musste sich mit natürlichen Hindernissen auseinandersetzen. Die Spieler mussten nicht nur Mauern und Gräben überwinden, sondern sich ihren Weg oft auch zwischen anderen Leuten hindurch bahnen, die ebenfalls draußen ihrer Freizeitbeschäftigung nachgingen - sei es nun, dass sie ritten, Kricket spielten oder einfach nur ein Picknick abhielten.

Der erste bekannte weibliche Golffan war Katharina von Aragonien, die erste Frau von Heinrich VIII. Katharina schrieb über ihr Interesse an diesem Spiel, war jedoch, da sie dem britischen Thron einen männlichen Erben schenken sollte, mit so vielen Schwangerschaften geschlagen, dass ihr nur wenig Zeit für Golf blieb. Selbst Ende des 20. Jahrhunderts gibt es noch immer Bastionen männlichen Golfs, wo bis heute die Einstellung vorherrscht, dass der beste Platz einer Frau am häuslichen Herd ist.

Maria, Königin von Schottland, hatte jedoch bereits eine ziemlich aufgeklärte Einstellung zum Golf. In der Verhandlung gegen sie wegen Verrats wurde sie getadelt, bereits zwei Tage nach dem Tod ihres Ehemanns, des Schwerenöters Darnley, schon wieder Golf gespielt zu haben.

Wann genau das weibliche Golf seinen Aufschwung nahm, ist nicht bekannt. Man weiß, dass in der letzten Hälfte des 18. Jahrhunderts die Frauen der Fischer von Musselburgh an der Ostküste Schottlands spielten. Sie waren aber nicht ganz so tüchtige Administratorinnen wie viele der heutigen Golferinnen, so dass es keine Unterlagen über sie gibt. Die ersten dokumentierten Clubs waren der St. Andrews Ladies Golf Club, der 1867 eröffnet wurde, und der Westward Ho! Club in Devon, der auf das Jahr 1868 zurückgeht.

Die Ladies Golf Union wurde 1893 gegründet. Zu diesem Zeitpunkt gab es bereits mehr als 50 Damengolfclubs in England. Golf breitete sich in Amerika aus und in den Ländern des British Commonwealth. 1930 wurde das erste Curtis Cup Match ausgetragen - gesponsert von den amerikanischen Schwestern Harriot und Margaret Curtis -, als Wettkampf zwischen den Amateurgolferinnen der USA und Großbritanniens. Ab

Laura Davies Die Engländerin Laura Davies, eine der am weitesten schlagenden Golferinnen, war jahrelang eine der weltweit führenden Spielerinnen und ganz allgemein eine großartige Botschafterin dieses Sports.

1950 nahm die Zahl professioneller Golferinnen in den USA ständig zu und ab 1980 auch in Europa, Australien und Asien.
Trotz der enormen Beliebtheit des Spiels bei Frauen gibt es auch heute noch viele Clubs, in denen Frauen als Menschen zweiter Klasse betrachtet werden. 1975 erließ die Professional Golfers Association des Vereinigten Königreichs noch eine Vorschrift, wonach weibliche Mitglieder zwar die gleichen Rechte haben sollten wie männliche, es ihnen jedoch untersagt war, an Turnieren teilzunehmen, Sitzungen zu besuchen oder ein Stimmrecht auszuüben! In manchen Clubs durften Frauen zum Beispiel erst ab nachmittags vier Uhr und an Sonntagen spielen. In wieder anderen Clubs haben Frauen nicht den Status von Vollmitgliedern, sondern nur von außerordentlichen Mitgliedern. Es gibt sogar Clubs, in denen Schilder mit der Aufschrift „Keine Hunde oder Frauen vor dem Clubhaus" angebracht sind. Durch entsprechende Erlässe und dank einer aufgeklärteren Einstellung Frauen gegenüber werden all diese Regeln und Traditionen Gott sei Dank allmählich abgebaut, obgleich es sowohl in den Vereinigten Staaten als auch im Vereinigten Königreich nach wie vor Clubs gibt, in denen geschiedene Frauen nicht aufgenommen werden, Frauen keinen Anteil erwerben können oder ein Stimmrecht haben oder in denen alleinstehende Frauen überhaupt nicht zugelassen sind.
Ende des 20. Jahrhunderts stammten die beiden führenden Golferinnen der Welt weder aus England noch aus Amerika. Karrie Webb aus Australien war die unbestrittene Nummer eins, dicht gefolgt von Annika Sörenstam aus Schweden. Beide kommen aus Ländern, in denen der Status der weiblichen Golfer mit dem der männlichen gleich ist.

Vorbereitungen auf das Spiel

Die Stärken und Schwächen der Damen beim Golf unterscheiden sich erheblich von denen der Männer. Die meisten Frauen sind beweglicher und erlernen leichter einen eleganten Golfschwung. Ihre Probleme liegen eher beim Schläger-Ball-Kontakt und in der Weite, während Männer im Allgemeinen ein besseres Auge für den Ball haben, ihn gut treffen und die Länge des Schlages besser beurteilen können.

Wenn Sie bisher noch nie Golf gespielt haben, sollten Sie einmal mit einer erfahrenen Spielerin über den Platz gehen oder ihren Wagen ziehen. So bekommen Sie eine gewisse Vorstellung von der Etikette, von den unterschiedlichen Schlägern und den wichtigsten golferischen Ausdrücken.

Die ersten zwei oder drei Unterrichtsstunden können die wichtigsten Ihrer Laufbahn sein. Der ideale Ort, um mit Golf zu beginnen, ist die Driving Range eines anerkannten Golfclubs. Die dort beschäftigten Pros können Ihnen Unterricht auf der Driving Range geben und Sie an die Platzerlaubnis heranführen.

Aber fangen wir am besten von vorn an. In diesem Kapitel erkläre ich Ihnen die unterschiedlichen Arten von Golfschlägern und was alles zu einer sinnvollen Ausrüstung gehört.

Catrin Nilsmark aus Schweden.

Die Wahl der Golfschläger

Die Schläger, die Sie auf dem Platz benutzen, ändern sich mit den Fortschritten, die Sie machen. Es empfiehlt sich, lieber erst mit einigen wenigen Schlägern zu beginnen und den Gebrauch eines jeden einzelnen gut zu erlernen, als gleich zu viele Schläger anzuschaffen, die Sie noch gar nicht unterscheiden können.

Früher gab es bei der Anzahl der Schläger, die man mit sich führen konnte, keine Beschränkung. Auf alten Fotografien aus den 40er Jahren kann man Caddies in Amerika finden, die sich mit bis zu 30 verschiedenen Schlägern abschleppen mussten. Heutzutage ist die Anzahl der Schläger auf 14 begrenzt, aber man hat immer noch die freie Wahl. Es gibt Firmen, die Schlägersätze mit fünf Hölzern - die Schläger für große Distanzen - herstellen sowie elf Eisen für unterschiedliche Weiten, aus denen Sie Ihre Wahl treffen können. Dazu kommt noch ein Putter.

Anfängerinnen im Golf sollten sich zunächst nur mit einem halben Satz begnügen. Dieser sollte ein Holz 3, ein Holz 7, ein Eisen 5, ein Eisen 7, ein Eisen 9, einen Sand-Wedge und einen Putter umfassen. Am besten bitten Sie

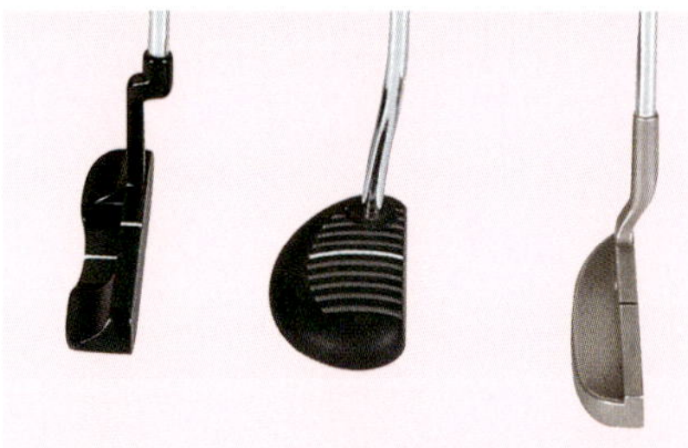

Putterköpfe gibt es in vielen verschiedenen Formen. Welchen Sie wählen, hängt weitgehend von Ihrem persönlichen Geschmack ab. Am besten probieren Sie den Putter vor dem Kauf aus.

Der Neigungswinkel ist der wichtigste Faktor in Bezug auf die Weite, die Sie mit einem Schläger erreichen können. Je niedriger die Zahl des Schlägers ist, desto kleiner ist in der Regel der Neigungswinkel und desto weiter schlagen Sie den Ball.

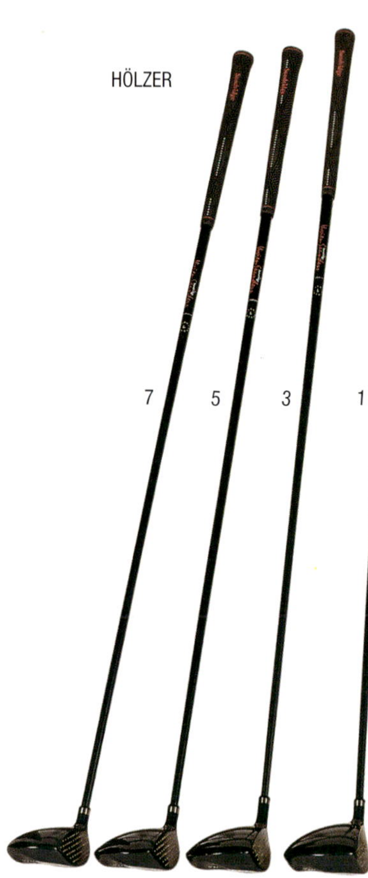

MERKE!
BEGINNEN SIE MIT NUR WENIGEN SCHLÄGERN

Ihren Pro, Schläger für Sie auszuwählen, deren Zahl Sie mit zunehmender Spielerfahrung aufstocken können.

Der ideale volle Satz einer Durchschnittsgolferin besteht aus einem Driver (Holz 1), den Hölzern 3, 5 und 7, den Eisen 3, 4, 5, 6, 7, 8 und 9, einem Pitching-Wedge und einem Sand-Wedge sowie einem Putter. Sowohl der Driver als auch das Eisen 3 können für Durchschnittsgolferinnen schwer zu spielende Schläger sein. Viele Proetten verwenden gar kein Eisen 3 mehr, sondern nehmen stattdessen ein Holz 7, das etwa die gleiche Entfernung überbrückt. Die meisten Frauen kommen mit einem Holz 7 leichter zurecht. Einige Hersteller bieten auch ein Holz 2 an, das mit seinem etwas größeren Neigungswinkel unter Umständen leichter zu spielen ist als ein Driver. Ein guter Satz für einen Spieler mit hohem Handicap könnte aus den Hölzern 3, 5 und 7 sowie den Eisenschlägern von Eisen 4 bis zum Sand Wedge bestehen - und natürlich einem Putter.

Putter gibt es in allen Formen und Größen, Materialien und Farben. Wählen Sie einen, der besonders für Frauen geeignet ist.

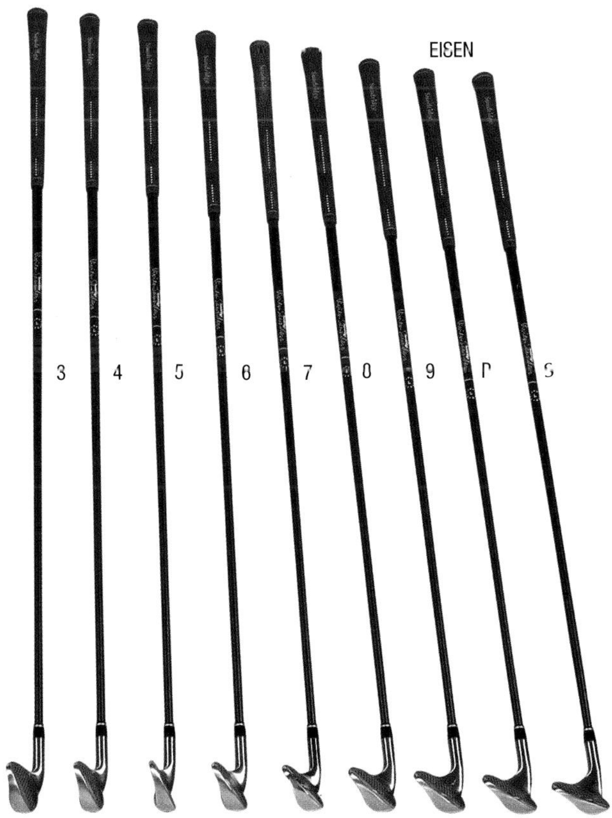

Manche Golfer bevorzugen den hier abgebildeten „Besenstiel“-Putter. Es heißt, dass der längere Schaft und der akzentuierte Pendelschwung des Schlägers Puttprobleme überwinden helfen.

Das Design der Schläger

Wenn Sie wissen, wie sich die einzelnen Schläger voneinander unterscheiden, ist die Auswahl einfacher. Kaufen Sie immer Schläger, die speziell für Damen hergestellt wurden - es sei denn, Sie sind besonders kräftig, eine Spielerin mit der Spielstärke für Meisterschaften oder sehr groß gewachsen. Für eine durchschnittliche Golferin sind Herrenschläger viel zu schwer.

Der Schaft ist der wichtigste Teil des Schlägers. Die bei der Schlägerherstellung verwendeten Materialien wechseln ständig. Halten Sie nach einem leichten Schaft Ausschau - aus Titan oder Graphit. Mit einem zu steifen Schaft erreichen Sie nicht genug Höhe, und die Schläge landen häufig rechts. Verwenden Sie keine steifen Schäfte, wenn Sie nicht sicher sind, dass Sie damit umgehen können.

Eisen - die Form der Schlägerköpfe

Die Art der Eisen, die Sie benutzen, entscheidet über die Fluglinie der Bälle und deren Richtung. Befindet sich das meiste Gewicht auf der Unterseite des Schlägerkopfes, steigt der Ball höher. Ein Schläger mit der Gewichtung auf der Rückseite schlägt ihn niedriger.

Das Design des Kopfes kann auch die Richtung der Schläge beeinflussen. Ein Schläger mit Offset soll einen Slice kurieren. Dabei ist der Kopf ziemlich weit vom Schaft zurückversetzt, wodurch das Ende der Spitze und der Hals des Schlägers in eine Linie gebracht werden. Dadurch schließt sich die Schlagfläche und verhindert Schläge, die nach rechts abweichen.

Eisen mit großen Köpfen sind leichter zu spielen. Das Gewicht der meisten Golfschläger ist mittlerweile auf Spitze und Hacke verteilt. Durch diese Hacken- und Spitzen-Gewichtung wird der Sweet-Spot vergrößert, so dass man einen größeren Spielraum für schlecht getroffene Schläge hat.

Hölzer mit Offset

Man kann auch Hölzer mit Offset kaufen. Ein solches Holz hat die gleiche Wirkung wie ein Eisen mit Offset, d.h., es unterbindet einen Slice.

Der Neigungswinkel innerhalb eines Satzes mit Hölzern und Eisen erhöht sich mit zunehmender Zahl, um progressiv höhere und kürzere Schläge zu ermöglichen. Von einem Schläger zum nächsten besteht jeweils eine Differenz von 1,25 cm in der Länge des Schafts. Dieser Längenunterschied ist mit der Abstufung des Lies kombiniert. Der Pitching-Wedge ist das am aufrechtesten auf dem Boden aufsitzende Eisen, die langen Eisen und Hölzer haben den flachsten Lie. Der Lie muss manchmal je nach Körpergröße des Spielers geändert werden.

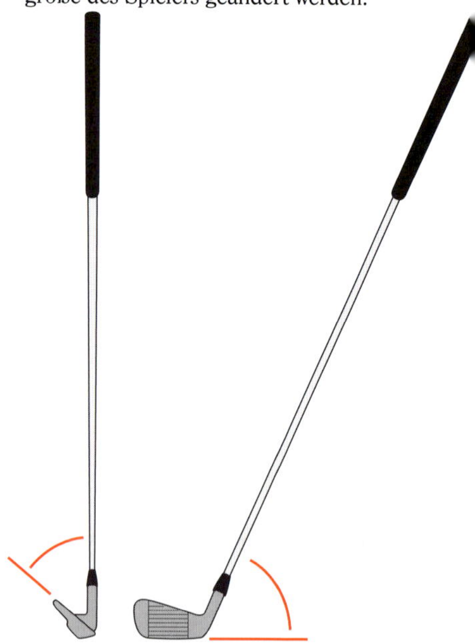

Der Neigungswinkel (links) erhöht sich mit der Zahl des Schlägers und beeinflusst die Länge des Schlages. Ähnlich variiert die Abstufung des Lies eines Schlägerkopfes von Schläger zu Schläger und beeinflusst ebenfalls die mit einem spezifischen Schläger erreichte Weite.

Was die Ausdrücke bedeuten

Die Illustrationen auf dieser Seite zeigen ein normales Eisen von vorne und hinten (oben und ganz oben links), den Schlägerkopf eines zurückversetzten Eisens (rechts) sowie den eines Standard-Metallholzes (ganz oben rechts). Prägen Sie sich die Namen der einzelnen Teile des Schlägerkopfes ein.

MERKE!
KÖPFE MIT OFFSET KURIEREN EINEN SLICE

Die für Ihr Spiel zweckmäßigen Schläger

Die Wahl der Schläger ist von großer Bedeutung. Sie müssen Ihrer Körpergröße, Kraft und Ihrem Spiel im Allgemeinen angepasst sein. Am besten bitten Sie eine Proette um ihren Rat zu diesem Punkt.

In der Theorie können die meisten Spielerinnen Schläger normaler Länge benutzen. Obwohl die Körpergröße der einzelnen Menschen enorm variiert, befinden sich die Fingerspitzen bei hängenden Armen alle in etwa der gleichen Entfernung vom Boden. Frauen mit einer Größe zwischen 1.50 und 1.60 Meter können normalerweise Schläger mit Standardlänge verwenden.
Wenn man den Schläger verlängert, verstärkt man den Peitscheneffekt des Schafts, und der Schlägerkopf fühlt sich schwerer an. Verkürzt man einen Schläger, wird er steifer, und man hat normalerweise weniger Gefühl in Bezug auf den Kopf. Deshalb sollten sich kleinere Frauen ihre Schläger nicht verkürzen lassen. Leichter ist es, den Schläger einfach etwas weiter unten zu greifen.
Bei großen Frauen besteht die Gefahr, dass sie Herrenschläger benutzen, obgleich sie nicht die entsprechende Kraft haben. Wenn Sie schon nach Herrenschlägern Ausschau halten, sollten Sie darauf achten, dass Sie sich wirklich leichte aussuchen. Ein männlicher Pro ist hier vielleicht keine große Hilfe.

Obwohl die Körpergröße der einzelnen Menschen enorm variiert, haben die Fingerspitzen bei hängenden Armen alle etwa den gleichen Abstand vom Boden, wie Sie auf der obigen Zeichnung sehen können. Das bedeutet, dass Golfschläger mit Standardlänge normalerweise für Golfer jeder Körpergröße geeignet sind.

➤ Wichtig ist, dass die Schläger einen korrekten Lie haben, d.h., dass der Winkel stimmt, mit dem der Schläger auf dem Boden aufsitzt. Beim Schlagen des Balls biegt sich der Schaft, und die Hände werden im Treffmoment normalerweise ein wenig angehoben. Wenn der Lie richtig ist, können Sie eine kleine Münze unter die Schlägerspitze schieben.

➤ Wenn die Spielerin klein gewachsen ist und ihre Hände beim Ansprechen sehr niedrig hält, hebt sich die Spitze unter Umständen vom Boden, mit der Folge, dass die Hacke über den Boden schleift und die Schlagfläche sich schließt. Das Ergebnis ist ein Schlag, der mit einem Pull oder Draw nach links verzogen wird. Mit anderen Worten: Der Schläger ist zu aufrecht. Wenn Sie nicht sehr groß gewachsen sind und Ihre Schläge beständig nach links verziehen, könnte das die Ursache dafür sein.

➤ Ein falscher Lie ist ein noch größeres Problem für eine große Spielerin. Die Schlägerspitze gräbt sich im Treffmoment in den Boden und kann zu einem chronischen Slice führen. Sehen Sie sich die Form Ihrer Divots und die Schrammen auf der Schlägersohle an, um festzustellen, ob dies bei Ihnen der Fall ist. Wenn Sie groß sind, sollten Sie Ihre Schläger nur bei einem Pro kaufen und darauf achten, dass sie den für Sie richtigen Lie haben. Kaufen Sie am besten einen

Wenn Sie Schläger mit einem inkorrekten Lie kaufen, besteht die Gefahr einer höheren Fehlerquote bei Ihren Schlägen. Bei einem korreken Lie - die Art, wie der Schlägerkopf auf dem Boden aufsitzt - können Sie, wie oben abgebildet, gerade eben eine Münze unter die Schlägerspitze schieben.

Größere Spielerinnen müssen näher am Ball stehen als kleinere.

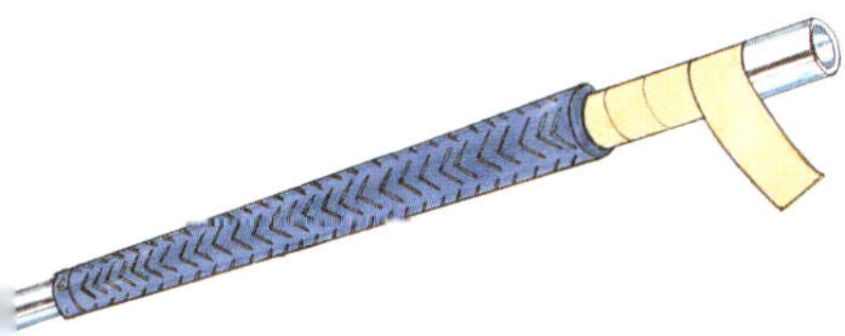

Die Griffe der Schläger haben einen erheblichen Einfluss auf Ihre Schläge. Suchen Sie sich Schläger mit den für Sie richtigen Griffen, und lassen Sie sie auswechseln, wenn sie abgenutzt sind.

Die Formen der Schlägersohlen variieren je nach Zahl und Modell des Schlägers. Für Anfänger sind normalerweise Schläger mit abgerundeten Sohlen (oben rechts) Fehler verzeihender und leichter zu handhaben.

Schlägersatz, der geändert werden kann. Bei Hölzern ist dies im Allgemeinen jedoch nicht möglich, so dass der Lie dieser Schläger schon beim Kauf korrekt sein sollte.

➤ Kaufen Sie auch nur Schläger mit der korrekten Griffstärke. In der Theorie fördert ein dicker Griff einen Slice nach rechts. Bei einem zu dünnen Griff halten Sie den Schläger entweder zu fest, oder Sie spielen Hooks nach links. Bei einem korrekten Griff berühren die Finger der linken Hand gerade eben den linken Daumenballen.

➤ Achten Sie darauf, dass die Griffe richtig angebracht sind, so dass sich alle Linien oder Markierungen wirklich square zur Schlagfläche befinden. Griffe sind im Allgemeinen nicht absolut rund, sondern eiförmig. Wenn sie falsch angepasst werden, ist es schwierig für Sie, die Schlagfläche square zu halten und square zurück an den Ball zu bringen.

➤ Leichtere Schläger sind normalerweise einfacher unter Kontrolle zu bringen.

➤ Ein Schläger mit abgerundeter Sohle passt sich den Hanglagen besser an.

MERKE!
ZU STEIFE SCHÄFTE FÜHREN ZU SCHLECHTEN SCHLÄGEN

Was brauche ich sonst noch?

Es gibt eine riesige Palette von Golfausrüstung auf dem Markt. Sie muss nicht unbedingt teuer sein, aber sie muss zu dem Spiel passen, wie Sie es betreiben wollen.

Handschuhe. Die meisten professionellen Golfer tragen einen Handschuh an der linken Hand (bei Rechtshändern), weil er für einen guten und festen Griff sorgt. Er sollte sich viel strammer anfühlen als ein normaler modischer Handschuh und Daumen und Finger fest umschließen. Schieben Sie den Handschuh, wenn Sie ihn anprobieren, in den Fingerzwischenräumen fest nach unten, und achten Sie darauf, dass der Klettverschluss den Handschuh über dem Handrücken stramm verschließt.

Manche Frauen tragen auch gern rechts einen Handschuh. Er dient aber mehr dem Schutz der Hand als der Verbesserung des Griffs. Wenn Sie im Winter nur rechts einen Handschuh tragen, dürfen Sie nicht vergessen, dass ein zweiter Handschuh die Art, wie Sie den Schläger greifen, verändern kann. Er macht den Griff dicker und erschwert es, die Hände zu vereinigen.

Lederhandschuhe sind teurer und tragen sich normalerweise nicht so gut, besonders, wenn Ihre Hände bei warmem Wetter schwitzen. Synthetische Allwetterhandschuhe gibt es in vielen Farben.

Bei kaltem Wetter empfehlen sich Fäustlinge aus Schaffell über dem Golfhandschuh, die Sie vor jedem Schlag ausziehen. Wenn Sie sie beim Schlagen anlassen, kann das wiederum Ihren Griff beeinträchtigen.

Golfbälle. Die von den meisten Pros benutzten Golfbälle sind für Frauen nicht unbedingt geeignet. Finden Sie einen Ball, der Ihnen liegt, und bleiben Sie dann bei dieser Marke.

Es gibt viele verschiedene Ballmodelle - einige mit weicher Ummantelung, andere mit einem härteren Überzug. Bälle mit weicher Ummantelung produzieren einen stärkeren Rückwärtsdrall, mehr Seitwärtsdrall und eine geringere Weite. Wählen Sie einen Ball mit einem harten Überzug, aber Kompression 80 oder 90. Spielerinnen mit hohem Handicap haben häufig Probleme mit zu harten Bällen. Bei einem Neun-Meter-Putt kann ein weicher Ball, wie er von den meisten Pros gespielt wird, bis zu einem Meter weniger rollen als ein für Amateurspieler geeigneter Ball.

Tees. Die meisten Pros benutzen hölzerne Tees, aber für Durchschnittsgolfer ist es besser, Tees mit bereits vorgegebener Höhe, so genannte „Castle-Tees“, zu verwenden. Der Vorteil liegt darin, dass Sie den Ball jedes Mal in der korrekten Höhe aufteen. Sie sind auch leichter zu benutzen, wenn der Boden im Sommer hart oder im Winter gefroren ist. Diese Castle-Tees gibt es in verschiedenen Längen, und sie sind im Allgemeinen farblich kodiert, d.h., die höchsten sind weiß, die niedrigsten orange.

- Das weiße Tee eignet sich für einen Driver mit breiter Schlagfläche.
- Das gelbe Tee ist mehr für einen Driver mit flacherer Schlagfläche oder ein Holz 3 mit breiter Schlagfläche gedacht.
- Das blaue Tee ist ideal für ein Fairway-Holz oder ein langes Eisen vom Abschlag.
- Die roten und orangefarbenen Tees sind zum Gebrauch an Par 3-Löchern mit Ihren anderen Eisen gedacht.

Schuhe. Am bequemsten sind Schuhe, wenn das Obermaterial aus atmungsaktivem Leder, die Sohle jedoch aus flexiblem Gummi besteht. Ganz gleich, ob Ihre Schuhe Metallspikes, Softspikes oder Profilsohlen haben - achten Sie darauf, dass die Sohlen elastisch sind. Wenn die Sohle steif ist - gewöhnlich bei Leder -, biegt sich der Schuh nicht genug, und Sie reiben sich unter Umständen die Fersen wund.

Schuhe können Ihr Gleichgewicht beeinflussen. Ein Schuh mit einem kleinen Absatz verlagert Ihr Gewicht etwas in Richtung Fußballen, während es bei einem Schuh ohne jeden Absatz auf den Fersen ruht. Sie müssen ein Modell finden, das gut sitzt. Bei Regenwetter sollten Sie wasserdichte Lederschuhe oder Schuhe aus wasserdichtem Syn-

thetik tragen. Da der Regen durch die Schnürsenkel eindringen kann, sind Ihre Füße in einem Schuh mit einer Lasche wahrscheinlich besser vor Nässe geschützt.

Anfängerinnen sollten wissen, dass normale Sportschuhe in den meisten Clubs nicht gestattet sind.

Golftaschen. Als Anfängerin brauchen Sie eine Tasche, die Sie auf einem Trolley fahren, aber auch tragen können. Sie sollte einen verstellbaren Tragegurt haben, so dass sie sich gut auf dem Rücken ausbalancieren lässt. Wenn Sie Schläger mit Graphitschäften besitzen, sollte Ihre Tasche oben ein weiches, graphitfreundliches Futter haben. Auch eine Haube darf nicht fehlen, die sich bei einsetzendem Regen schnell auf die Tasche aufsetzen lässt, um die Schläger trocken zu halten, die es Ihnen jedoch gleichzeitig ermöglicht, leicht an die Schläger heranzukommen. Manche Taschen haben Raumteiler, um die einzelnen Schläger gegeneinander abzugrenzen.

Wenn Sie Ihre Tasche selbst tragen, achten Sie beim Kauf auf einen Doppelgurt, der auf dem Rücken und den Schultern nicht drückt. Als Anfängerin sollten Sie gleich lernen, sie richtig zu tragen - über der linken Schulter und nicht gerade, sondern quer über dem Rücken. Schieben Sie den linken Ellbogen nach unten auf die Schlägerköpfe, bis die Tasche bequem und ausgewogen über dem unteren Teil Ihres Rückens liegt.

Die Palette der angebotenen Golfausrüstung ist endlos. Suchen Sie sich die Ausrüstung, die praktisch ist und Ihrem Geldbeutel am besten entspricht.

MERKE!
HALTEN SIE AN EINEM BALLTYP FEST

Die vollständige Golfausrüstung

Nachfolgend Einzelheiten über weitere Artikel zur Golfausrüstung, die auf dem Platz recht nützlich sein können, wenn Sie sich auf Ihr Spiel vorbereiten.

Trolley. Wenn Sie einen Trolley benutzen, kaufen Sie sich einen mit einem verstellbaren Griff, so dass Sie ihn auf eine bequeme Höhe einstellen können. Viele Trolleys sind offensichtlich für Zweimetermänner ausgelegt und nicht für Frauen, die 30 Zentimeter kleiner sind. Kontrollieren Sie, ob er auch noch mit einer Tasche voller Schläger im Gleichgewicht ist.

Schlägerhauben. Alle Pros benutzen Schlägerhauben für ihre Hölzer, selbst wenn diese heutzutage aus Metall bestehen, weil sie damit besser geschützt werden. Eine lange Schlägerhaube schützt gleichzeitig auch den Schaft eines Holzes, falls er aus Graphit ist, und verhindert, dass er gegen die Schlägerköpfe Ihrer Eisen schlägt. Nur sehr wenige Pros benutzen Schlägerhauben für Ihre Eisen, da diese keinen Schutz benötigen und das Abnehmen und Überziehen das Spiel nur unnötig verlangsamt.

Putterhaube. Wenn Ihr Putter einen Messingkopf oder ein lackiertes Finish hat, wird er mit einer Schlägerhaube sicherlich besser geschützt.

Elektrischer Trolley. Wenn Sie einen elektrischen Trolley benutzen, empfiehlt sich einer mit drei Rädern und einer, den Sie vor sich her schieben, anstatt ihn hinterher zu ziehen. Als Seniorin sollten Sie darauf achten, dass Sie den Trolley leicht handhaben und in Ihr Auto heben können - die Batterie kann sehr schwer sein, und manchmal ist der Wagen schwierig auseinander zu nehmen.

Reise-Cover. Wenn Sie ins Ausland fliegen, ist ein Reise-Cover unerlässlich. Es ist keine gute Idee, Golftaschen mit ins Flugzeug zu nehmen und die Schläger zusammenzubinden in der Hoffnung, sie würden nicht auseinander fallen. Sie können Ihre ganze Golftasche in ein Reise-Cover stecken und dazu noch einen Regenanzug, Ihre Schuhe und alle anderen Accessoires.

Balltasche. Wenn Sie nur üben wollen, sollten Sie sich die Sache so leicht wie möglich machen und eine gute Balltasche anschaffen. Die ideale Tasche bleibt von allein stehen, wenn man den Reißverschluss geöffnet hat. Mit ein wenig Geschick können Sie bald mit Ihrem Sand-Wedge die Bälle aufnehmen und in Ihre Tasche befördern. Eine Balltasche für sechzig Bälle ist ausreichend. Wenn Sie mehr Bälle nehmen, wird das Training häufig nachlässig. Manche Spieler verwenden auch nur eine Ballröhre für zwanzig Bälle. Es gibt auch Taschen mit integrierter Röhre. Damit brauchen Sie sich nicht zu bücken und die Bälle aufzusammeln, sondern können sie einfach mit der Röhre aufpicken. Aber bitte nicht auf dem Grün, denn Sie können es leicht damit beschädigen!

Pitchgabeln, Gummi-Teehalter und Ballmarkierer. Sie werden lernen, Pitcheinschläge auf den Grüns auszubessern. Wenn Sie ein Spieler mit hohem Handicap sind, hinterlässt Ihr Ball wahrscheinlich noch kein Einschlagloch, aber oft muss man vor dem Putten auch die Löcher anderer Leute ausbessern. Sie können alternativ auch ein Tee dafür verwenden.

Die meisten Pros markieren ihre Bälle auf dem Grün einfach mit einer Münze. Vielleicht ist Ihnen ein Kunststoff- oder Messingmarkierer lieber, der besser zu erkennen ist. An den meisten Handschuhen ist ein kleiner Ballmarkierer aufgeknöpft.

Scorezähler. Ein sehr wichtiges Utensil für Anfänger. Sie können bei jedem Schlag, den Sie gespielt haben, den Score weiterzählen. Es wird nicht lange dauern, dann können Sie darauf verzichten und Ihren Score mit Leichtigkeit im Kopf behalten.

Wintertees. Manche Golfer verwenden gern einen Satz von drei Gummitees, die durch eine Schnur miteinander verbunden sind. Sie empfinden dies als Erleichterung bei hartem Boden - sei es, dass er im Winter steinhart gefroren oder im Sommer von der Sonne hart gebrannt ist.

Sehen Sie sich im Shop Ihres örtlichen Pros die große Palette angebotener Golfausrüstung an.

MERKE!
GOLF-GADGETS MACHEN SPASS

Erste Unterrichtsstunden

Keine Frau sollte sich je dazu überreden lassen, Golf ohne Unterricht zu beginnen. Selbst mit großem Talent gewöhnt man sich leicht falsche Bewegungen an, die man nur schwer wieder ablegen kann. Wenn Sie Unterricht bei einem Pro nehmen, wissen Sie von Anfang an, was Sie zu tun haben. Noch besser ist es, wenn Sie eine Proette finden. Sie bringt Ihnen die fundamentale Technik auf weibliche Art bei und weiß automatisch, worauf sie achten muss. Frauen fühlen sich normalerweise auch recht wohl beim Gruppenunterricht. Anfängerinnen lassen sich manchmal von einem Pro einschüchtern, der eine halbe oder gar eine ganze Stunde vor ihnen steht. Denken Sie immer wieder daran, dass jeder in den ersten zwei oder drei Unterrichtsstunden den Ball öfter einmal verfehlt. Aber beim Gruppenunterricht kann das, was Sie im Einzelunterricht einschüchtert, lustig sein, weil jeder die gleichen Probleme hat.

Lehrer, die einen guten Gruppenunterricht erteilen, haben ein wachsames Auge auf jeden einzelnen Teilnehmer, geben langsam, aber stetig neue Ratschläge und gestalten ihren Unterricht entspannt. Im Idealfall sollten Sie 20 Unterrichtsstunden in einer Gruppe nehmen, in denen vom Putten bis zu Drives alles behandelt wird und in denen Sie viele Ratschläge erhalten, wie Sie sich später auf dem Platz verhalten müssen.

Ein idealer Start ist ein Gruppenunterricht über drei oder vier Tage - vielleicht während Ihres Urlaubs. So haben Sie gar keine Chance, in schlechte Gewohnheiten zu verfallen.

Trish Johnson aus Großbritannien beim Lesen der Puttlinie bei der Weetabix Women's British Open in Sunningdale, England.

Der Griff

Der Griff ist von größter Bedeutung für Ihr Spiel. Er kontrolliert Höhe, Weite und Richtung Ihrer Schläge und ist bei allen Schlägern mit Ausnahme des Putters der gleiche. Ein Anfänger sollte mit einem Eisen 7 beginnen.

1 Stellen Sie den Schläger square, d.h. im 90-Grad-Winkel zur Linie zum Ziel, auf den Boden, so dass die Unterkante des Schlägerkopfes direkt auf das Ziel gerichtet ist. Jede Linie oder Markierung auf der Oberseite des Griffs zeigt direkt nach unten. Halten Sie den Schläger am Griffende zunächst nur mit dem rechten Daumen und Zeigefinger.

2 Lassen Sie die linke Hand seitlich am Schläger locker herabhängen, so dass die Fingerspitzen nach unten zeigen.

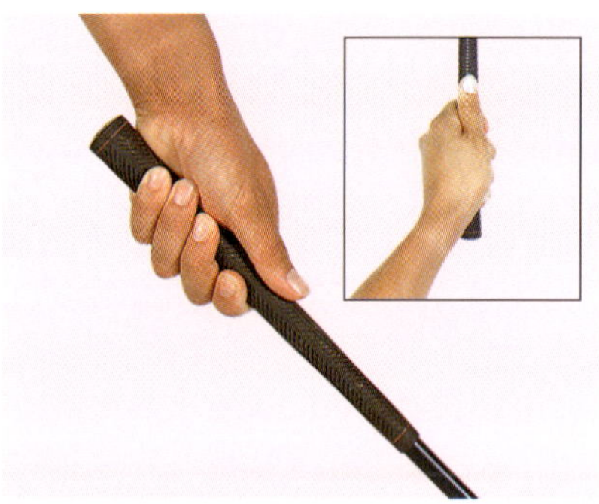

3 Schließen Sie nun die linke Hand und umfassen mit Daumen und Fingern den Schläger. Nehmen Sie nun die rechte Hand weg. Der Schläger sollte diagonal über den Fingern der linken Hand liegen, der Daumen etwas auf der rechten Seite und nach unten weisend. Er darf jedoch nicht gestreckt sein.

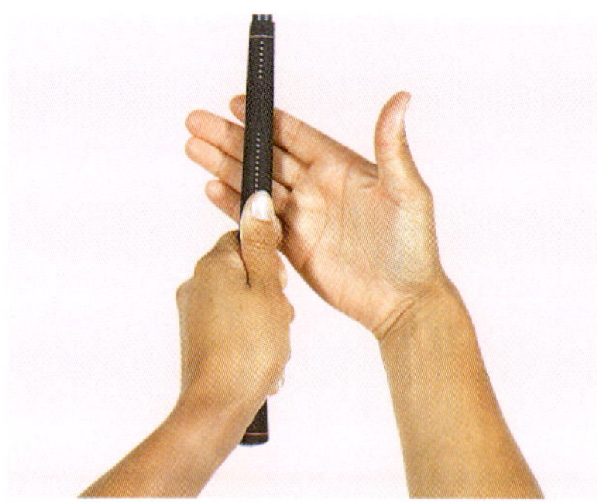

4 Halten Sie nun den Schläger vor dem Körper in die Höhe, und achten Sie auf folgende Richtlinien: Die von Daumen und Zeigefinger gebildete Linie (oder das „V“) zeigt zum rechten Ohr oder zur rechten Schulter, nicht zum Kinn. Wenn Sie einen Handschuh tragen, erkennen Sie noch einen Teil des Logos. Ohne Handschuh müssen Sie zwei oder drei Fingerknöchel sehen können - nicht nur einen, aber auch nicht alle vier. Bei korrekt geschlossener Hand sind die Fingerspitzen nicht sichtbar.

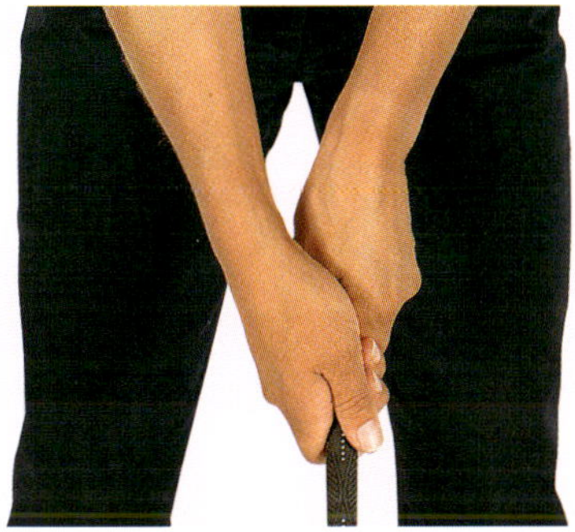

5 Sie halten den Schläger noch immer vor dem Körper nach oben und legen nun die rechte Hand so an den Schläger, dass er an den mittleren Gliedern oder Spitzen aller vier Finger liegt. Schließen Sie nun die rechte Hand, um den Griff zu vervollständigen.

6 Der linke Daumen liegt nun bequem in der Handfläche der rechten Hand. Der rechte Zeigefinger hat sich vom Mittelfinger gelöst, so dass eine deutliche Lücke zwischen beiden Fingern entsteht. Der Daumen wird auf dem Schläger nicht gerade nach unten gestreckt, sondern Daumen und Zeigefinger sind getrennt, und der Daumen liegt auf der linken Seite des Schlägers. Das zwischen Daumen und Zeigefinger gebildete „V" sollte auf eine Stelle zwischen rechtem Ohr und rechter Schulter zeigen.

7 Der rechte Zeigefinger mit seiner kraftvollen Haltung wirkt, als läge er am Abzug einer Waffe. Die Fingerspitzen berühren den Schläger kaum. Sie wollen, dass die Kraft der Finger zum Ziel hin gerichtet ist und nicht davon abgezogen wird.

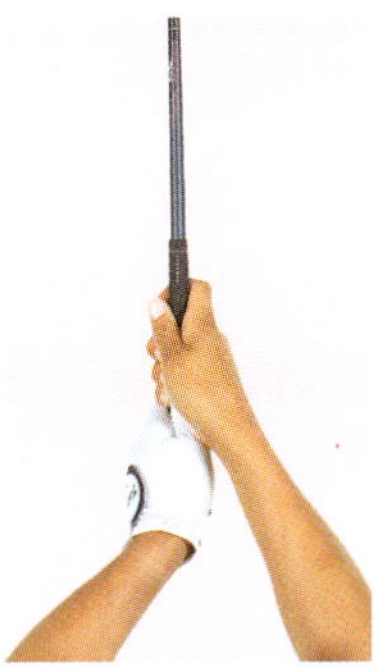

8 KONTROLLE. Halten Sie den Schläger vor dem Körper in die Höhe. Bei einem guten Griff wirken die Hände elegant. Der rechte Zeigefinger ist unter dem Daumen und auf der anderen Seite. Achten Sie darauf, dass die Schlagfläche square ausgerichtet ist. Der Griff eines Golfschlägers ist nicht absolut rund, sondern eiförmig, und Sie sollten deshalb einen leichten Wulst in den Fingern fühlen. Schließen Sie die Augen, drehen Sie den Schläger, und spüren Sie, dass Sie ihn square ausrichten können, ohne die Schlagfläche anzusehen.

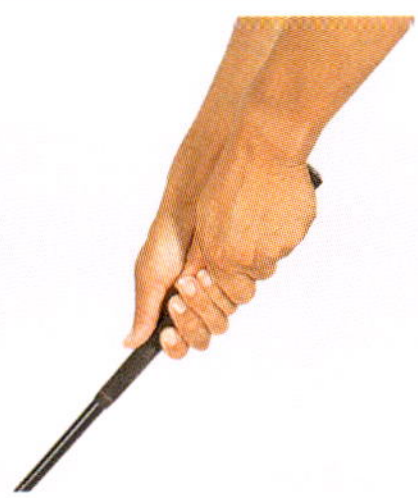

HÄUFIGE GRIFFPROBLEME

Dies ist der wahrscheinlich häufigste Griff-Fehler: Der Zeigefinger ist nach oben gezogen, der Daumen auf der Oberseite nach unten gestreckt. Das fühlt sich zwar sicher und bequem an, aber die Kraft geht nach oben und unten anstatt zum Ziel. Diese Haltung schränkt den Durchschwung ein und reduziert Ihre Kraft.

MERKE!
DER GRIFF KONTROLLIERT WEITE UND RICHTUNG

Welcher Griff ist am besten für Sie

Es gibt verschiedene Arten, einen Schläger zu greifen. Der Griff, der für Sie am besten ist, muss Größe und Stärke Ihrer Hände sowie die Länge Ihrer Finger berücksichtigen.

1 Immer beliebter wird der „Baseball-Griff" (S. 24-25), bei dem alle acht Finger und beide Daumen am Schläger liegen. Er ist ideal für kleine Hände und vielleicht am einfachsten. Er hat jedoch auch Nachteile: Die Hände verlieren leicht ihre Haltung und rutschen auseinander, wenn die Handflächen schwitzen oder Sie nicht sehr konzentriert sind.

2 Der Vardon-Griff gilt allgemein als der perfekte und anerkannt beste Griff. Er wird von den meisten Pros benutzt. Der kleine Finger der rechten Hand passt zwischen Zeige-und Mittelfinger der linken. Er hält die Hände zusammen und vereinigt sie.

ACHTUNG! Der konventionelle Vardon-Griff ist für Sie vielleicht nicht geeignet, wenn Ihre kleinen Finger sehr kurz sind. Der kleine Finger vieler Männer hat fast die gleiche Länge wie der Ringfinger.

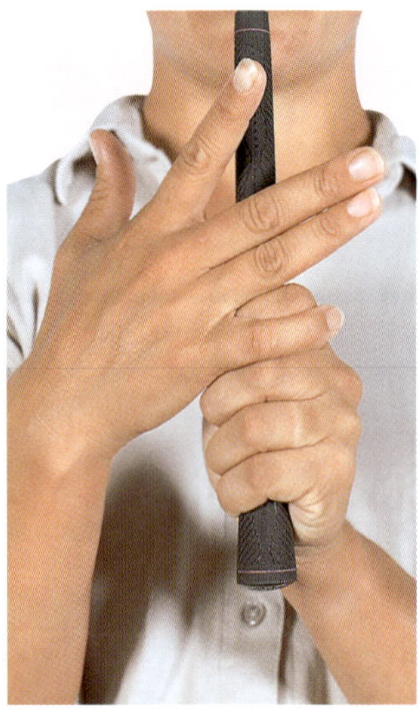

3 So weit müssen Sie Ihre Finger für einen perfekten Vardon-Griff spreizen können. Der Zeigefinger ist zur Einnahme seiner Abzugshaltung abgespreizt, und der kleine Finger muss sich leicht vom Ringfinger trennen. Wenn Sie Golf im Kindesalter anfangen, ist das vielleicht einfach. Als Erwachsener hingegen finden Sie es unter Umständen unmöglich, die Finger zu spreizen.

4 Mit dem „Huckepack-Griff", einer Version des Vardon-Griffs, können Sie die Hände besser miteinander vereinigen. Der kleine Finger der rechten Hand liegt dabei einfach oben auf dem Zeigefinger der linken, so dass er sich nicht so weit abspreizen muss. Der kleine Finger muss ja keine besondere Aufgabe übernehmen. Halten Sie ihn nur ganz entspannt obenauf an einer Stelle, wo es sich bequem anfühlt. Versuchen Sie nicht, ihn krampfhaft in eine bestimmte Position zu zwingen.

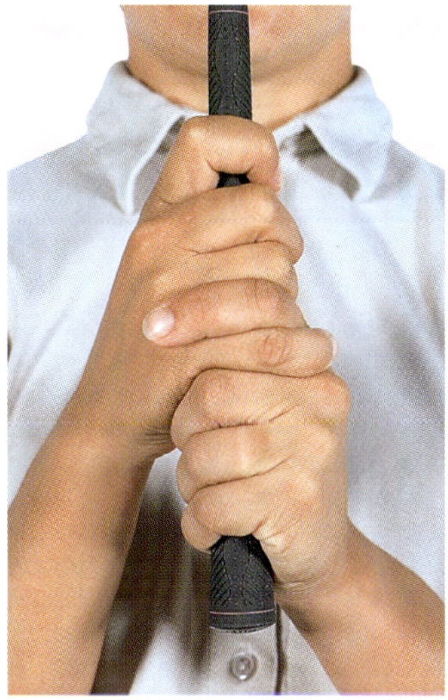

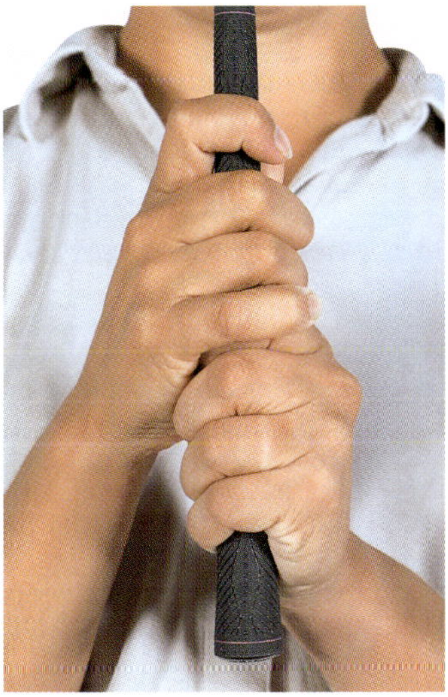

5 Der „interlocking grip" wird häufig Anfängern gelehrt, aber Vorsicht! Die Spitzen des linken Zeigefingers und des rechten kleinen Fingers werden dabei verschränkt und halten die Hände so fest zusammen, dass die Beweglichkeit eingeschränkt ist. Für Frauen ist dies meist ein sehr schlechter Griff, weil dabei der linke Zeigefinger vom Schläger gezogen wird, was zu einem erheblichen Kraftverlust der linken Hand führt. Frauen brauchen die ganze Kraft, die ihre linke Hand aufbringen kann. Selbst für eine Linkshänderin, die rechtshändig Golf spielt, ist der „interlocking grip" häufig nicht befriedigend.

FALSCH
Beim „interlocking grip" sollten nur die Fingerspitzen miteinander verschränkt werden. Hier sind die Hände auf Grund einer zu starken Verschränkung der Finger verrutscht.

MERKE!
MAXIMALE KRAFT DURCH ÜBEREINANDER GELEGTE FINGER

Noch mehr über den Griff

Die Art, wie Sie den Schläger greifen, entscheidet über Weite, Richtung und Höhe Ihrer Bälle. Hier einige Fehler, die sich häufig beim Spiel einstellen, sowie ein paar Tipps, wie Sie sie am besten vermeiden oder korrigieren können.

Von einem „schwachen" Griff spricht man, wenn die von Daumen und Zeigefinger gebildete Linie oder das „V" einer oder beider Hände zum Kinn anstatt zur rechten Schulter zeigt. Er wird von der linken Hand verursacht, wenn sie nicht weit genug über dem Schläger liegt. Der linke Daumen streckt sich zu gerade den Schläger entlang, und das Logo auf dem Handschuh ist nicht zu erkennen. Das kann bei einem „interlocking grip" passieren, wenn die ganzen Finger anstatt nur die Fingerspitzen ineinander verschränkt sind. Dadurch kann die linke Hand zu weit auf die linke Seite gezogen werden. Die Folge eines schwachen Griffs ist normalerweise eine im Treffmoment geöffnete Schlagfläche, d.h., die Schlagfläche zeigt mit vergrößertem Neigungswinkel nach rechts vom Ziel. Das führt zu einem Slice mit einer starken Kurve nach rechts.

Um diesen Fehler zu korrigieren, müssen Sie die linke Hand gut über den Schläger legen und die Finger nicht ineinander verschränken.

Von einem „starken" Griff spricht man, wenn die linke Hand zu weit über und/oder die rechte Hand zu weit unter dem Schläger liegt. Wenn Sie von Haus aus Tennisspielerin sind, legen Sie die rechte Hand automatisch unter den Schläger, weil Sie damit den Ball besser in die Luft bekommen. Bei dieser Haltung zeigt das von Daumen und Zeigefinger der rechten Hand gebildete „V" viel zu weit nach außen über die rechte Schulter hinaus.

Um diesen Fehler zu korrigieren, legen Sie den Schläger an die Finger der rechten Hand. DENKEN SIE DARAN: Die rechte Handfläche muss zum Ziel gerichtet sein, und dieses ist am Ende des Fairways auf dem Boden.

Die Folge eines starken Griffs ist normalerweise eine im Treffmoment geschlossene Schlagfläche, die mit reduzierter Neigung nach links vom Ziel zeigt. Sie führt zu starken Schlägen - daher der Name des Griffs -, aber einem Mangel an Höhe, besonders beim Spiel mit dem Driver, einem Holz 3 oder einem Eisen 3. Dieser Grifffehler ist am schwierigsten zu beheben. Je niedriger Ihr Ball fliegt, desto größer ist die Wahrscheinlichkeit, dass Ihre rechte Hand unter dem Schläger liegt. Widerstehen Sie dieser Neigung. Vor allem, wenn Sie viel Loft brauchen, wie beim Spiel mit dem Sand-Wedge, wird Ihnen dieser Griff Schwierigkeiten machen.

Man muss sich einmal klarmachen, dass der Griff in erster Linie eine Sache der Finger ist, wobei der Daumen nach oben gezogen und nicht nach unten gestreckt wird. Die Hände schließen sich um den Griff, und die Finger winden sich darum herum.

Um ein Gefühl für einen guten Griff zu bekommen, sollten Sie jemanden bitten, Ihnen den Schläger entgegenzustrecken. Führen Sie die linke Hand zum Schläger hin, als wollten Sie jemandem die Hand reichen, und schließen Sie die Hand dann um den Schläger. Dann strecken Sie die rechte Hand am Schläger entlang, wiederum als wollten Sie jemandem die Hand reichen, und schließen die Hand. So haben Sie den richtigen Fingergriff.

Der Griff soll von Anfang bis Ende des Schwungs konstant bleiben, obwohl er sich ganz am Ende des Durchschwungs etwas lockern darf. Der Schläger soll zwar fest in den Fingern liegen, doch die Handgelenke müssen frei beweglich sein. Die meisten Männer greifen den Schläger viel zu fest, viele Frauen dagegen zu locker, vor allem mit der linken Hand.

Um sich einen konstanten Griff anzueignen, stellen Sie sich an vier in einer Reihe ausgelegte Bälle. Schlagen Sie einen nach dem anderen, nehmen Sie sich Zeit dazu, und achten Sie darauf, dass der Griff vom ersten bis zum vierten Ball unverändert bleibt.

Wenn Sie einen Schläger greifen, legen Sie zuerst den Schlägergriff quer über die mittleren Fingergelenke der linken Hand.

Wenn Sie nun die linke Hand um den Schläger schließen, liegt der Daumen ein wenig auf der rechten Seite des Schlägers.

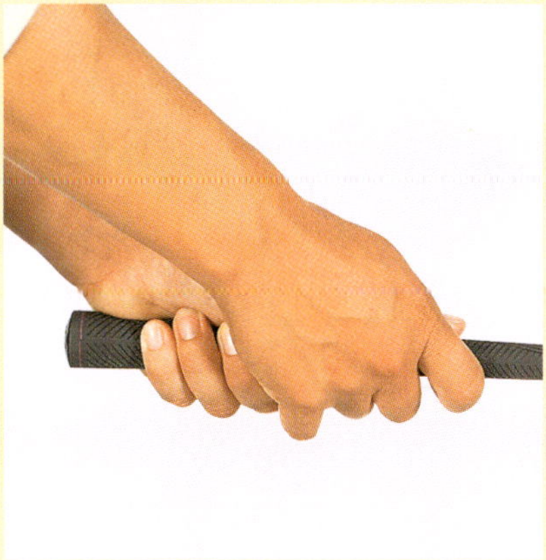

Bringen Sie jetzt die rechte Hand an den Schläger, als ob Sie jemandem die Hand reichen wollten, und schließen Sie sie dann über der linken Hand und dem Schläger.

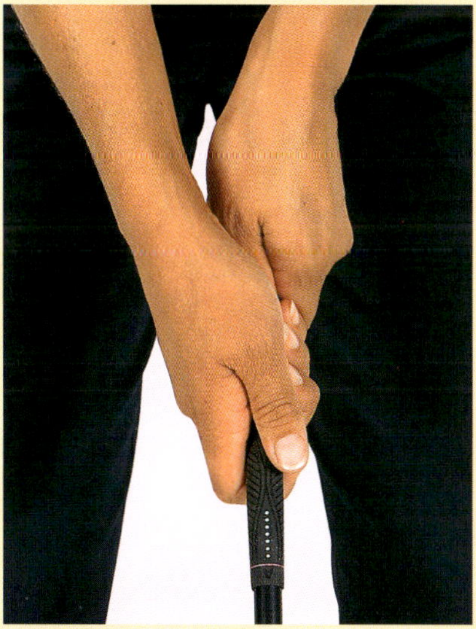

ÜBERPRÜFEN SIE DEN GRIFF
So sollte der korrekte Griff von vorne aussehen. Bitten Sie jemanden, zu kontrollieren, ob Ihr Griff genau der hier abgebildeten Illustration entspricht.

MERKE!
DIE RECHTE HANDFLÄCHE ZEIGT ZUM ZIEL

Ansprechen - Haltung

Die Art, wie Sie sich an den Ball stellen, den Sie schlagen wollen, umfasst mehrere Kriterien und ist unter dem Begriff „Ansprechhaltung" bekannt.

Nehmen Sie ein Eisen 7. Stellen Sie den Schläger square auf den Boden, aber noch ohne Ball, und halten Sie ihn leicht in der rechten Hand. Stellen Sie die Füße bequem auseinander, etwa in Hüftbreite, und beugen Sie sich aus den Hüften nach vorne.

Greifen Sie nun den Schläger mit der linken Hand, und legen Sie die rechte mit korrektem Griff darüber. Die Arme sollten senkrecht nach unten hängen, die Hände eine direkte Linie mit dem Kinn bilden. Wenn Sie sich korrekt aus den Hüften nach vorne beugen, ist der Rücken relativ gerade, aber nicht steif. Die Beine sind bequem gebeugt. Halten Sie den Kopf oben und das Kinn unten, so dass sich eine natürliche und bequeme Linie vom Kopf zum Rücken ergibt.

Sobald Sie ohne Ball ein Gefühl für die korrekte Haltung haben, besteht der nächste Schritt in der Ermittlung des richtigen Abstands zum Ball, indem Sie die Füße nach hinten und vorne bewegen. Wie weit Sie vom Ball entfernt stehen, hängt von Ihrer Körpergröße ab - kleinere Menschen stehen weiter weg. Vermeiden Sie, sich zu „setzen und durchzuhängen" (s. S. 31). Dies ist eine falsche Haltung, die entsteht, wenn man sich aus der Taille nach vorne beugt anstatt aus den Hüften. Wenn Sie sich verkehrt nach vorne beugen, blockieren die Beine oder strecken sich. Wenn Sie nicht sehr groß sind, brauchen Sie die Knie kaum zu beugen.

Halten Sie den Kopf oben. Ziehen Sie das Kinn an, anstatt es nach vorne zu strecken. Strecken Sie den Nacken so weit wie möglich. Die Augen sind nach unten gerichtet.

Je nach Schläger verändert sich die Haltung geringfügig. Beim Spiel mit dem Driver, stehen Sie einigermaßen aufrecht und haben das Gewicht weitgehend auf die Fersen verlagert. Beim Spiel mit dem Wedge, beugen Sie sich weiter nach vorne, und das Gewicht ruht mehr auf den Fußballen.

HALTUNG EINNEHMEN
Stehen Sie bequem, und halten Sie den Schläger leicht in der rechten Hand.

KORREKTE HALTUNG
Stehen Sie einigermaßen aufrecht mit einer leichten Beugung nach vorne, aber nicht zu steif.

HALTUNG - HÖLZER
Dies ist die korrekte Haltung beim Spiel mit den Hölzern. Achten Sie darauf, wie die Spielerin steht - aufrecht, mit dem Gewicht auf den Fersen.

HALTUNG - EISEN
Die korrekte Haltung beim Spiel mit einem kurzen Eisen - in diesem Fall ein Pitching-Wedge. Man beugt sich weiter nach vorne und verlagert das Gewicht auf die Fußballen.

FALSCH
Hören Sie nicht auf Ihren Ehemann, wenn er Ihnen immer wieder rät, den Kopf unten zu halten! Was er wahrscheinlich meint, ist, dass Sie den Ball beobachten sollen, während Sie ihn schlagen. Aber nehmen Sie diese Haltung nicht konstant ein, sonst behindert sie die Freiheit des Schwungs. ACHTUNG: Wenn Sie eine Brille mit bifokalen Gläsern tragen, sollten Sie mit Ihrem Optiker nach einer anderen Lösung suchen. Bifokale Gläser und Golf sind nicht miteinander vereinbar, da sie fast immer zum oben erwähnten Fehler führen.

VERKEHRTE HALTUNG
Machen Sie keinen Buckel oder lassen sich „durchhängen“, wenn Sie Ihre Haltung über dem Ball einnehmen.

MERKE!
GESÄSS NACH OBEN, HANDICAP NACH UNTEN

Ansprechen - Stand

Selbst professionelle Golfer verfallen von Zeit zu Zeit in eine verkehrte Haltung, aber Ihre Chance, es richtig zu machen, steigt, wenn Sie sich die Grundzüge eines guten Standes von Anfang an einprägen.

Nehmen Sie wiederum ein Eisen 7, um die Grundzüge eines korrekten Standes zu üben.
Stellen Sie die Füße so weit auseinander, dass die Außenkanten etwa der Breite Ihrer Hüften entsprechen. Der rechte Fuß steht absolut gerade vor dem Körper, während sich der linke leicht nach außen drehen darf.
Beim Spiel mit dem Eisen 7 liegt der Ball ein wenig links von der Mitte des Standes. Arme und Schläger bilden ein natürliches „Y".
Da die rechte Hand auf dem Schläger tiefer als die linke liegt, befindet sich die rechte Schulter automatisch auch etwas tiefer als die linke.
Die linke Körperseite ist von der Hüfte zur Schulter leicht gestreckt, die rechte Seite entspannt.
Da Sie auf die Rückseite des Balls blicken - den Teil, den Sie schlagen werden -, kann Ihr Kopf ein wenig nach rechts geneigt sein. Aber bitte nicht übertreiben!
Beim Rückschwung bleibt der linke Arm gerade, während sich der rechte beugt. Diese Haltung sollten Sie beim Ansprechen einnehmen. Achten Sie darauf, dass der linke Arm über Ihrer Brust liegt und nicht auf der Körperseite. So bekommen Sie ein Gefühl für den Abstand, den Sie zum Ball benötigen.
Mit der korrekten Standbreite müssen Sie am Ende des Durchschwungs die Knie zueinander bringen können. Bei zu weit auseinander stehenden Füßen ist das nicht möglich, und auch nicht, wenn Sie den rechten Fuß nach außen drehen. Korrigieren Sie die Breite Ihres Standes, bis Ihnen mühelos eine Knie-an-Knie-Haltung möglich ist.
Bei den mittleren Eisen - von 5 bis 9 - wird der Ball ein wenig links von der Mitte des Standes gespielt. Diese Stelle sollte automatisch auch der tiefste Punkt Ihres Schwungs sein und Ihnen zu einem guten Ballkontakt verhelfen.
Ist der Ball für einen Drive aufgeteet oder liegt auf einem Grasbüschel auf dem Fairway, müssen Sie ihn treffen, wenn der Schläger bereits wieder im Aufschwung begriffen ist, um den Vorteil der erhöhten Ballposition voll zu nutzen. Das erreichen Sie am ehesten, wenn Sie den Ball von etwas weiter vorne spielen, also zum linken Fuß hin.
Für jeden Recovery-Schlag aus dichtem Gras, bei Lagen hangabwärts oder bei be-

KORREKTER STAND
So sieht der korrekte Stand von vorn aus.

stimmten Schlägen mit einem Eisen 9 oder einem Wedge ist ein spitzer Auftreffwinkel auf den Ball erforderlich, d.h., Sie sollten den Ball erst treffen und danach ein Divot aus dem Boden schlagen. In diesen Fällen wird der Ball von weiter hinten zum rechten Fuß hin gespielt, kurz hinter der Mitte des Standes.

FALSCH
Einer der häufigsten Fehler von Club-Golfern beim Ansprechen ist, den rechten Fuß nach außen zu drehen. Das erleichtert ihnen zwar den Rückschwung, verhindert jedoch einen korrekten Fußeinsatz und einen guten Durchschwung.

FALSCH
Halten Sie die Hände nicht zu weit nach vorne. Vergessen Sie den Rat, dass linker Arm und Schlägerschaft eine Gerade bilden müssen - obwohl es bei manchen Recovery-Schlägen richtig ist. Spitzenspielerinnen formen beim Ansprechen normalerweise ein „Y". Ehemänner, die Ihnen einreden wollen, die Hände vorne zu halten, sind keine Hilfe!

KORREKTER STAND - SEITENANSICHT
Bitten Sie eine Freundin, zu kontrollieren, ob Ihr Stand von der Seite gesehen der hier gezeigten Abbildung entspricht.

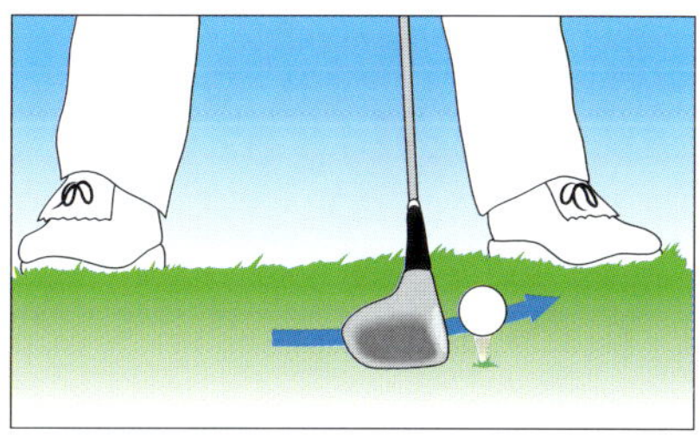

BALL ERHÖHT - AUFWÄRTSKONTAKT
Wenn der Ball erhöht ist - auf einem Tee oder Grasbüschel - spielen Sie ihn von weiter vorne, um einen Aufwärtskontakt zu erzielen.

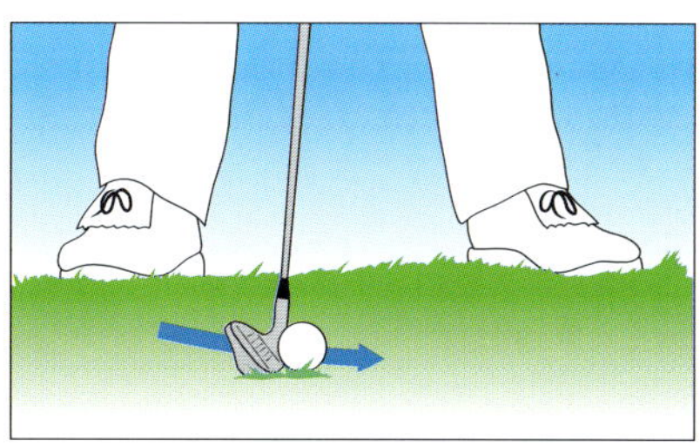

ABWÄRTSKONTAKT
Spielen Sie den Ball von weiter hinten, wenn Sie bei einer schlechten Lage einen Abwärtskontakt erzielen möchten.

MERKE!
LINKER FUSS NACH AUSSEN, RECHTER FUSS GERADE

Ansprechen - Zielen

Ein sehr häufiger Fehler bei Frauen ist zweifellos das Zielen nach rechts. Verbringen Sie daher viel Zeit damit, das Zielen zu üben.

Die orthodoxe Ansprechhaltung ist unter dem Begriff „square“ bekannt, und das bedeutet, dass man parallel zur Richtung des Schlages steht. Bei korrekter Ansprechhaltung verlaufen die Linien entlang den Fußspitzen, Knien, Hüften und Schultern alle parallel (s. Foto unten und Diagramm auf S. 35).

Die meisten Golferinnen neigen dazu, nach rechts zu zielen. Manchmal gelingen auch solche Schläge, aber die Wahrscheinlichkeit ist groß, dass man sich dreht und den Ball nach links vom Ziel verzieht. Je mehr man aber den Ball nach links verzieht, desto wahrscheinlicher wird man weiter nach rechts zielen. Ein anderer häufiger Fehler besteht darin, dass die rechte Hand, die sich auf dem Schläger unterhalb der linken befindet, die rechte Schulter nach vorne zieht. Um richtig zu zielen, stellen Sie sich hinter den Ball und wählen eine Stelle auf dem Boden in etwa 45 Zentimeter Entfernung in Richtung Fahne. Beziehen Sie nun Ihre Standposition, sprechen den Ball an und stellen den Schlägerkopf so an den Ball, als wollten Sie über diese Stelle schlagen. Stel-

STAND SQUARE
Unter „square“ versteht man den Stand, den jede Anfängerin beim Ansprechen des Balls einnehmen sollte. Frauen zielen leider oft nach rechts - es ist der häufigste Fehler bei Golferinnen überhaupt -, doch wenn man den Ball square anspricht, werden die Schläge gerader.

KORREKTE AUSRICHTUNG
Üben Sie die korrekte Ausrichtung, indem Sie ein paar Schläger parallel zur Richtung Ihres Schlages auf dem Boden auslegen - einen entlang der Linie Ihrer Zehen, den anderen hinter dem Ball. Das ist auf dem Golfplatz nicht erlaubt, aber es verhilft Ihnen im Training zu einer korrekten Haltung.

len Sie die Füße zusammen, dann in Hüftbreite auseinander, und denken Sie nur daran, dass Sie parallel zur Linie vom Ball gewählten Stelle bleiben. Ihre Chancen, gerade zu zielen, sind größer, wenn Sie über einen gewählten Punkt spielen als zu einem Ziel in großer Entfernung auf dem Fairway. Bei bestimmten Schlägen beziehen wir andere Standpositionen - entweder einen „offenen“ oder aber „geschlossenen“ Stand (s. oben). Mit einem offenen Stand erhält der Ball einen Slice-Drall, d.h., er bekommt mehr Rückwärtsdrall und Drall nach rechts. Ein geschlossener Stand produziert einen Draw-Drall, bei dem der Ball eine Kurve nach links beschreibt. Probieren Sie dies jedoch nicht, bevor Sie eine wirklich gute Spielstärke erreicht haben.

OFFENER STAND
Bei diesem Stand zeigt die Schlagfläche nach rechts und die Linie der Füße und Schultern nach links.

GESCHLOSSENER STAND
Bei diesem Stand zeigen Füße und Schultern nach rechts und die Schlagfläche nach links.

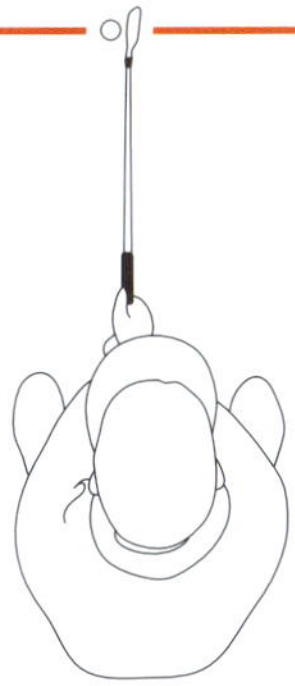

Bei normalen Schlägen stehen Sie parallel zur Linie Ball-Ziel

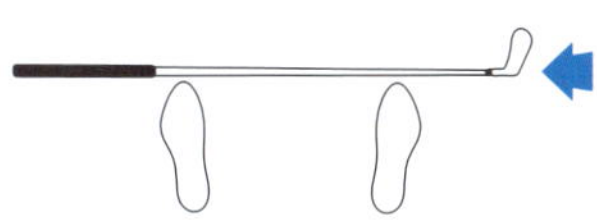

So ist der Stand „square“. Legen Sie einen Schläger auf den Boden, parallel zu Ihren Fußspitzen, wie oben abgebildet.

MERKE!
ZIELEN IST EINE OPTISCHE TÄUSCHUNG

Mehr über das Ansprechen des Balls

Die häufigsten Fehler guter Spieler liegen darin, dass sie den Ball zu weit zum linken Fuß hin spielen und einen zu großen Abstand zum Ball haben.

Die korrekte Routine beim Ansprechen besteht darin, sich ungefähr im richtigen Abstand an den Ball zu stellen, den Schläger mit der rechten Hand hinter den Ball zu stellen, die richtige Haltung einzunehmen und dann die linke Hand an den Schläger zu legen. Danach können Sie noch mit den Füßen ein wenig nach vorne oder hinten oder zur Seite scharren, um den korrekten Abstand zu finden. Um die Ballposition zu prüfen, legen Sie einen Schläger entlang Ihrer Füße, so dass der Schlägerkopf seitlich am linken Fuß liegt. Legen Sie dann einen zweiten Schläger im rechten Winkel vom Ball zu den Füßen. Wenn Ihnen das nicht bequem ist, nehmen Sie Ihre normale Haltung zum Ball ein. Bitten Sie dann einen anderen Spieler, einen zweiten Ball etwas weiter nach links und einen dritten etwas weiter nach rechts zu legen. Sprechen Sie auch diese beiden Bälle an, und stellen Sie fest, ob Sie bei einem von beiden ein besseres Gefühl haben. Wiederholen Sie diesen Vorgang mit Bällen in unterschiedlichen Abständen, bis Sie den für Sie richtigen gefunden haben.

Fortgeschrittene Spieler sollten den Ball ansprechen und ein paar Rückschwünge machen. Dann sprechen Sie den Ball wieder an, lassen den Schlägerkopf über den Ball gleiten und machen einen Durchschwung. Beim Ansprechen muss man sich gut fühlen - sowohl beim Rückschwung als auch beim Durchschwung.

HALTUNG UND ABSTAND
Nehmen Sie erst die korrekte Haltung ein und kümmern sich dann um den Abstand zum Ball. „Setzen" Sie sich nicht und „hängen Sie nicht durch". Größere Spieler müssen näher am Ball stehen (oben links), kleinere weiter weg (oben rechts).

1 Golferinnen müssen ihre Haltung insofern angleichen, als der linke Arm bequem über der Brust und nicht seitlich davon liegen sollte. Wenn sich der Arm in der falschen Position befindet, müssen Sie beim Rückschwung einen Umweg machen.

2 Für Spielerinnen mit durchschnittlicher Körpergröße - zwischen 1.50 und 1.65 Meter - hier eine gute Richtlinie zur Ermittlung des richtigen Abstands vom Ball:
Beim Spiel mit dem Driver (eigentlich bei den meisten Schlägern) ergibt sich bei geschlossenen Füßen eine Senkrechte vom Schlägergriff zur Fußlinie und von der Mitte Ihrer Zehen zum Ball am Hals des Schlägerkopfes.
Wenn Sie Probleme mit dem richtigen Abstand haben, messen Sie die Höhe mit Ihrem Driver und Ihrem Eisen 5 genau aus, notfalls mit einem Metermaß, so dass Sie darauf zurückgreifen können.

3 Die Ballposition ist nicht immer im Verhältnis zu den Füßen zu sehen. Beim Spiel mit dem Driver oder den längeren Schlägern kann es vorkommen, dass der Ball im Verhältnis zum Stand zu weit links von der Mitte liegt. Spielt man den Ball jedoch von zu weit links, wird die rechte Schulter nach vone gezogen anstatt unten zu bleiben. Das erschwert den Schwung mit der Folge, dass man den Ball leicht zum Pull nach links verzieht und hinter dem Ball in den Boden schlägt.

FALSCH
Stellen Sie nicht erst die Füße auf den Boden und beugen sich dann über den Ball. Das führt häufig zu einer schlechten Haltung.

MERKE!
SCHWUNGFEHLER BEGINNEN BEIM ANSPRECHEN

Der einfache Schwung

Der fundamentale Schwung ist so einfach, dass ein Kind von acht Jahren ihn schafft. Merkwürdigerweise sind die meisten Erwachsenen jedoch dazu nicht fähig. Kleine Kinder haben keine Hemmungen und lernen durch Nachahmung - und daran sollten sich Anfängerinnen im Golf erinnern.

Nehmen Sie eine gute Ansprechhaltung ein, aufrecht und entspannt. Die ganze Grundtechnik sollte mit einem Eisen 7 erlernt werden. Achten Sie darauf, dass der linke Daumen etwas auf der rechten Seite des Griffs liegt. Drehen Sie den Rücken ein wenig in Richtung Ziel, heben Sie den Schläger mit den Armen, und stützen Sie ihn dabei nur mit dem linken Daumen. Die Augen bleiben auf das Gras gerichtet.

Schwingen Sie nun den Schläger durch, und lassen Sie ihn dabei vom Boden abprallen, oder streifen Sie über das Gras. Machen Sie keine Schwünge mit dem Ball, solange Sie nicht beständig an der richtigen Stelle über das Gras streifen. Sobald Ihnen das gelingt, teen Sie den Ball etwa eineinhalb Zentimeter hoch auf und wiederholen die Übung. Machen Sie sich nichts daraus, wenn Sie den Ball zunächst verfehlen. Sie werden ihn bald voller Selbstvertrauen vom Tee schlagen. Spielen Sie den Ball nicht direkt vom Boden, bevor Sie ihn nicht regelmäßig vom Tee treffen. Schlagen Sie in Ihrem Garten Tees aus dem Boden - indem Sie den Schläger mit dem linken Daumen stützen und bis zur linken Schulter durchschwingen.

Ziehen Sie den Schläger durch den Ball, und lassen Sie ihn sicher auf der linken Schulter landen - etwa zwischen linkem Schultergelenk und Nacken. Zu diesem Zeitpunkt hat sich das rechte Knie zum linken Bein herum gedreht und der rechte Fuß auf die Zehenspitzen gestellt. Wiederholen Sie die Bewegungen nach hinten und vorne, nach hinten und vorne.

Allmählich werden Sie ein Gefühl dafür entwickeln, wie der Schläger über das Gras streift - und zwar an der richtigen Stelle. Eignen Sie sich eine freie Bewegung an, bis Ihnen der Schwung ganz einfach erscheint.

EINFACHE SCHWUNGÜBUNG
Um ein Gefühl für den Rhythmus zu bekommen, drehen Sie den Körper nach rechts und nach links, und verbinden diese Bewegung mit dem Schwung der Arme nach oben, unten und wieder oben. Wenn Sie dann einen Schläger in die Hände nehmen, bekommen Sie eine Vorstellung vom Ablauf des einfachen Schwungs.

1 Ansprechen: Nehmen Sie eine aufrechte, entspannte Ansprechhaltung ein, bei der Arme und Schläger in Form eines „Y" nach unten hängen.

2 Einleitung des Rückschwungs: Achten Sie darauf, dass die Schlägerspitze zu Beginn des Rückschwungs nach oben zeigt.

3 Höchster Punkt des Rückschwungs: Der Rücken zeigt in Richtung Ziel, und der Schläger ruht auf dem linken Daumen.

4 Treffmoment: Bei einem guten Schlag fegt der Schlägerkopf den Ball genau an der richtigen Stelle vom Gras.

5 Durchschwung: Die Schlägerspitze zeigt genau wie bei der Einleitung des Rückschwungs nach oben.

6 Finish: Der Körper ist zum Ziel gerichtet, der Schlägerschaft ruht auf der linken Schulter.

5 6

EXPERTENTIPP
Trainieren Sie diesen Schwung immer wieder - hinauf bis zum linken Daumen und durch auf die linke Schulter. Drehen Sie den Körper allmählich, und richten Sie beim Rückschwung den Rücken zum Ziel, jedoch ohne Übertreibung. Drehen Sie dann den Körper im Durchschwung durch den Ball, so dass er zum Ziel gerichtet ist, das rechte Knie sich zum linken Bein gedreht hat und der Schläger auf der Schulter liegt.

MERKE!
HALTEN SIE DEN SCHWUNG EINFACH

Start beim Finish

Es gibt zwei bewegungslose Positionen beim Golfschwung, nämlich den Start und das Finish, im Golfer-Latein Ansprechen und Durchschwung genannt. Ein gutes Finish ist für den Schwung insgesamt sehr wichtig.

Der Durchschwung lässt sich mit den Bremsen Ihres Autos vergleichen. Ohne gutes Bremssystem ist die Erzeugung von Geschwindigkeit gefährlich. Wenn Ihr Spiel sich durch einen guten Start und ein gutes Finish auszeichnet, können Sie sich auf den Rückschwung und andere Aspekte Ihres Schwungs konzentrieren. All das verbessert Ihr Gefühl, den Ball kraftvoll zum Ziel zu schlagen. Viele Golfer verbringen zu viel Zeit damit, über ihren Rückschwung nachzudenken, und vergessen, dass es eigentlich nur darum geht, den Ball zum Ziel zu schlagen. Denken Sie vor allem an ein Wort: **Gleichgewicht.**

Beim korrekten Durchschwung verlagert sich das Körpergewicht hinüber auf die linke Ferse, wobei das linke Bein einigermaßen

KORREKTES FINISH
Viele Golfer unterschätzen leider die Bedeutung eines korrekten Finish für die Qualität ihrer Schläge. Die beiden Abbildungen links zeigen die richtige Haltung, die Sie am Ende des Durchschwungs erreichen sollten, sowohl von vorne als auch von hinten. Üben Sie das Finish, bevor Sie sich auf andere Teile des Schwungs konzentrieren, und bitten Sie eine Freundin, zu kontrollieren, ob Sie immer bis zur korrekten Endposition durchschwingen.

RICHTIGES UND FALSCHES FINISH
Diese beiden Abbildungen demonstrieren von der Seite, wie die Endposition des Schwungs aussehen sollte - und wie nicht. Der korrekte Durchschwung sollte gleichmäßig und bequem sein und damit enden, dass der Schläger auf der linken Schulter (links) ruht. Wenn Sie sich selbst ins Gesicht schlagen oder die Arme ineinander verheddern (rechts), ist das Finish falsch.

gerade ist. Das rechte Knie dreht sich gegen die linke Beinseite, und der rechte Fuß stellt sich auf die Zehenspitzen. Denken Sie daran, dass der rechte Fuß beim Ansprechen gerade vor dem Körper stehen muss, damit er sich im Durchschwung auf die Spitze stellen kann. Die Hüften sind zum Ziel gerichtet, das Gewicht lagert bequem auf dem linken Bein.
Der Schläger endet im Finish auf der linken Schulter. Wenn Sie auf Ihren Schlägerschaft hinabblicken, sehen Sie normalerweise etwa zehn Zentimeter vom Griffende entfernt ein Etikett oder eine Beschriftung. Diese Stelle sollte auf Ihrer Schulter landen. Erwürgen Sie sich nicht mit dem Schläger. Beide Ellbogen befinden sich in Schulterhöhe auf gleicher Ebene und bilden etwa einen rechten Winkel. Nun, da die Handgelenke entspannt sind, kommt der Schlägerschaft auf Ihrer Schulter zur Ruhe, und die Hände befinden sich neben dem linken Ohr.
KONTROLLE. Die Arme behalten etwa den gleichen Abstand wie zu Beginn und befinden sich ungefähr auf der gleichen Ebene. Sie sollten spüren, dass Knie, Hüften, Schultern und Ellbogen zum Ziel gerichtet sind. Die Schultern zeigen in Wirklichkeit ein wenig nach links vom Ziel, doch Ihr Gefühl sollte sein, dass sie in die Richtung ausgerichtet sind, in die Sie den Ball geschlagen haben.
Üben Sie den Durchschwung immer wieder ohne Rückschwung. Beginnen Sie mit dem Ansprechen, und schwingen Sie durch bis zum Finish, bis der Schläger automatisch bequem auf der Schulter zur Ruhe kommt. Denken Sie daran, dass Ihr Schläger in der Treffzone eine Geschwindigkeit von 160 Stundenkilometern erreichen soll. Sie müssen also lernen, die Bremse zu bedienen.
Am Ende des Durchschwungs sollten Sie nicht aussehen, als ob Sie sich selbst k.o. schlagen wollten (s. obige Abbildung mit Kreuz). Mit einem schlechten Durchschwung können Sie auch keine Geschwindigkeit erzeugen. Um ein Gefühl für das richtige Finish zu bekommen, blicken Sie nach vorne, stehen aufrecht und beugen einfach die Arme, damit der Schläger auf der linken Schulter landen kann.
Drehen Sie nun die Füße und Beine in Richtung Ziel. Am Ende des Schwungs sollen Sie sich auf dem linken Bein im Gleichgewicht befinden und mit den linken Fußzehen zucken können.

MERKE!
IM GLEICHGEWICHT UND MIT DEM GEDANKEN NACH VORNE

Der Rückschwung

Zu Anfang werden Sie die meiste Zeit des Unterrichts unweigerlich mit dem Rückschwung verbringen. Vergessen Sie darüber aber nicht, dass er nur eine Vorbereitung auf den Schlag nach vorne ist.

KORREKTER RÜCKSCHWUNG
Versuchen Sie, die hier gezeigte Gleichmäßigkeit und Stabilität des Rückschwungs zu imitieren. Achten Sie auf die Haltung der Arme und Füße und darauf, dass die Spielerin ihren Blick während des gesamten Rückschwungs auf die Rückseite des Balls konzentriert.

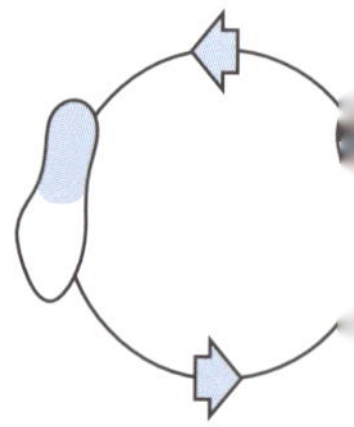

Mit der Ansprechhaltung bereiten Sie sich auf den Rückschwung vor. Der linke Arm ist gerade, aber nicht steif, der rechte entspannt. Die linke Schulter ist ein wenig höher, die rechte tiefer und entspannt. Die Knie sind leicht gebeugt und ein wenig nach innen gerichtet. Die Augen konzentrieren sich auf die Rückseite des Balls, der Kopf ist unter Umständen ein wenig hinter dem Ball. Im höchsten Punkt des Rückschwungs hat sich Ihr Rücken zum Ziel gedreht, der linke Arm ist über den Körper und nach oben geschwungen, so dass der Schläger jetzt vom linken Daumen gestützt wird. Die Hüften und Beine haben sich nur so weit gedreht, dass diese Haltung erreicht werden konnte. Das rechte Bein bleibt leicht gebeugt. Der Schaft ist horizontal oder ein wenig darüber. Der linke Arm bleibt im Idealfall gerade, während er hinüber zur rechten Schulter schwingt. Der rechte Arm beugt sich automatisch und bildet einen 90-Grad-Winkel.

DER LINKE FUSS
Halten Sie den linken Fuß während des gesamten Rückschwungs möglichst fest auf dem Boden. Wenn Ihnen das nicht bequem ist, können Sie ihn ein wenig anheben, aber niemals - wie auf der rechten Abbildung - den ganzen Fuß.

Der linke Arm ist gerade und bildet einen leichten Bogen, der rechte ist entspannt. Beim Rückschwung dreht sich die linke Schulter, und der linke Arm schwingt quer über den Körper nach oben, wobei der linke Daumen den Schläger stützt. Bei einer perfekten Haltung ist die Oberseite des linken Handgelenks nahezu gerade und der Schläger mehr oder minder parallel zur Linie des Schlages.

KONTROLLE. Zu Beginn ruht das Gewicht ein wenig auf den Fußballen. Pros schwingen meistens bis zum höchsten Punkt des Rückschwungs, ohne den linken Absatz vom Boden zu heben; die meisten Frauen finden das Abheben leichter. Heben Sie die linke Ferse aber nur ein wenig, während Fußballen und Zehen auf dem Boden bleiben.

FALSCH
Heben Sie nicht den ganzen Fuß, sondern winkeln ihn ab, und lassen Sie nicht nur den kleinen Zeh auf dem Boden. Der Weg zurück bis zu dem Zeitpunkt, wo Sie den Ball schlagen müssen, ist zu weit.

FALSCH
Versuchen Sie nicht mit Gewalt, den linken Fuß auf dem Boden zu halten, wenn Ihnen das nicht bequem ist, sonst rollen Sie unter Umständen auf die Innenkante des Fußes, was eine schlechte Schwungbewegung im Treffmoment zur Folge hat.

MERKE!
DER LINKE DAUMEN STÜTZT DEN SCHLÄGER

Der linke Arm beim Rückschwung

Obwohl Golf mit beiden Händen gespielt wird, wobei die linke und rechte Hand in einer Einheit mit möglichst ausgeglichenem Krafteinsatz agieren sollten, ist es von entschiedenem Vorteil, wenn man den linken Arm beim Rückschwung tüchtig arbeiten lässt.

KORREKTE EINLEITUNG
Für einen perfekten Rückschwung ist die korrekte Einleitung unerlässlich.

1

2

ÜBUNG MIT EINEM TEE
Stecken Sie ein Tee zwischen Hand und Schläger, und fühlen Sie beim Zurückschwingen den richtigen Kontakt zwischen linker Hand und Schläger.

1 Für einen guten Rückschwung muss der Anfänger als Erstes dessen korrekte Einleitung erlernen. Schwingen Sie den Schläger bis in Hüfthöhe. Der linke Handrücken zeigt nach vorne und die Schlägerspitze direkt nach oben. Fühlen Sie den Daumen auf der Oberseite des Schlägers. Winkeln Sie die Hand nun am linken Daumen ab, um dem Rückschwung Form zu geben.

2 KONTROLLE. Der Schläger sollte im höchsten Punkt des Rückschwungs vom Daumen gestützt werden. Die linke Hand hat die Kontrolle übernommen, ohne sich im „Pikkolo"-Griff zu öffnen. Eine nützliche Übung hierfür ist, ein Tee zwischen Schläger und Hand zu stecken und darauf zu achten, dass es während des ganzen Schwungs dort bleibt (s. Abbildung oben).

ÜBUNG MIT DEM LINKEN ARM
Schwingen Sie den Schläger, wie hier abgebildet, nur mit dem linken Arm auf und zurück, um ein Gefühl für den Einsatz des linken Arms beim Rückschwung zu bekommen.

FALSCH
Ein typischer Fehler von Anfängerinnen besteht in der bei der Einleitung nach unten gedrehten Schlagfläche - eine geschlossene Schlagfläche, wie man es richtig nennt.

FALSCH
Bei einer falschen Einleitung des Rückschwungs gibt das linke Handgelenk nach, statt dass der linke Daumen den Schläger im höchsten Punkt stützt.

Machen Sie folgende Übungen

Der linke Daumen liegt etwas seitlich auf dem Griff. Aus dieser Position heraus sollten Sie spüren, wie Sie den Schläger herum und auf den linken Daumen schwingen.
Balancieren Sie den Schläger zwischen dem linken Zeigefinger und dem Handballen.
Üben Sie, den Schläger nur in der linken Hand zu halten und ihn quer über den Körper bis zum höchsten Punkt des Rückschwungs zu schwingen (oben). Dann schwingen Sie ihn langsam wieder nach unten, aber nicht weiter als bis in die Ausgangsposition. Zwanzig Schwünge pro Tag nur mit der linken Hand wirken Wunder. Und vergessen Sie nicht das gleichmäßige Atmen!
Strecken Sie den linken Arm mit der Handfläche nach unten vor dem Körper aus und umfassen den linken Ellbogen mit der rechten Hand. Ziehen Sie nun den linken Arm quer über den Körper bis zur rechten Schulter. Wiederholen Sie diese Übung, bis Sie in der Schulter ein Gefühl der Freiheit haben.
Im höchsten Punkt des Rückschwungs dreht sich die linke Schulter nach innen in Richtung zur rechten. Diese Bewegung ist anders, als die rechte Schulter zu öffnen und wegzudrehen, denn dieser Fehler führt meistens zum unerwünschten „fliegenden" Ellbogen.

Perfektionierung des Rückschwungs

Sobald Sie mit den einzelnen Phasen des Rückschwungs vertraut sind, sollten Sie diese in eine harmonische, gleichmäßige Bewegung einbinden. Letztlich geht es nur um eine Drehung des Körpers und ein Anheben der Arme.

EINLEITUNG DES RÜCKSCHWUNGS
Wenn Sie anfangen, sich zu Beginn des Rückschwungs zu drehen, dreht sich der Schläger mit Ihnen, und die Schlagfläche bleibt square zu Ihrem Körper.

ABWINKELN DER HANDGELENKE
Auf ihrem Weg nach oben zum höchsten Punkt des Rückschwungs drehen sich die Handgelenke automatisch ab und winkeln sich nach oben.

Zu Beginn des Rückschwungs sollte im Idealfall alles in einer Einheit fungieren. Jeder Golfer braucht aber normalerweise irgendeine kleine Bewegung, um den Rückschwung auszulösen. Die meisten Pros kicken einfach das rechte Knie ein wenig nach vorne, was dann der Auslöser dafür ist, dass alle weiteren Bewegungen wie aus einem Guss ablaufen.

Ihre Auslöserbewegung sollte aber auf keinen Fall eine kleine Vorwärtsbewegung mit den Händen sein. Noch schlimmer ist, die Finger der rechten Hand zu öffnen und wieder zu schließen und den Griff zu verändern. Viel besser ist die kleine Bewegung mit dem rechten Knie, um alles harmonisch zusammenzufügen.

Beim Ansprechen sollte der Schaft Ihres Schlägers auf Ihren Nabel zeigen - vielleicht ein bisschen höher oder tiefer. Die Schlagfläche ist zu sehen. Wenn Sie anfangen, sich zu drehen, dreht sich der Schläger mit Ihnen, die Schlagfläche bleibt jedoch im Verhältnis zu Ihnen immer square. In Hüfthöhe winkeln sich beide Handgelenke automatisch nach oben ab.

Sie fühlen das Abwinkeln der Handgelenke nicht. Wenn der linke Daumen als Stütze für den Schläger dient, geschieht es ganz automatisch.

RICHTIGE KOPFHALTUNG
Dies ist die korrekte Haltung des Kopfes im höchsten Punkt des Rückschwungs - er hat sich ein klein wenig zur Seite bewegt, um die Schulterdrehung zu ermöglichen.

FALSCHE KOPFHALTUNG
Auf dieser Abbildung hat der Kopf eine verkehrte Haltung - er ist zu weit über der linken Schulter. So haben Sie nicht genug Platz für eine bequeme Schulterdrehung.

Sie werden feststellen, dass bessere Golfer den Schlägerkopf vor Beginn des Rückschwungs ein wenig „waggeln". Damit wollen sie nur die Handgelenke lockern. Wenn Sie lernen, den Schläger vor der Einleitung nach links und rechts zu „waggeln", gelingt Ihnen leichter ein perfekter Rückschwung, bei dem die Oberseite des linken Handgelenks gerade ist. Nach dieser Haltung streben wir als fortgeschrittene und meisterhafte Golfer.

Sie müssen natürlich aufpassen, dass Sie den Ball beim Waggeln nicht aus Versehen berühren.

Zu Beginn der Drehung im Rückschwung bewegt sich Ihr Kopf ein wenig nach rechts, um die Drehung der Schultern zu ermöglichen. Wenn Sie den Kopf zu ruhig halten, schränken Sie den Rückschwung ein. Geben Sie sich selbst so viel Freiheit, dass sich der Kopf zwei oder drei Zentimeter bewegen kann. Wenn Sie das bisher unterlassen haben, denken Sie beim Rückschwung: „Rechtes Ohr nach unten."

Im höchsten Punkt des Rückschwungs sollten die Schultern mehr oder weniger waagerecht sein, wobei der linke Arm immer über Schulterhöhe hinaus geschwungen wurde.

MERKE!
BLICKEN SIE AUF DIE RÜCKSEITE DES BALLS

Der Angriff auf den Ball

Kommen wir nun zum wichtigsten Teil des Schwungs - zum Kontakt des Schlägers mit dem Ball. Für einen erfolgreichen Schlag müssen sich Rückschwung und Abschwung harmonisch miteinander verbinden.

ANSPRECHEN UND TREFFMOMENT
Denken Sie an Ihre Haltung, die beim Ansprechen und Schlagen gleich sein sollte. Im Grunde wollen Sie im Treffmoment in die gleiche Haltung zurückkehren, die Sie beim Ansprechen hatten. Obgleich sich Änderungen ergeben werden, sollten Sie dies zumindest anstreben.

1

2

1 Mit der Ansprechhaltung probt man die Haltung im Treffmoment. Die Hüften und Beine werden letztlich immer in einer etwas anderen Haltung sein, doch wenn Sie Ihre Ansprechhaltung als Probe des eigentlichen Schlages betrachten, programmieren Sie Ihr Gehirn richtig.

2 Im höchsten Punkt des Rückschwungs zeigt der Rücken zum Ziel, die Arme sind angehoben, und der linke Daumen stützt den Schläger. Die Hüften und Beine haben sich genügend weit gedreht, um diese Haltung zu ermöglichen. Die linke Ferse hat sich vom Boden abgehoben oder auch nicht - es spielt keine große Rolle.

3 Zur Einleitung des Abschwungs verlagern Sie Ihr Gewicht zurück auf die linke Ferse. Falls Sie die Ferse im höchsten Punkt des Rückschwungs vom Boden abgehoben haben, müssen Sie sie jetzt wieder fest auf den Boden zurückstellen und dort lassen. ACHTUNG: Spieler mit niedrigem Handicap empfinden die korrekte Gewichtsverlagerung hinüber auf die linke Ferse eher als eine runde als nur eine seitliche Bewegung in Richtung Ziel. Die Hüften dürfen dabei jedoch nicht überaktiv werden.
Der linke Arm muss zu Beginn des Abschwungs hart arbeiten und zieht nach unten und weg von der rechten Schulter. Beim Rückschwung schwingt der linke Arm zur rechten Schulter, zu Beginn des Abschwungs weg von ihr.

4 Wenn der linke Arm die Kontrolle hat und die rechte Schulter passiv bleibt, beschreibt der Schläger eine Kurve zum Ball hin und hat im Treffmoment eine Stellung, die der beim Ansprechen weitgehend entspricht. Von dort schwingt er weiter in den Durchschwung hinein.

3

4

VOLLENDUNG DES SCHLAGES
Nach dem Treffmoment müssen Sie darauf achten, den Schwung richtig zu Ende zu bringen. Ganz egal, wie stark Ihre Haltung im Treffmoment der beim Ansprechen glich - ohne guten Durchschwung kann Ihr Schlag nicht gelingen.

VERSUCHEN SIE DIESE ÜBUNG
Die Haltung beim Ansprechen und im Treffmoment sollte im Grunde die gleiche sein. Um dies zu üben, stellen Sie sich an einen alten Autoreifen und schlagen ihn. Schwingen Sie gleichmäßig zurück und durch, zurück und durch. Jedes Mal, wenn Sie den Reifen treffen, sollten Sie das Gefühl haben, als würden Sie in Ihre Ansprechhaltung zurückkehren.

FALSCH
Im höchsten Punkt des Rückschwungs ist die rechte Schulter in einer potentiell dominierenden Position. Wenn sie sich zu früh in den Schlag dreht, verläuft der Angriff auf den Ball nach links (von außen nach innen), und der Auftreffwinkel ist zu spitz.

ZURÜCK UND DURCH
Während Sie zurück und durch den Ball hindurch schwingen, dürfen Ihre Hüften nicht zu aktiv werden.

MERKE!
DAS ANSPRECHEN IST EINE PROBE FÜR DEN TREFFMOMENT

Das Schlagen des Balls

Die meisten Männer empfinden das Schlagen eines Golfballs als einfach. Anfängerinnen hingegen haben Angst, in den Boden zu hacken oder sich selbst zu verletzen, doch Konzentration stärkt das Selbstvertrauen.

Beobachten Sie den Ball im Treffmoment. Richten Sie die Augen auf die Rückseite des Balls. Behalten Sie den Ball im Auge, während Sie ihn schlagen, und sehen Sie dann auf das Gras, wo er gelegen hat.

Im Treffmoment steht die linke Ferse fest auf dem Boden, die Augen sind auf die Rückseite des Balls gerichtet, und der Schlägerkopf fegt genau an der Stelle über den Boden, wo der Ball liegt. Die Arme sollten sich gestreckt anfühlen, denn sie bewegen sich schnell. Alle Gedanken sollten nur auf einen guten Ballkontakt gerichtet sein.

Das Schlagen eines Balls ist wie der Gebrauch eines Hammers. Der Hammer bewegt sich auf der gleichen kurvenförmigen Bahn nach hinten und vorne. Das Gleiche sollte mit dem Golfschläger geschehen, nur in seitlicher Richtung. Die Einleitung des Rückschwungs und der Schlag verlaufen auf der gleichen Bahn. Stellen Sie sich vor, ein Nagel würde in der Rückseite des Balls stecken, und Sie würden versuchen, ihn mit einem langstieligen Hammer nach vorne zu schlagen.

DER PERFEKTE SCHLAG
Beobachten Sie den Ball ganz konzentriert, halten Sie den linken Fuß am Boden, und richten Sie alle Gedanken auf einen guten Schläger-Ball-Kontakt.

Wenn sich der Schläger dem Ball auf einer falschen Bahn nähert, bewegt sich der Schlägerkopf normalerweise in einer leichten Kurve, trifft den Ball aber dann mit einem zu spitzen Winkel.

Bei Frauen ist häufig die rechte Hüfte Schuld an diesem Fehler, wenn sie einer kurvenförmigen Bahn im Weg ist.

Der Kontakt mit dem Ball ist äußerst wichtig. Der fundamentale Schwung, den Sie mit einem Eisen 7 erlernen, wird je nach gewünschtem Schläger-Ball-Kontakt variiert.

Beim Spiel mit dem Driver fegen Sie den Ball vom Boden, während sich der Schläger schon wieder im Aufschwung befindet. Der Ball wird im Verhältnis zum Stand von weiter vorne gespielt (s. S. 33).

Mit den meisten Eisen spielen Sie den Ball ein wenig links von der Mitte des Stands.

Bei Schlägen hangabwärts oder Recovery-Schlägen erfolgt ein Kontakt nach unten, d.h., Sie schlagen den Ball und dann ein Divot aus dem Boden.

DRIVING RANGE

Eine Driving Range ist der ideale Ort, um an der Verbesserung Ihrer Schläge zu arbeiten. Man kann so viele Übungsschwünge machen und so viele Bälle schlagen, wie man will, und dabei immer auf das so schwer fassbare Kontaktgeräusch zwischen Schläger und Ball horchen.

SCHLAGEN DURCH DEN BALL

Zielen Sie genau auf die Rückseite des Balls, und stellen Sie sich vor, ein Nagel würde darin stecken, den Sie noch weiter hineinschlagen wollen. Schlagen Sie im Treffmoment durch den Ball hindurch, und fegen Sie ihn gleichmäßig vom Boden.

HERSTELLUNG DES KONTAKTES

Es gibt zwei Aspekte für den Schläger-Ball-Kontakt. Als Erstes ist zu beurteilen, wie tief man schwingen muss, um den Ball zu schlagen und über das darunter liegende Gras nur eben zu streifen. Danach muss man erlernen, den Ball in der Mitte der Schlagfläche zu treffen. Die Herstellung eines guten Ballkontakts ist ein Geschick für sich. Man kann den besten Schwung der Welt haben und trotzdem einen schlechten Kontakt herstellen. Sie müssen lernen, den Schläger so abzuschwingen und an der Stelle an den Ball zu bringen, an der Sie ihn haben wollen.
Schlagen Sie einige Bälle, und denken Sie dabei nur an den Ballkontakt. Geben Sie sich fünf Punkte für einen perfekten Kontakt und null für einen schlechten. Versuchen Sie herauszufinden, woran das Problem liegt. Stimmt Ihre Haltung nicht? Oder treffen Sie den Ball verkehrt?

VERSUCHEN SIE DIESE ÜBUNG

Tupfen Sie ein wenig Lippenstift auf die Rückseite Ihres Balls, schlagen Sie ihn, und stellen Sie fest, wo sich die rote Farbe auf der Schlagfläche abgezeichnet hat. Es wird selten in der Mitte der Schlagfläche sein, wenn Sie nicht ein sehr guter Spieler sind. Blicken Sie fest auf den Ball, und bewerten Sie jeden Schlag. Auf der Driving Range können Sie hören, wie gut andere Spieler den Ball treffen. Hören Sie auf einen perfekten Schlag.

MERKE!
BEOBACHTEN SIE DEN BALL

Der Durchschwung

Viele Golfer unterschätzen die Bedeutung des Durchschwungs. Da er die Weite und Richtung Ihrer Schläge kontrolliert, ist ein beständiger Durchschwung ein absolutes Plus.

Manchmal hört man Golfer sagen: „Bei einem guten Schlag schwinge ich durch den Ball hindurch." Woran sie eigentlich denken sollten, ist: „Wenn ich es schaffe, durch den Ball hindurch zu schwingen, habe ich eine viel bessere Chance für einen guten Schlag." Bei gutem Golf geht es hauptsächlich darum, seinen bestmöglichen Schwung möglichst häufig zu wiederholen.

Jeder, der einen Sport wie zum Beispiel Tennis betreibt, weiß, dass er das Racket immer wieder zurückschwingen und eine Vielzahl von Schlägen ausschließlich durch die Veränderung des Durchschwungs spielen kann. Beim Tennis versuchen Sie, Ihren Gegner zu überraschen. Beim Golf sind Überraschungen jedoch unerwünscht.

Auf halbem Weg des Durchschwungs fühlen Sie, in welche Richtung der Ball fliegen wird. Die Hände und Handgelenke drehen sich und fegen weiter durch den Ball, wobei die Stellung der Schlagfläche square ist - die Spitze zeigt nach oben. Der Durchschwung ist ein Spiegelbild der Einleitung des Rückschwungs. Beim Rückschwung beugt sich der rechte Arm, beim Durchschwung ist es der linke.

Beim Champion-Golfer hat der linke Arm die Kontrolle und ist der Schwerarbeiter. Beim Club-Golfer ist es zunächst einmal wichtig, dass sich der linke Arm entspannt und aus dem Weg dreht. Die Augen sind nach wie vor auf die Stelle gerichtet, an der der Ball gelegen hat, so dass Sie nach dem Schlag das Gras sehen.

Zu diesem Zeitpunkt hat sich das Gewicht auf die linke Ferse verlagert, das rechte Knie hat sich zum linken Bein hin gedreht, und der ganze Körper einschließlich Kopf ist zum Ziel gerichtet.

Ein guter Durchschwung sollte den Eindruck vermitteln, als würden Sie zum Ziel schlagen. Zum Ende des Schwungs zeigen Knie, Hüften, Schultern und Ellbogen zum Ziel. Die Schultern sind immer ein bisschen weiter links, vielleicht um 10 Grad. Der Schlägerschaft ruht bequem auf der linken Schulter, die Ellbogen sind etwa genauso weit auseinander wie zu Beginn und befinden sich in einer Ebene zueinander und mit den Schultern.

Der Schlüssel zu einer guten Richtung Ihres Schlages liegt darin, die Ellbogen etwas vor dem Körper zu halten, wenn der Schläger

FALSCH Wenn der linke Arm im Treffmoment zu steif ist und sich nicht dreht, zeigt die Schlagfläche nach oben. So verlieren Sie Weite, und der Schlag verläuft in einer Kurve nach rechts.
FALSCH Nach dem Richtungswechsel im höchsten Punkt des Rückschwungs verlagert sich Ihr Gewicht auf den linken Fußballen. Wenn Sie diesen Fehler begehen, werden Sie am Ende des Schwungs meistens einen kleinen Schritt nach vorne machen - oft, ohne es überhaupt zu merken -, um das Gleichgewicht nicht zu verlieren.

im Finish auf der Schulter liegt. Sie sollten über den rechten Ellbogen blicken können. Wenn Sie ein As schlagen, sollten Sie sehen können, wie der Ball ins Loch fällt.

Wichtig ist das Gleichgewicht, denn nur so können Sie eine maximale Geschwindigkeit erzeugen. Zum Ende des Schwungs ruht das Gewicht auf der linken Ferse, und der rechte Fuß hat sich auf die Spitze gedreht. Sie dürfen nie das Gefühl haben, mit den linken Zehenspitzen zu greifen, sondern müssen sie frei im Schuh bewegen können wie bei einer normalen stehenden Haltung. Am Ende des Schwungs müssen Sie das gleiche Gefühl haben, nämlich sich im Gleichgewicht zu befinden. Wenn der Durchschwung schlecht und nicht im Gleichgewicht ist, konnten Sie in der Treffzone nicht genügend Geschwindigkeit erzeugen.

Am Ende des Schwungs ist das linke Bein relativ fest und ausgewogen. Die linke Hüfte hat sich automatisch ein wenig nach außen gestreckt, so dass Ihr Gewicht sich über dem linken Bein zentriert. Bei Frauen ist das viel deutlicher bemerkbar als bei Männern, weil unser ganzer Schwerpunkt anders gelagert ist. Der Golfschläger sollte immer in seinem eigenen natürlichen Winkel schwingen. Beim Durchschwung kehrt der Schlägerschaft in die gleiche Position zurück wie beim Ansprechen. Das Eisen 7 schwingt auf, nieder und wieder auf. Der Schwung mit einem Holz verläuft natürlich flacher. Bei einem perfekten Schwung gleicht der Winkel des Schlägers im Durchschwung dem Winkel bei der Ansprechhaltung.

MERKE!
DIE ELLBOGEN BLEIBEN BEISAMMEN

Perfektionierung des Durchschwungs

Wenn Sie instinktiv ein korrektes Finish entwickeln, können Sie Ihre Gedanken auf gute Schläge konzentrieren. Mit einem einwandfreien Durchschwung korrigieren sich Fehler beim Rückschwung oft von allein.

Es ist ähnlich wie beim Werfen eines Balls. Wenn Sie einen Ball gerade zu einem Ziel werfen, das sich vor Ihnen befindet, schwingt der Arm als Reaktion gerade zurück. Versuchen Sie, den Ball nach rechts zu werfen, bewegt sich der Arm anders nach hinten. Der Gedanke an den Durchschwung bei diesem Wurf bestimmt die Art, wie Sie zurückschwingen. Das Gleiche gilt für den Golfschwung. Bei einem richtigen Schlag und Durchschwung gleicht sich auch der Rückschwung an.

Es gibt zwei Kraftpunkte beim Golfschwung. Der erste ist, die erzeugte Kraft mit maximaler Geschwindigkeit in die Treffzone zu übertragen. Der zweite, am Ende des Schwungs die Bremse sanft zu betätigen. Den Ball hart zu schlagen, heißt nicht, sich beim Durchschwung zu erwürgen. Sie müssen die Kraft und Kontrolle Ihres Finish spüren. Das Ziel sollte immer sein, die Kraft im Treffmoment freizusetzen und zu entspannen. Sie müssen die Kraft des Golfschwungs auf den Ball übertragen und sie loswerden. Am Ende des Durchschwungs dürfen Sie nicht feststellen, dass Sie die Luft angehalten haben, denn dies ist ein Zeichen von zu großer Anspannung.

Um ein Gefühl für einen wirklich guten Durchschwung zu entwickeln, schlagen Sie den Ball, halten im Finish inne und zählen laut bis vier. Mit angehaltener Luft können Sie nicht zählen. Beim ersten Mal wird Ihnen dieses Zählen bis vier wahrscheinlich lächerlich lang vorkommen. Der Ball einer Golferin sollte sich etwa acht Sekunden in der Luft befinden. Das Finish beizubehalten, bis Sie bis vier gezählt haben, ist nicht lang, aber es stellt sicher, dass Sie wirklich durchschwingen, dass Sie sich im Gleichgewicht befinden und richtig atmen.

Am Ende eines perfekten Durchschwungs bleiben Beine und Schultern einige Sekunden lang ruhig. Zuerst drehen sich die Arme zurück und kehren an die Körperseite zurück, die Ellbogen sind noch immer gebeugt, der Schlägerschaft zeigt in die Höhe. Diese Haltung haben fast alle Pros, während sie den Flug ihres Balls in Richtung Fahne beobachten. Wenn Ihr Durchschwung gut war, wird Ihnen diese Haltung nicht schwer fallen.

Übungsweise können Sie das Zählen bis vier verlängern. Halten Sie im Finish inne, zählen Sie eins, zwei, drei, vier, Arme nach unten, Beine und Schultern still, dann zählen Sie weiter fünf, sechs, sieben, acht. Sie brauchen acht Sekunden für ein As! Wenn Ihr Schwung gut war, kehrt der Schläger automatisch in eine Stellung zurück, in der er square und nicht geöffnet ist.

Auch eine Golferin möchte im Treffmoment eine möglichst große Geschwindigkeit erzeugen. Wenn Sie das Gefühl haben, zu schnell zu schwingen, ist das meistens auf ein schlechtes Gleichgewicht zurückzuführen. Eine bessere Ausgewogenheit erzeugt mehr Geschwindigkeit.

FLIEGEN LASSEN UND ENTSPANNEN
Konzentrieren Sie sich darauf, die ganze Kraft in den Schlag und Durchschwung zu legen. Das gelingt Ihnen nur, wenn Sie locker bleiben und den Schläger fliegen lassen.

PERFEKTES FINISH (rechts)
Liselotte Neumann aus Schweden mit einem perfekten Finish während der Trygg Hansa Ladies Open.

MERKE!
GLEICHGEWICHT - EINS, ZWEI, DREI, VIER

Schläger-Know-how

Theoretisch sollte der Schwung mit jedem Schläger der gleiche sein. Doch die meisten Spieler empfinden den Schwung mit den Eisen anders als den mit den Hölzern. Die Eisen sind kürzer und schwerer, die Hölzer länger und leichter. Wenn Frauen mit Golf beginnen, haben sie zuerst Angst vor dem Driver oder dem Holz 3, weil sie glauben, diese Schläger seien lang und schwer. Aber in Wirklichkeit ist genau das Gegenteil der Fall - sie sind leichter. Alle Schläger sollten sich gleich ausbalancieren lassen. Wenn Sie an Ihren Mathematikunterricht in der Schule zurückdenken, werden Sie sich erinnern, dass der schwerere Kopf an einem kürzeren Schaft sich an der gleichen Stelle ausbalanciert wie ein leichterer Kopf an einem längeren Schaft.

Kenntnis des Unterschieds

Die einzelnen Schläger „sitzen“ mit verschiedenen Winkeln auf dem Boden auf. Das Eisen 7 „sitzt“ näher zu Ihnen, so dass der Schwung mehr „nach oben-nach unten-nach oben“ verläuft. Die Hölzer dagegen „sitzen“ flacher und weiter weg von Ihnen und begünstigen daher einen eher runden Schwung im Gegensatz zum steileren der Eisen. Anfänger beginnen im Allgemeinen mit einem Eisen 7 und müssen sich, wenn sie zu den Hölzern kommen, bewusst anstrengen, einen flacheren, mehr abgerundeten Schwung zu vollführen.

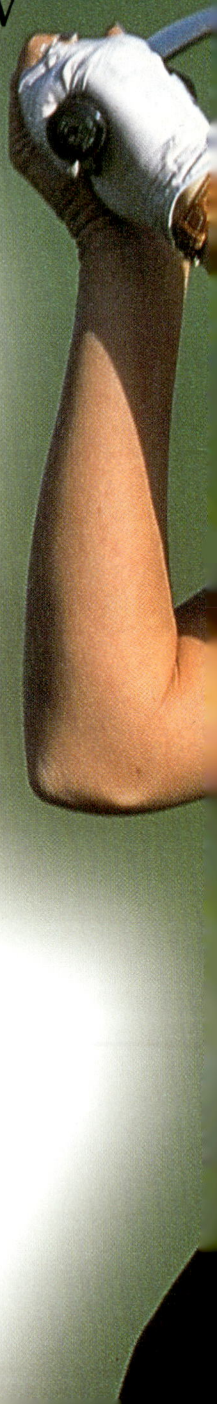

Emilee Klein aus den USA mit einem Driver im Dinah Shore Tournament, Mission Hills Golf Club, USA, im Jahre 1999.

GOLF
CONTESTANT
EMILEE
KLEIN

Die kurzen Eisen

Eisen 8, Eisen 9, Pitching-Wedge und Sand-Wedge sind die Schläger, mit denen man bei Schlägen zum Grün die größte Genauigkeit erzielt. Genau wie bei allen anderen Schlägern ist jedoch ein guter Schläger-Ball-Kontakt das wichtigste Kriterium für den Erfolg.

FEHLER MIT DEN KURZEN EISEN

Beim Spiel mit den kurzen Eisen muss der Stand square sein, d.h. parallel zur Linie Ihres Schlages. Ein häufiger Fehler ist, den Ball mit den kurzen Eisen als Pull nach links vom Ziel zu verziehen. Der Schlägerkopf der kurzen Eisen ist schwer und schwingt schnell durch den Ball. Golfer spielen mit den Hölzern häufig einen Slice und mit den kurzen Eisen einen Pull nach links. Der Schwungfehler ist in beiden Fällen der gleiche. Zur Abhilfe halten Sie die Schlagfläche des kurzen Eisens beim Ansprechen square. Überprüfen Sie diese Ausrichtung anhand der untersten Rille Ihrer Schlagfläche. Es ist leicht, diese beim Ansprechen zu schließen. Beobachten Sie den Ball während des Schlages, und verlagern Sie Ihr Gewicht in der Treffzone nach links.

ERST BALL, DANN DIVOT

Schlagen Sie zuerst den Ball und dann ein flaches Divot aus dem Boden, aber graben Sie Ihren Schläger nicht ein.

Das Diagramm auf der gegenüberliegenden Seite zeigt die relative Weite, die eine gute Amateurspielerin mit den kurzen Eisen erzielen kann. Club-Golferinnen sollten danach streben, diese Weiten zu schaffen.

Entscheidend beim Spiel mit den kurzen Eisen ist der Schläger-Ball-Kontakt. Sie müssen unter den Ball kommen, um eine gute Höhe zu erzielen. Ein schlechter Kontakt hat meistens flache und zu lange Schläge zur Folge.

Der Ball wird etwa aus der Mitte des Standes gespielt. Spitzenspieler spielen ihn meistens ein wenig mehr zum linken Fuß hin, Golfer mit hohem Handicap etwas mehr zum rechten. Die Ballposition muss Sie veranlassen, nach unten durch den Ball zu schlagen, zuerst den Ball vom Gras zu spielen und danach ein Divot aus dem Gras zu schlagen.

Auf dem Foto oben können Sie einen guten Schläger-Ball-Kontakt mit einem Eisen 9 sehen. Der Schlüssel zum korrekten Treffmoment ist der Schlag nach unten, bei dem Sie zuerst den Ball treffen und dann das Divot herausschlagen. Das Divot ist flach, und der Schläger schwingt durch und auf der anderen Seite wieder heraus.

Graben Sie Ihren Schläger nicht im Boden ein. Männer tun das manchmal, aber sie sind auch kräftiger. Trotzdem führt dies zu einem ungenauen Schlag. Wenn Sie einen starken Griff haben (s. S. 30-31), kann es Ihnen beim Spiel mit den kurzen Eisen passieren, dass sich die rechte Hand zu weit unter den Schläger dreht, um den Ball in die Luft zu löffeln. Halten Sie die rechte Hand also gut über der linken, und schlagen Sie nach unten und nicht nach oben.

DIE MIT DEN KURZEN EISEN ERZIELTEN WEITEN

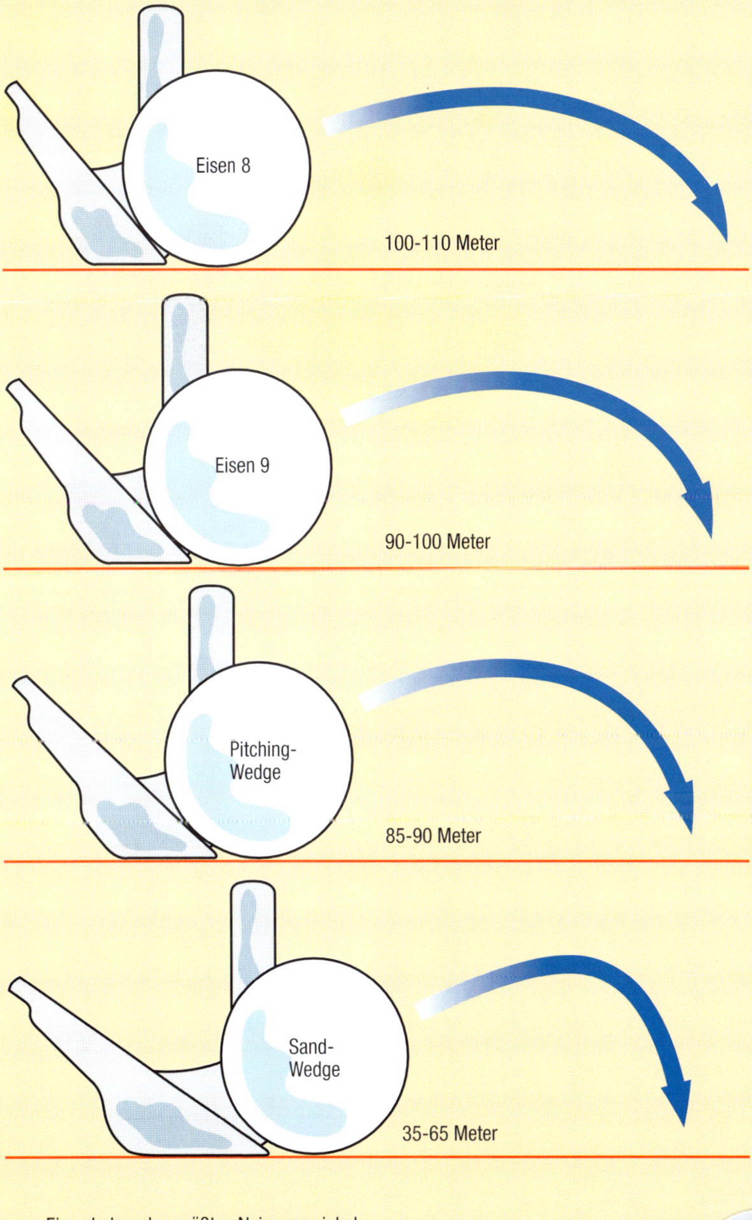

Die kurzen Eisen haben den größten Neigungswinkel aller Schläger. Das bedeutet, dass Sie den Ball damit höher, aber kürzer schlagen.

MERKE!
SCHLAGEN SIE EIN DIVOT AUS DEM BODEN

Die langen Eisen

Die langen Eisen können selbst für sehr gute Golferinnen schwierig zu spielen sein. Sie erfordern starke Handgelenke, einen akkuraten Ballkontakt und gute Nerven. Eine Anfängerin wird Zeit brauchen, um sich damit gut zu fühlen.

Die Eisen 1 bis 5 nennt man lange Eisen. Was die Eisen 1 und 2 angeht, so sind sie nur für Weltklasse-Spieler geeignet. Viele Proetten führen gar kein Eisen 3 mehr mit sich und verwenden lieber ein Holz 7, weil es einfacher zu spielen ist und sie die gleiche Weite damit erzielen.
Das Diagramm auf Seite 61 unten zeigt die Weiten, die eine gute Amateurspielerin/Club-Proette mit den Eisen 3 bis 5 erzielt. Zwischen den einzelnen Schlägern sollte jeweils ein Unterschied von etwa neun Metern liegen. Je weiter die Entfernung ist, desto flacher die Flugbahn des Balls.
Die langen Eisen sind länger und leichter als die kürzeren, und es ist manchmal schwierig, den Schlägerkopf zu spüren. Der ideale Ballkontakt für eine Golferin ist, den Ball ohne Divot vom Gras zu fegen. Es ist einfach, mit dem schweren Kopf eines Eisens 9 den Ball zu treffen und dann ein Divot herauszuschlagen. Mit den langen Eisen fällt dies den meisten Frauen schwerer, und es ist eigentlich auch nicht nötig.
Wenn die Lage des Balls gut ist und er auf einem kleinen Grasbüschel sitzt, spielen Sie ihn ein wenig links von der Mitte des Standes. Beobachten Sie den Ball genau, und fegen Sie ihn einfach vom Gras weg, indem Sie nur leicht darüber streifen. Bei einer schwierigeren Lage mit weniger Gras ist das viel schwerer. Versuchen Sie nur, ihn wegzufegen.
Die langen Eisen erfordern ein hohes Maß an Tempo und Rhythmus. Der Ball sollte mit dem Eisen 4 natürlich 27 Meter weiter fliegen als mit dem Eisen 7. Aber versuchen Sie nicht, Weite mit Gewalt zu erzwingen. Überlassen Sie es dem längeren Schaft und dem geringeren Neigungswinkel - der Winkel der Schlagfläche, der die Höhe beeinflusst -, diese Weite zu produzieren. Schwingen Sie mit den langen Eisen langsamer, und vertrauen Sie in Bezug auf die Weite ganz Ihrem Schläger.

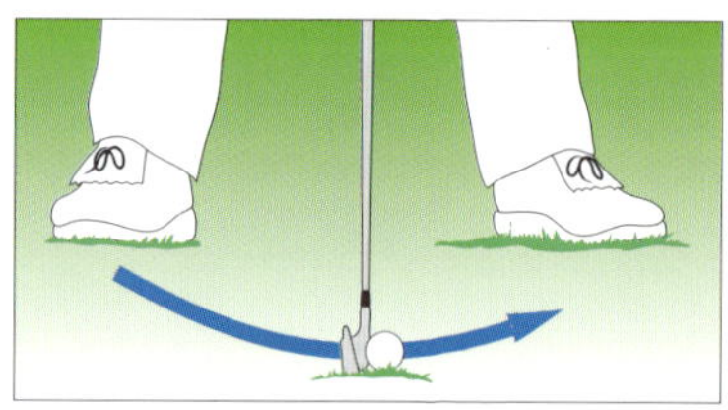

LANGES EISEN - STAND KONTRA LAGE
Bei einer guten Lage spielen Sie den Ball ein wenig links von der Mitte (oben). Bei einer schwierigen Lage (unten) spielen Sie ihn von etwas weiter hinten und schlagen nach unten.

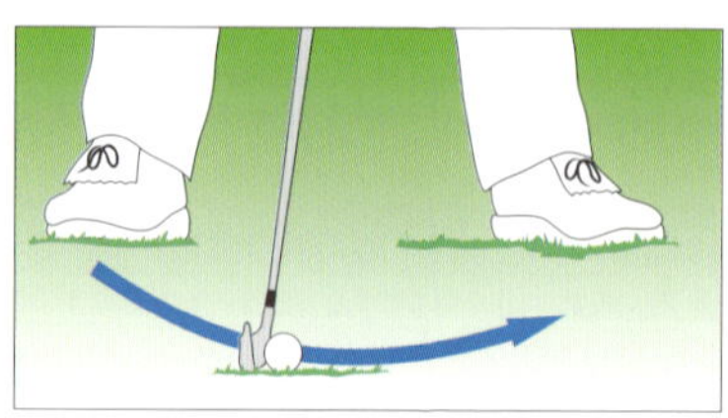

SPIEL MIT DEN LANGEN EISEN

Beim Spiel mit einem langen Eisen sollte eine Golferin danach streben, den Ball mit einem Minimum an Bodenkontakt vom Gras zu fegen.

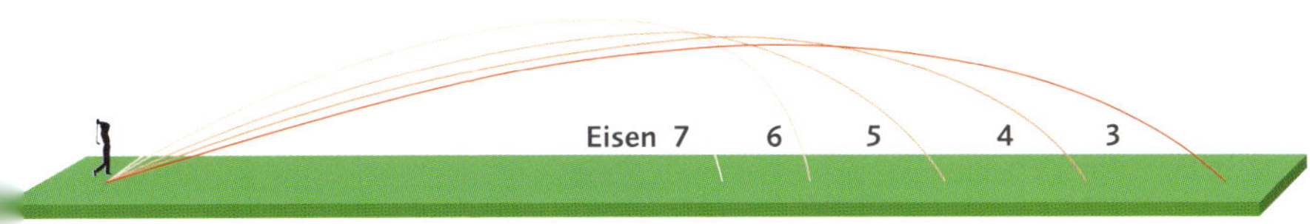

DIE MIT EISEN ERZIELTEN WEITEN

Denken Sie daran: Je niedriger die Zahl des Schlägers ist, den Sie in Händen halten, desto weiter fliegt der Ball. Das Diagramm oben und die Entfernungstabelle rechts zeigen Ihnen die Weiten, die eine gute Golferin mit den einzelnen Eisen erzielen kann.

Eisen 7	ca. 110-130 Meter
Eisen 6	ca. 120-140 Meter
Eisen 5	ca. 130-150 Meter
Eisen 4	ca. 140-155 Meter
Eisen 3	ca. 145-160 Meter
Eisen 2	ca. 150-165 Meter

MERKE!
LANGSAM UND RHYTHMISCH SCHWINGEN

Fehler mit den langen Eisen

Das größte Problem weiblicher Spielerinnen mit den langen Eisen ist ein schlechter Ballkontakt. Durch die Leichtigkeit der Köpfe sind diese Schläger wenig Fehler verzeihend. Später werden Sie wissen, warum ein Fairway-Holz so viel leichter zu spielen ist.

Beim Training mit den langen Eisen müssen Sie sich mehr als alles andere auf den Ballkontakt konzentrieren. Horchen Sie Ihrem Schlag hinterher, denn dadurch bekommen Sie ein besseres Gefühl für Ihr Timing beim Schlag. Sie können hören, ob der Kontakt sauber war.

Wenn Ihr Griff während des Schwungs fehlerhaft oder zu locker ist, zeigt sich das am ehesten beim Spiel mit den langen Eisen. Einer der häufigsten Fehler bei Frauen ist, hinter dem Ball in den Boden zu schlagen. Wenn das auch Ihr Problem ist, spielen Sie den Ball nur ganz wenig links von der Mitte Ihres Standes und halten den Griff mit der linken Hand vom Ansprechen bis zum Treffmoment fest.

Das Diagramm unten zeigt den Unterschied zwischen dem Holz 7 (links) und dem Eisen 3 (rechts). Sie bringen beide etwa die gleiche Entfernung. Die Sohle des Eisens 7 ist schmal, die des Holzes 7 breit. Wenn der Ballkontakt mit dem Eisen 3 alles andere als befriedigend ist, schneidet der Schläger in den Boden. Die meisten Frauen haben nicht genügend Kraft, um ein richtiges Divot aus dem Boden zu schlagen. Im Gegensatz dazu hat das Holz 7 eine große gewölbte Sohle. Wenn Sie damit drei Zentimeter hinter dem Ball in den Boden schlagen, gleitet es dank der Wölbung einfach am Boden entlang und sorgt immer noch für einen guten Ballkontakt. Für den Durchschnittsspieler ist es ein viele Fehler verzeihender Schläger.

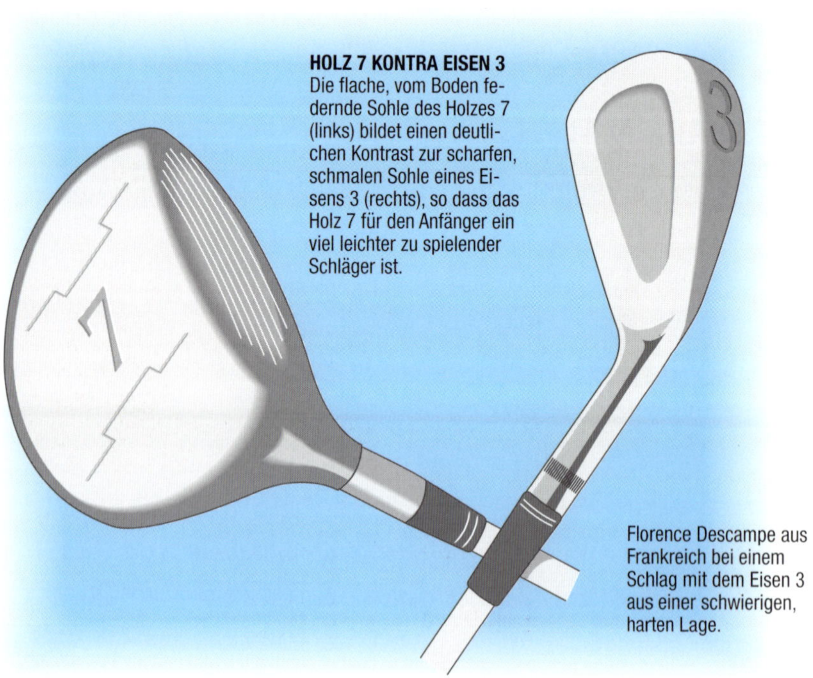

HOLZ 7 KONTRA EISEN 3
Die flache, vom Boden federnde Sohle des Holzes 7 (links) bildet einen deutlichen Kontrast zur scharfen, schmalen Sohle eines Eisens 3 (rechts), so dass das Holz 7 für den Anfänger ein viel leichter zu spielender Schläger ist.

Florence Descampe aus Frankreich bei einem Schlag mit dem Eisen 3 aus einer schwierigen, harten Lage.

MERKE!
DAS HOLZ 7 IST EINFACHER ZU SPIELEN ALS DAS EISEN 3

Der Driver

Der Driver ist der längste, aber leichteste Ihrer Schläger und soll Ihren Abschlägen an langen Löchern eine maximale Weite geben. Dank des breiten Kopfes können Sie den Ball hoch aufteen, um ihn gut in die Luft zu bekommen.

Der Loft, d.h. der Neigungswinkel von Drivern, variiert zwischen 7 und 13 Grad. Der ideale Loft eines Drivers für Golferinnen ist 12 Grad.

Ein Driver mit 12 Grad Loft ist ziemlich Fehler verzeihend. Bei einem Schläger mit sehr wenig Loft erhält der Ball mehr Seitwärtsdrall, und es ist schwieriger, ihn gerade zu schlagen. Beim Spiel mit dem Driver ist ein Aufwärtskontakt erwünscht. Spielen Sie den Ball daher links von der Mitte des Standes. Teen Sie ihn so hoch auf, wie die Breite Ihrer Schlagfläche es zulässt (s. rechts).

Beim Ansprechen bilden Arme und Schlägerschaft ein eindeutiges „Y“. Sie müssen spüren, dass die linke Körperseite gestreckt und die rechte ziemlich entspannt ist und dass Sie den Ball erst treffen, wenn sich der Schläger wieder im Aufschwung befindet (s. rechts).

Suchen Sie sich am Abschlag eine flache Stelle zum Aufteen des Balls. Vergessen Sie nicht, dass Sie bis zu zwei Schlägerlängen hinter die Abschlagsmarkierungen zurückgehen dürfen. Es ist der einzige Ort auf dem Platz, an dem Sie das Gras hinter dem Ball niedertreten dürfen.

Anfängerinnen sollten lernen, den Ball korrekt aufzuteen. Halten Sie ihn in der rechten Handfläche und das Tee zwischen Zeige- und Ringfinger (s. Abbildung S. 65). Drücken Sie das Tee mit Hilfe des Balls in den Boden. So bleibt er gut darauf liegen, und Sie lernen gleich, den Ball immer in der gleichen Höhe aufzuteen.

Achten Sie darauf, die Schlagfläche square hinter dem Ball aufzusetzen. Die Rückseite des Drivers sitzt auf dem Boden, und die volle Neigung der Schlagfläche ist erkennbar. Machen Sie nicht den Fehler, die Hände nach vorne zu schieben und die Schlagfläche zu schließen.

Sie beschreiben einen vollen und leicht abgerundeten Schwung - nicht wie bei den Eisen nach oben und unten. Da sich Rückschwung und Durchschwung spiegelbildlich gleichen, fegen Sie den Ball nach oben, und konzentrieren Sie sich darauf, das Tee aus dem Boden zu schlagen, um eine gute Flughöhe zu erzielen.

ANSPRECHEN MIT DEM DRIVER
Beim Ansprechen des Balls mit dem Driver liegt er im Verhältnis zum Stand ziemlich weit vorne und ist hoch aufgeteet, um einen guten und sicheren Start zu ermöglichen.

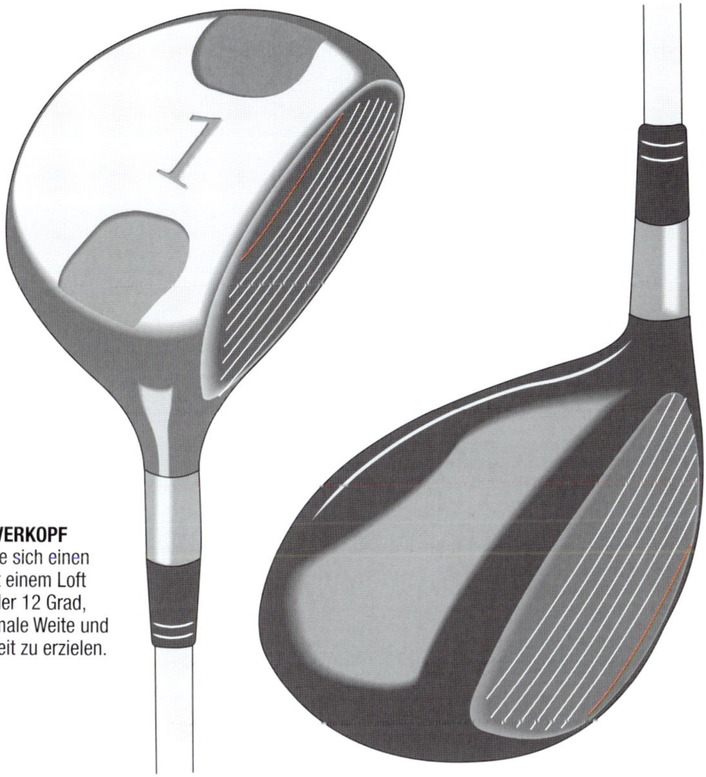

DER DRIVERKOPF
Kaufen Sie sich einen Driver mit einem Loft von 11 oder 12 Grad, um maximale Weite und Genauigkeit zu erzielen.

AUFTEEN
Stecken Sie das Tee mit Hilfe des Balls in den Boden, wie nebenstehend abgebildet. Es empfiehlt sich, ein „Castle-Tee“ mit bereits vorgegebener Höhe zu verwenden, bis Sie sich daran gewöhnt haben, die Tees in immer der gleichen Höhe in den Boden zu stecken, mit der Sie gut umgehen können.

MERKE!
SCHLAGEN SIE DAS TEE ZUSAMMEN MIT DEM BALL WEG

Drives mit Blick auf Weite und Richtung

Gute Drives erfordern richtiges Zielen. Schon vom Augenblick an, in dem Sie den Ball aufteen, sollten Sie sich überlegen, wie Sie ihn am besten zum angestrebten Ziel bringen.

1 Der Schwung mit dem Driver sollte abgerundet sein und der Schlägerkopf auf einer kraftvollen, horizontalen Bahn auf die Rückseite des Balls schlagen. Denken Sie daran, dass die Schwungebene dem Winkel des Schlägerschafts beim Ansprechen entspricht.

2 Haben Sie den Mut, sich beim Rückschwung vom Ball wegzudrehen. Achten Sie darauf, den Rücken wirklich zum Ziel zu drehen, anstatt nur Arme und Schläger zu heben. Sie wollen den Schläger schließlich horizontal an den Ball bringen.

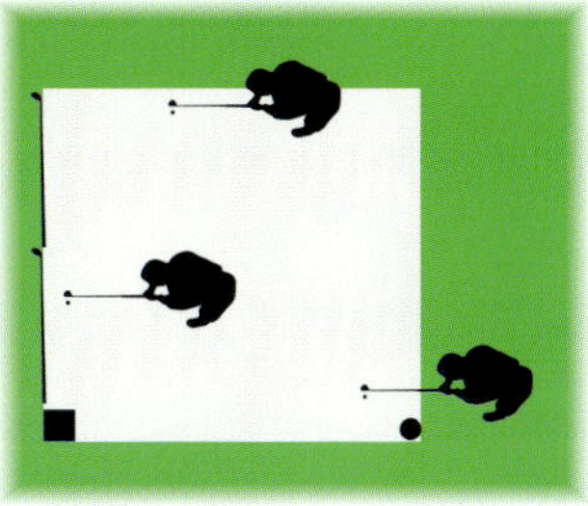

TEE-POSITION
Wählen Sie sorgfältig Ihre Tee-Position (links). Von der einen Seite des Abschlags haben Sie vielleicht einen besseren Blick als von der anderen.

3 Denken Sie an den Ballkontakt mit dem Driver, als wollten Sie mit einem Hammer einen Nagel in die Rückseite des Balls schlagen. Der Kopf des Hammers (Schlägerkopf) sollte sich auf einer flachen Kurve zurück und durch den Ball bewegen. Schwingen Sie den Schläger nicht nach oben, als wollten Sie den Nagel verbiegen.
Ein gutes Gefühl für eine flache Einleitung des Rückschwungs und einen flachen Schwung durch die Treffzone bekommen Sie, wenn Sie den Schläger beim Ansprechen etwas anheben. Viele Turnierspieler machen das. Wenn Sie im Gegensatz dazu den Schläger direkt auf dem Boden aufsetzen, besteht die erste Bewegung häufig darin, ihn hochzuheben.

4 Beim Üben auf der Driving Range stellen Sie im Abstand von etwa 45 Zentimeter hinter dem Ball und etwa zehn Zentimeter vom rechten Fuß entfernt ein Tee mit dem Kopf auf die Matte. Bei einer flachen Einleitung des Rückschwungs schlagen Sie mühelos das Tee um. Es ist nicht ungewöhnlich bei Frauen, dass sie die Arme anheben und Einleitung und Auftreffwinkel zu steil bzw. spitz geraten.
Halten Sie die rechte Schulter beim Ansprechen bequem gesenkt. Spielen Sie den Ball etwa fünf bis sieben Zentimeter links von der Mitte des Standes, und entwickeln Sie ein Gefühl für die flache Einleitung und einen flachen Auftreffwinkel.

MERKE!
FLACHER RÜCKSCHWUNGBEGINN, FLACHER AUFTREFFWINKEL

Die Fairway-Hölzer

Die Palette der Hölzer soll verschieden lange Schläge von unterschiedlicher Höhe und Weite produzieren. Sie umfasst die Hölzer 3, 4, 5, 7 und 9, alle mit unterschiedlichen Neigungswinkeln.

Das Holz 3 bringt die größte Weite und ist für eine Durchschnittsgolferin relativ schwierig zu spielen. Es wird sehr häufig als Alternative zum Driver verwendet. Ein Holz 4 ist vom Fairway einfacher zu spielen als ein Holz 3, wird aber nicht häufig angeboten. Das Standard-Fairway-Holz für eine Durchschnittsspielerin ist ein Holz 5. Es sorgt für eine gute Höhe und maximale Weite. Das Holz 7 wiederum ist eine Alternative zum Eisen 3 oder 4 und viel leichter zu schlagen. Die mit einem Holz 9 erzielte Weite ist mit der eines Eisens 5 vergleichbar. Die Schäfte aller Hölzer sind länger als die der Eisen, so dass Ihre Haltung aufrechter sein muss und die Schwungebene etwas flacher.
Die Sohle eines Holzes unterscheidet sich erheblich von der eines Eisens. Sie prallt vom Boden ab, während die Unterkante eines Eisens in den Boden hineinschneiden und ein Divot herausschlagen soll.
Beim Spiel mit den Fairway-Hölzern ist es wichtig, den Schläger ganz flach auf den Boden zu setzen, um die gewölbte Sohle zu nutzen. Wenn Sie die Hände falsch nach vorne halten, hebt sich die Hinterkante des Schlägers, und Sie berauben sich des Fehler verzeihenden Effekts eines Holzes.

1 Beim Ansprechen steht die Schlagfläche square hinter dem Ball, und Arme und Schlägerschaft bilden ein natürliches „Y“. Wenn der Ball in guter Lage auf dichtem Gras liegt, spielen Sie ihn einige Zentimeter links von der Mitte des Standes. Liegt wenig Gras unter dem Ball, wird er fast aus der Mitte des Standes gespielt, nur ein kleines bisschen links davon.

2 Die Crux guter Schläge mit den Fairway-Hölzern ist der Ballkontakt. Der Schlägerkopf muss genau an der richtigen Stelle vom Boden abprallen. Vor jedem Schlag mit einem Fairway-Holz sollten Sie daher ein oder zwei Übungsschwünge machen und darauf achten, dass sich die Unterkante nicht in den Boden gräbt. Sie sollten keine Spuren auf dem Fairway hinterlassen. Der Ballkontakt ist ähnlich, als würden Sie ein Streichholz anreißen - nach innen und außen. Spielen Sie niemals ein Fairway-Holz ohne vorherigen Übungsschwung. Der Kontakt ist schwierig. Üben Sie ihn. Der Ball wird im tiefsten Punkt des Schwungsbogens getroffen.

3 Der Schwung ist genau der gleiche wie beim Driver, also voll und rund, doch der Schläger rasiert über das Gras, anstatt den Ball nur vom Tee zu fegen.
Für die meisten Golfer mit hohem Handicap eignet sich ein Holz 3 besser als ein Driver. Der Ball wird ein wenig flacher aufgeteet, damit der Schlägerkopf unter dem Ball hindurch gleiten kann. Ansonsten ist die Technik die gleiche wie beim Driver, d.h., Sie schlagen das Tee zusammen mit dem Ball vom Boden. Dank seiner größeren Neigung ist das Holz 3 Fehler verzeihender als der Driver.

MERKE!
ÜBUNGSSCHWÜNGE BEI FAIRWAY-HÖLZERN

Fairway-Hölzer - Schwierige Lagen

Auch aus leichtem Rough oder manchen schwierigen Lagen kann man ein Fairway-Holz verwenden. Seien Sie jedoch nicht zu gierig. Denken Sie daran, dass der schwerere Kopf eines Eisens im Allgemeinen besser geeignet ist, den Ball aus dem Rough zu befördern. Doch bei einer relativ guten Lage ist auch das Holz 7 möglich.

Denken Sie immer sorgfältig über Ihren Schlag nach und an die Redensart: „Nur ein Holzkopf verwendet ein Holz aus dem Rough." Wenn Ihr Ball eine schlechte Lage auf dem Fairway hat und vielleicht in einem kleinen Divot liegt, halten Sie die Hände beim Ansprechen leicht vorne. Dadurch wird die Rückseite des Schlägerkopfes angehoben, so dass der Schläger eine scharfe Unterkante wie ein Eisen erhält. In einer solchen Situation wirkt die Schlagfläche des Schlägers, als wäre sie von einer Kapuze bedeckt, mit anderen Worten, man hat die Neigung des Holzes reduziert, so dass es sich eher wie ein Eisen verhält.

Wenn Sie den Ball aus einer schlechten Lage mit einem Holz spielen, ist der Durchschwung meistens etwas unterentwickelt. Punchen Sie den Ball mehr wie einen Eisenschlag vom Boden.

Wenn Sie mit dem Holz 3 auf dem Fairway gut umgehen können, wird Ihnen die zusätzliche Weite, die man damit erreicht, sicherlich des öfteren zugute kommen. Unter Umständen können Sie sogar mit einem Driver vom Fairway spielen, doch dazu muss man schon sehr spielstark sein. Liegt Ihr Ball auf einem üppigen Grasbüschel, können Sie ihn wie einen Abschlag spielen. Doch der Ballkontakt muss perfekt sein. Machen Sie zwei oder drei Übungsschwünge, und achten Sie darauf, dass die Schlägersohle im Treffmoment wirklich vom Boden abprallt. Beobachten Sie den Ball im Treffmoment genau, schlagen Sie ihn voller Selbstvertrauen, und überlassen Sie alles weitere Ihrem Driver. Diese Schlägerwahl kann vor allem bei Gegenwind nützlich sein. Das Ziel ist ein flacher Schlag, bei dem der Ball weit rollt.

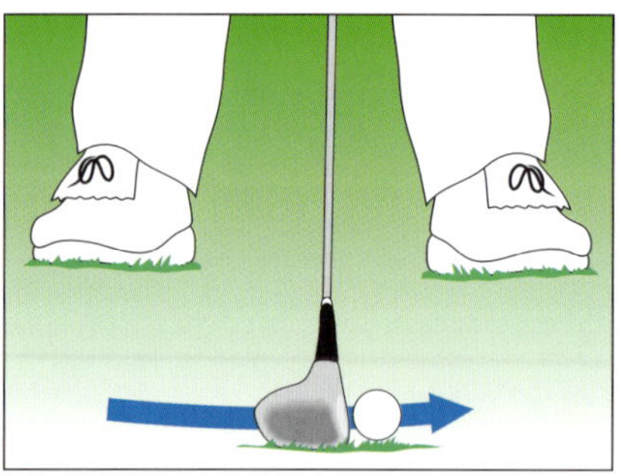

AUS EINER SCHWIERIGEN, HARTEN LAGE
Aus einer schwierigen oder harten Lage mit wenig Gras unter dem Ball muss der Schlägerkopf genau an der Stelle vom Boden prallen, an der der Ball liegt, und ihn kurz und kräftig wegschlagen. Lassen Sie die Schlägersohle nach unten und oben, innen und außen abprallen - wie beim Anreißen eines Streichholzes.

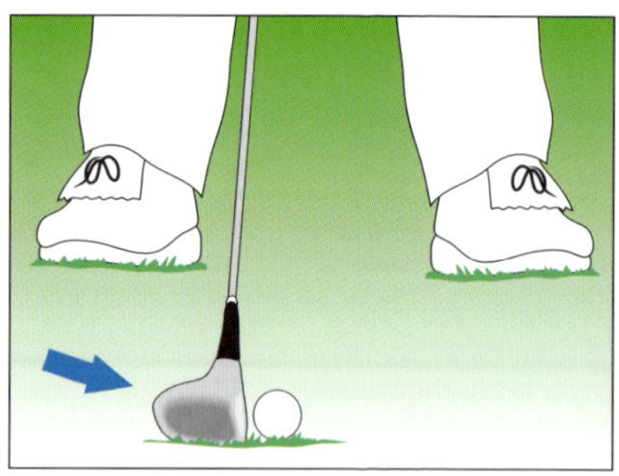

AUS EINER SCHLECHTEN LAGE
Nehmen Sie bei einer schlechten Lage ein Holz 5 oder 7. Kippen Sie die Schlagfläche ein wenig nach vorne, und heben Sie damit die Rückseite der Sohle vom Boden, damit der Schläger in jede kleine Mulde hineingleiten kann. Halten Sie Schaft und Hände für den steilen Angriff auf den Ball ein wenig links vorne.

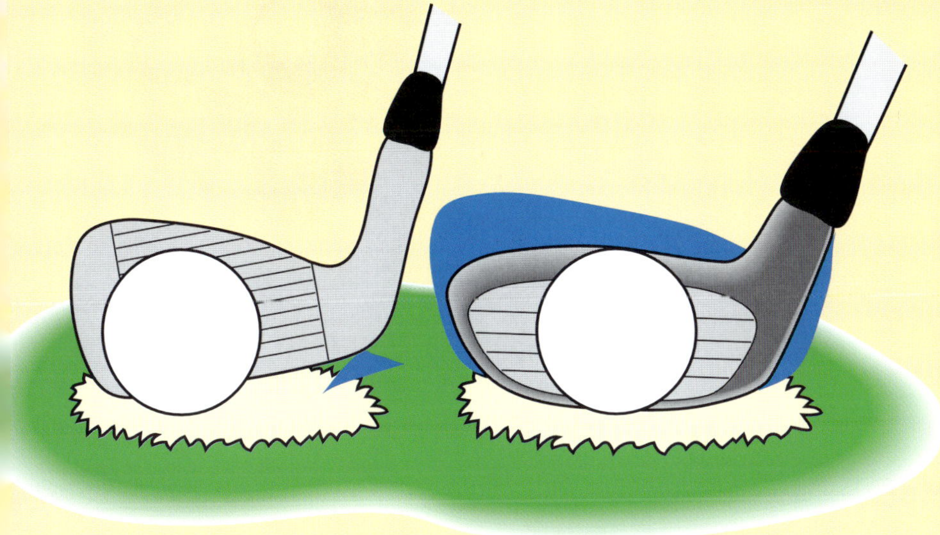

EXPERTENTIPPS

➤ Versuchen Sie nie, den Ball aus einer schlechten Lage nach oben zu löffeln, ganz gleich, welchen Schläger Sie benutzen. Das übernimmt allein der Loft des Schlägers. Verlagern Sie das Gewicht hinüber auf den linken Fuß, um steil von oben schlagen zu können. Denken Sie nach unten, um den Ball in die Höhe und in Richtung Ziel zu zwingen.

➤ Bei einem Fairway-Holz aus einer schwierigen Lage ist es am wichtigsten, die Tiefe des Schwungs richtig zu beurteilen: Je schwieriger die Lage ist, desto genauer müssen Sie darin sein.

➤ Machen Sie immer zwei oder drei Übungsschwünge vor dem Schlag, um sicherzugehen, dass Sie tief genug schwingen. Die Sohle muss vom Boden abprallen. Hören Sie auf das Geräusch des Schlägerkopfes beim Abprallen.

➤ Je schlechter die Lage ist, desto weiter zum rechten Fuß hin spielen Sie den Ball.

➤ Wenn Sie den Ball mit einem Fairway-Holz aus einer schlechten Lage spielen, schlagen Sie nur ein sehr kleines Divot aus dem Boden.

GUTER KONTAKT AUS DIVOT-LÖCHERN

Um bei einem kurzen Pitch-Schlag aus einem Divot-Loch einen guten Schläger-Ball-Kontakt zu erzielen, spielen Sie den Ball mehr zur Spitze hin (oben links). So kommen Sie leichter unter den Ball. Ein Fairway-Holz mit einem kleinen Schlägerkopf (oben rechts) erledigt diese Aufgabe manchmal leichter als ein langes Eisen.

MERKE!
BEI SCHWIERIGEN SCHLÄGEN HÄNDE NACH VORNE

Probleme im Treffmoment

Ein guter Ballkontakt ist ein Geschick für sich. Viele Anfängerinnen erlernen leicht und schnell einen gut aussehenden Schwung, haben aber Probleme mit dem perfekten Ballkontakt. Als Erstes müssen Sie lernen, tief genug abzuschwingen und genau an der Stelle über das Gras zu streifen, an der es erforderlich ist.

Getoppte Schläge

Getoppte Schläge sind die häufigsten schlechten Schläge von Anfängerinnen. Man trifft den Ball dabei an dessen Oberseite, so dass er über den Boden rollt, anstatt in die Luft zu fliegen.

Bei einem getoppten Schlag schlägt der Spieler in die obere Hälfte des Balls, ohne den Boden darunter zu berühren.

Das passiert, wenn man falsch auf den Ball blickt. Wenn Sie auf die Oberseite des Balls gucken, treffen Sie ihn auch an dieser Stelle. Sie sollten sich eindeutig auf die Rückseite des Balls konzentrieren. Das heißt nicht, dass Sie Ihren Kopf in eine merkwürdige Haltung bringen, sondern einfach die Augen auf die Ballrückseite richten müssen.

Frauen haben oft auch Angst, über das Gras zu „bürsten". Entweder glauben sie, dass es ungehörig ist, ein Divot aus dem Gras zu schlagen, oder sie haben Angst, sich zu verletzen. Doch Sie sollten sich wirklich angewöhnen, mit dem Schläger über das Gras zu streifen. Denken Sie einfach, das Gras wäre im Wege. Überwinden Sie Ihre Hemmungen, es zu berühren. Machen Sie viele Übungsschwünge, damit Sie sich daran gewöhnen, an der Stelle über das Gras zu streifen, an der Sie es geplant haben.

Der größte Schwungfehler, der zu einem getoppten Schlag führt, ist Anspannung. Wenn Sie sich verkrampfen oder während des Schlags die Luft anhalten, hebt sich der ganze Brustkorb und der Schlägerkopf schwingt nicht zurück zum Boden.

Um getoppte Schläge zu vermeiden, denken Sie an den Ballkontakt. Entspannen Sie sich, lassen Sie die Arme locker nach unten hängen, blicken Sie auf die Rückseite des Balls, und konzentrieren Sie sich darauf, an der richtigen Stelle über den Boden zu streifen. Versuchen Sie nicht, den Ball mit Gewalt nach oben zu löffeln, sondern vertrauen Sie auf die Neigung Ihres Schlägers.

Zu „fette" Schläge

Ein anderes mit dem richtigen Treffmoment verbundene Problem von Frauen sind „fette" Schläge. Sie passieren, wenn man zu tief oder, was noch häufiger der Fall ist, hinter dem Ball in den Boden schlägt. Sie können jedoch auch auf eine Lockerung des Griffs zurückzuführen sein. Wenn Sie den Schläger in den Fingern nach hinten ziehen, schlägt der Schlägerkopf hinter dem Ball in den Boden.

Kontrollieren Sie Ihre Ballposition. Der tiefste Punkt des Schwungsbogens sollte etwa in einer Linie mit Ihrer Nase sein, mit anderen Worten in der Mitte des Standes. Achten Sie also darauf, dass der Ball etwa in der Mitte liegt.

Wenn Sie hinter dem Ball in den Boden schlagen, versuchen Sie wahrscheinlich, ihm in die Luft zu verhelfen, als würden Sie mit einem Racket spielen. Sie werden vielleicht feststellen, dass Ihr Gewicht auf dem rechten Fuß bleibt, während Sie versuchen, den Ball nach oben zu löffeln. Achten Sie zum Ende des Schwungs auf eine korrekte Gewichtsverlagerung auf die linke Seite. Denken Sie, während Sie durch den Ball hindurchschwingen, „nach unten" anstatt „nach oben".

RICHTIGER KONTAKT (rechts)
Wenn Sie versuchen, den Ball nach oben zu schlagen, hebt sich der Schlägerkopf, und Sie treffen ihn nicht in der Mitte, sondern oben (siehe Diagramm auf S. 73). Um diesem Fehler entgegen zu wirken, verlagern Sie Ihr Gewicht in der Treffzone auf den linken Fuß. Schlagen Sie nach unten durch den Ball, im Idealfall mit einem Divot, um ihn nach oben und vom Boden weg zu zwingen - das Gegenteil eines getoppten Schlages.

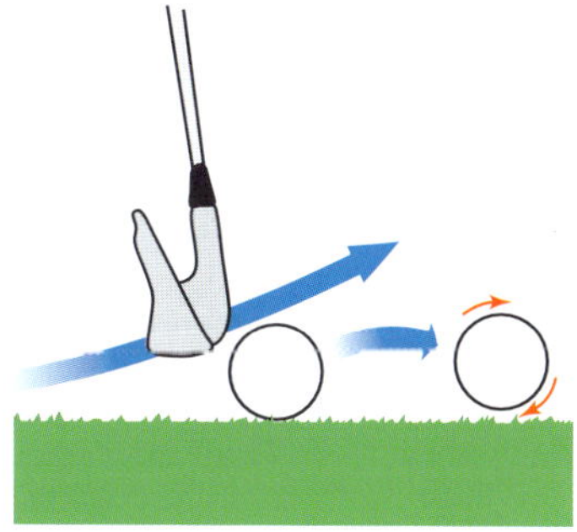

GETOPPTE SCHLÄGE - TREFFMOMENT
Dieses Diagramm zeigt, was geschieht, wenn Sie auf die Oberseite des Balls blicken und ihn dort treffen anstatt auf der Rückseite. Der Ball rollt mit Topspin nach vorne und springt flach übers Fairway.

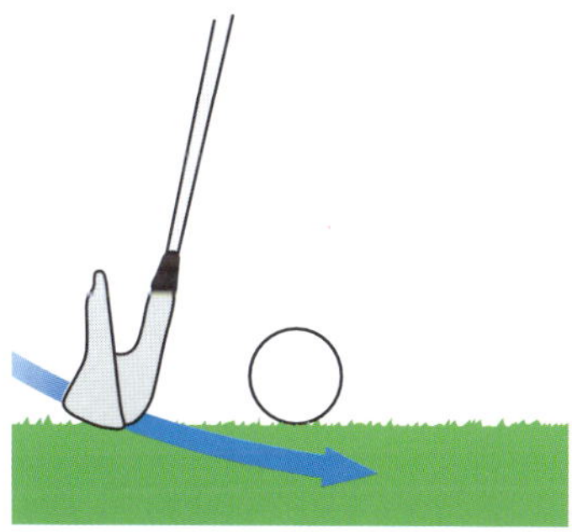

FETTE SCHLÄGE
Bei fetten Bällen schlägt der Schlägerkopf hinter dem Ball in den Boden. Um dies zu vermeiden, spielen Sie ihn ziemlich aus der Mitte des Standes und versuchen, erst den Ball und dann ein Divot zu schlagen. Das Gewicht ruht in der Treffzone auf der linken Seite.

MERKE!
EIN GUTER KONTAKT IST EINE KUNST

Noch mehr über Kontaktprobleme

Ein Problem von Anfängern ist, dass sie den Ball schlecht treffen und gar nicht wissen, warum. Wenn Sie einen schlechten Ballkontakt haben, müssen Sie erst die Ursache dafür herausfinden, bevor Sie etwas dagegen unternehmen können.

Ein guter Ballkontakt hat zwei Aspekte: Zum einen ist es die Tiefe (wenn sie nicht stimmt, sind getoppte oder fette Schläge die Folge - s. S. 72-73), zum anderen die Notwendigkeit, den Ball in der Mitte der Schlagfläche zu treffen. Wenn Ihnen das nicht gelingt, verläuft die Flugbahn vor allem mit den Eisen zu flach, nach rechts oder links. Um festzustellen, ob dies Ihr Problem ist, markieren Sie die Rückseite Ihres Balls mit einem Klecks Lippenstift oder Kreide und finden heraus, an welcher Stelle Ihrer Schlagfläche die Farbe im Treffmoment haften geblieben ist. Ein Shank oder „Socket“ ist einer der schlimmsten Schläge im Golf. Der Ball geht vom Schlägerhals ab und hoppelt entweder flach über den Boden oder schießt nach rechts ab.

Sprechen Sie den Ball korrekt mit der Mitte der Schlagfläche an. In Bezug auf die Ballposition unterliegt man leicht einer optischen Täuschung. Beim Ansprechen sieht der Ball vielleicht aus, als würde er mittig an der Schlagfläche ruhen, doch von hinten betrachtet liegt er zu nahe am Schlägerhals. Es gibt genügend Kraft in der Schlägerspitze. Sprechen Sie den Ball also in der Mitte oder sogar ein wenig zur Spitze hin an.

Ein Shank ist normalerweise die Folge eines mangelhaften Gleichgewichts. Im Treffmoment sollten Sie fest auf der linken Ferse stehen. Wenn sich Ihr Gewicht fälschlicherweise zur Fußspitze hin verlagert, schwingt der Schlägerkopf auf der falschen Bahn nach unten, und Sie müssen am Ende des Durchschwungs fast immer einen Schritt nach vorne machen. Denken Sie an die richtige Gewichtsverlagerung auf die linke Ferse, so dass die Zehen genügend Spielraum haben und nicht verkrampfen, um Ihr Gleichgewicht zu retten.

Ein Shank ist häufig auch die Folge eines zu großen anstatt eines zu geringen Abstands vom Ball, weil Sie dadurch nach vorne gezogen werden und das Gleichgewicht verlieren. Schläge mit der Schlägerspitze schießen nach rechts, haben jedoch einen viel weicheren Kontakt als Shanks. Wenn Sie die Ursache nicht kennen, finden Sie sie durch die Übung mit den zwei Bällen (s. S. 75) heraus, oder markieren Sie Ihren Ball wieder mit Lippenstift. Schläge mit der Schlägerspitze reagieren wie getoppte Bälle und sind normalerweise eine Folge von Anspannung oder eines Zurückziehens der Finger im Treffmoment.

Um Schläge mit der Schlägerspitze zu verhindern, üben Sie mit einem Tee, das Sie direkt auf der anderen Seite des Balls in den Boden stecken (s. S. 75).

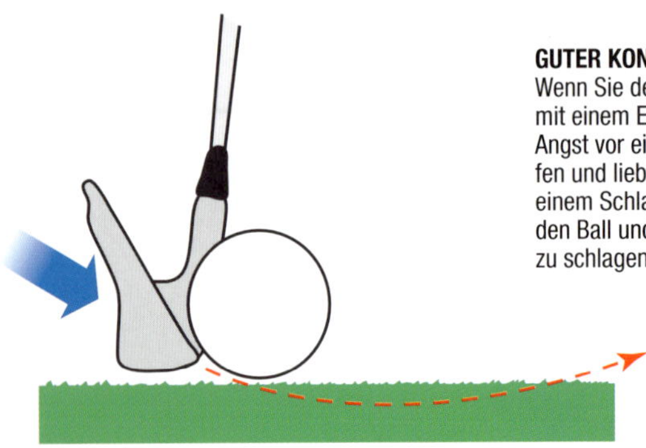

GUTER KONTAKT AUS SCHLECHTEN LAGEN
Wenn Sie den Ball aus einer schlechten Lage mit einem Eisen spielen, müssen Sie Ihre Angst vor einem möglichen Shank bekämpfen und lieber daran denken, den Ball mit einem Schlag nach unten zu treffen d.h. erst den Ball und dann ein Divot aus dem Boden zu schlagen.

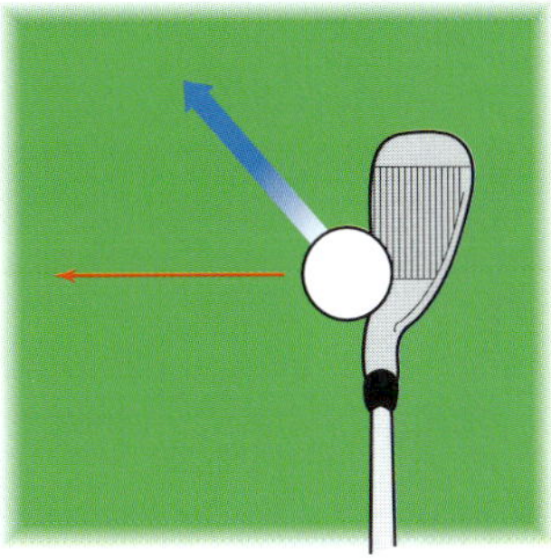

SCHLÄGE MIT DER SPITZE ODER HACKE

Ein mit der Spitze oder Hacke getroffener Ball fliegt scharf nach rechts. Wenn Sie ihn mit der Spitze treffen, ist Ihr Abstand vom Ball beim Ansprechen vielleicht zu groß und zu klein, wenn Sie ihn mit der Hacke treffen. Achten Sie im Finish auf Ball und Gleichgewicht.

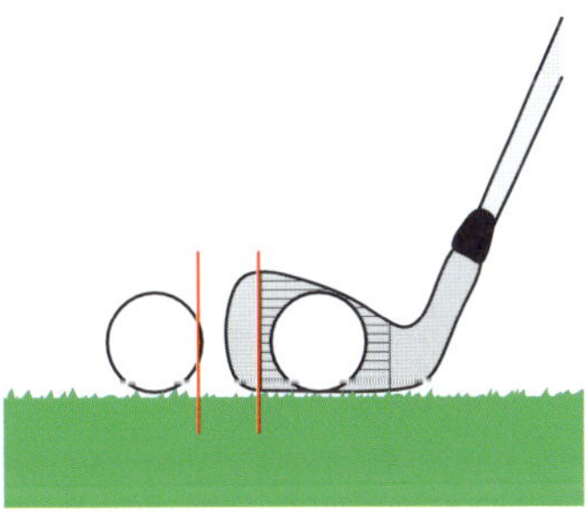

ABHILFE FÜR DEN SHANK

Legen Sie zwei Bälle im Abstand von drei Zentimetern nebeneinander, und versuchen Sie, jeweils nur den Ihnen am nächsten liegenden zu treffen. Wenn Sie beide Bälle schlagen, treffen Sie sie immer noch mit dem Schlägerhals.

ABHILFE FÜR SCHLÄGE MIT DER SPITZE

Stecken Sie ein Tee auf der anderen Seite des Balls in den Boden, und schlagen Sie es zusammen mit dem Ball weg (links). Das löst Ihre Probleme mit Schlägen von der Schlägerspitze.

Die Beobachtung des Balls - Haltung

Die beiden häufigsten Ratschläge, die Frauen zu hören bekommen, sind „Kopf unten lassen“ und „Ball beobachten“. Doch was bedeuten diese beiden Ratschläge beim Spiel?

Sie müssen auf die Rückseite des Balls blicken - auf den Teil, den Sie schlagen wollen. Im höchsten Punkt des Rückschwungs dreht sich Ihr Kopf ein wenig, so dass Sie den Ball jetzt mit dem linken Auge sehen. Der Blick vom rechten Auge ist wahrscheinlich durch die Nase verdeckt. Beobachten Sie den Ball, aber geben Sie dem Kopf ein wenig Spielraum.
Bei der korrekten Haltung (s. S. 77) wird das Kinn von der linken Schulter verdeckt, der Kopf dreht sich beim Rückschwung ein wenig, und alles, was Sie sehen können, ist der Ball und das erste auf der Fotografie abgebildete Tee. Die Füße sind nicht zu sehen. In der Treffzone müssen Sie natürlich den Ball beobachten und den Kopf auch dann noch ruhig halten, wenn der Ball die Schlagfläche bereits verlassen hat.
Ein anderes Beispiel für eine perfekte Haltung können Sie auf dem Foto der amerikanischen Golferin Emilee Klein auf Seite 57 sehen.

Wenn Sie im Treffmoment immer wieder nach oben kommen, liegt das vielleicht am verkehrten Verhältnis zwischen rechter Schulter und Kinn. Dies ist ein häufiger Fehler von Frauen, bei dem sich die rechte Schulter im Treffmoment unter dem Kinn befindet und den Kopf nach dem Treffmoment buchstäblich nach oben zwingt. Wenn Sie einen langen Hals und schmale Schultern haben, passiert das sogar noch häufiger.

FALSCH
Wenn Sie zu intensiv auf den Ball starren, befindet sich der Kopf so unbeweglich über der linken Schulter, wie auf der rechten Fotografie abgebildet. Dieses Problem kann sich allerdings auch ergeben, wenn Sie als Anfängerin den Ball im Verhältnis zum Stand von zu weit links spielen.

FALSCH
Wenn Sie auf den Ball starren und den Kopf zu ruhig halten, nehmen Sie unter Umständen ebenfalls die rechts abgebildete Haltung ein. Sie können den Ball sehen und wahrscheinlich auch Ihre Füße.

PROBIEREN SIE DIESE ÜBUNG
Mit dieser Übung finden Sie das richtige Verhältnis zwischen Schultern und Kinn - die linke Schulter sollte das Kinn beim Rückschwung verdecken, die rechte beim Durchschwung. Schwingen Sie den Schläger zurück und durch, um ein Gefühl für das Verhältnis von Schultern und Kinn zu bekommen - und zwar mit geöffnetem Mund. Das verstärkt das Gefühl noch. Denken Sie daran, dass dies vor allem ein Problem von Frauen ist. Männer haben es seltener.

MERKE!
ACHTEN SIE AUF DIE HALTUNG DES KINNS

Das Schwanken

Der weibliche Körperbau ist anders als der männliche. Frauen haben geschmeidigere Gelenke, schmalere Schultern und breitere Hüften. Das führt zu bestimmten Schwungproblemen, die Männer selten haben. Hier einige davon.

FALSCH
Ein bei Frauen sehr häufiger Fehler ist das Schwanken. Wenn man Ihnen sagt, dass Sie schwanken, ist es nicht der Kopf, der von einer Seite zur anderen schwankt, sondern es sind die Hüften. Trotzdem werden Sie instinktiv immer erst einmal den Kopf ruhig halten, obwohl dieser ein wenig Spielraum braucht.

FALSCH
Diese Art Haltung führt häufig zum Schwanken. Wenn Sie das Gesäß beim Ansprechen einziehen anstatt nach außen zu strecken, bewegen sich die Hüften automatisch von einer Seite zur anderen. Der erste Schritt, um ein Schwanken zu vermeiden, ist eine korrekte Ansprechhaltung. Strecken Sie den Po nach außen, und behalten Sie diese Haltung während des Rückschwungs bei.

Um das Schwanken zu korrigieren, müssen Sie sich beim Ansprechen aus den Hüften nach vorne beugen und mit nach hinten ausgestrecktem Gesäß vorne bleiben, so dass sich nur der Oberkörper dreht. Außerdem sollten Sie spüren, dass sich der Kopf ein paar Zentimeter zur Seite hinter den Ball bewegt. Spielen Sie den Ball aus der Mitte des Standes, und drehen Sie den Oberkörper, wobei das linke Auge auf den Ball gerichtet ist.

Als Übung beugen Sie sich ohne Schläger in den Händen nach vorne und drehen den Körper. Stehen Sie zuerst nur ein wenig aufrecht, dann noch ein bisschen mehr, bis Sie eine golferische Haltung haben. Beim Rückschwung bleibt die Haltung unverändert, während sich die Schultern drehen und der Kopf sich ein klein wenig zur Seite bewegt.

NOCH EINE ÜBUNG

Stellen Sie sich an den Ball, und klemmen Sie einen Tennisball in die rechte Leiste. Schwingen Sie nun zurück. Beim korrekten Rückschwung sollte der Tennisball an Ort und Stelle bleiben. Bei einem falschen Rückschwung in Verbindung mit einem Schwanken der Hüften fällt der Ball zu Boden.

MERKE!

GESÄSS NACH AUSSEN UND AUSSEN LASSEN

Mehr Weite

Jede Golferin möchte den Ball immer noch weiter schlagen. Selbst Spielerinnen mit den längsten Schlägen wie Laura Davies sind noch nicht zufrieden. Natürlich spielt die Körperkraft dabei eine Rolle, aber auch ein gutes Timing.

DER PERFEKTE DURCHSCHWUNG
Haben Sie keine Angst davor, ganz locker zu sein, um Ihren eigenen perfekten Durchschwung zu finden. Das ist die Voraussetzung für eine größere Weite Ihrer Schläge.

NICHT VERGESSEN: Verursachen Sie im Treffmoment das lauteste Geräusch, das Ihnen möglich ist.

Der erste Schlüssel zu einer guten Weite ist ein ausreichendes Maß an Lockerheit und Freiheit für einen perfekten Durchschwung. Wenn Sie nicht wissen, wo der Schläger am Ende des Schwungs landet, weigert sich Ihr Körper, eine maximale Schlägerkopfgeschwindigkeit zu erzeugen.

Der Handgelenkeinsatz im Treffmoment ist ähnlich dem Werfen eines Balls. Wenn Frauen gedrängt werden, den Ball weiter zu schlagen, haben sie meistens das Gefühl, die Kontrolle zu verlieren. Doch um eine maximale Weite zu erzielen, müssen Sie bis zu einem bestimmten Grad das Gefühl eines Kontrollverlusts zulassen. Wenn Sie nicht gut im Werfen eines Balls sind, denken Sie an die Bewegung, die Sie machen, wenn Sie das Quecksilber eines Thermometers nach unten schütteln. Ihre Finger halten das Thermometer fest, aber das Handgelenk ist locker genug, um es ziemlich schnell zu schütteln. Die gleiche Technik ist es, die beim Golfschwung Geschwindigkeit erzeugt.

Der zweite Schlüssel zu einer guten Weite ist ein perfektes Timing. Überhasten Sie den Schwung nicht bei dem Versuch, den Ball möglichst hart zu schlagen. Sie müssen den richtigen Rhythmus finden. Am schnellsten ist der Schwung im Treffmoment und nicht davor oder danach. Versuchen Sie auf der Driving Range ein möglichst lautes Geräusch beim Schlagen des Balls zu erzeugen. Je lauter das Geräusch, desto größer die Weite.

Wenn Sie einen wirklich langen Drive auf dem Golfplatz brauchen, sollten Sie nicht mit Gewalt darauf aus sein. Konzentrieren Sie sich einfach auf die Rückseite des Balls, und horchen Sie auf das laute Geräusch, das Sie im Treffmoment erzeugen.

Kontrollpunkte

Alison Nicholas ist trotz ihrer Körpergröße von nur 1,52 Meter ein außergewöhnlicher „long hitter", und das allein auf Grund ihrer Technik und ihres Timings.
Für Club-Golferinnen ist der Schlüssel zu einer maximalen Weite der Hand- und Handgelenkeinsatz im Treffmoment. Die Hände und Finger sollen den Schläger zwar fest greifen, aber die Handgelenke müssen locker genug sein, um Geschwindigkeit zu erzeugen. Eine gute Übung ist, immer wieder mit einem Eisen 5, 6 oder 7 nach hinten und vorne zu schwingen. Die Unterarme drehen sich dabei, so dass die Handgelenke überrollen und Geschwindigkeit erzeugen können.
Denken Sie daran: Lockerheit = Länge. Je lockerer Sie sind, desto mehr Schlägerkopfgeschwindigkeit können Sie erzeugen, und desto weiter werden Sie den Ball schlagen. Der Handgelenkeinsatz erfordert ein korrektes Abwinkeln des linken Armes beim Durchschwung. Beim Ansprechen zeigt der linke Ellbogen leicht nach unten und winkelt sich dann im Durchschwung ab. Vermeiden Sie, dass Gedanken an einen geraden linken Arm diesen nach dem Treffmoment zu steif halten.
Um Ihre Handgelenke zu stärken, üben Sie Schwünge mit einem mit Gewichten beschwerten Schläger. Alternativ können Sie den Schläger auch durch dichtes Gras schwingen, um Ihre Hände zu kräftigen und die Kontrolle zu verbessern.

ALISON NICHOLAS
Obwohl Alison Nicholas eine kleine Spielerin ist, gehört sie zu den „long hittern" im Golfsport.

MERKE!
NICHT VERGESSEN:
LOCKER = WEIT

Die richtige Richtung

Frauen haben erheblich weniger Probleme mit der Richtung ihrer Schläge als die meisten Männer. Je weiter Sie den Ball schlagen, desto schwieriger wird es allerdings, diese Richtung zu halten.

Wenn Sie Probleme mit der Richtung haben, müssen Sie sich die Mechanismen von Schläger und Ball klar machen. Ein Golfball ist so konstruiert, dass er Drall erhält. Die Dimples auf der Oberfläche erhöhen den Drall, so dass der Ball leichter in die Luft fliegt. Wenn er Rückwärtsdrall erhält, nimmt er häufig auch noch Seitwärtsdrall an.
Bei den meisten Ballspielen fliegt der Ball gerade und ohne Effet, und Sie müssen erst lernen, ihm Drall zu geben, wenn er eine Kurve beschreiben soll. Beim Golf müssen Sie als Erstes lernen, den Seitwärtsdrall des Balls zu reduzieren, damit er gerade fliegen kann. Der gute Spieler lernt danach, ihm wieder Drall zu geben, damit er die von ihm gewünschte Flugbahn beschreibt. Das geschieht, wenn er den Ball um ein Hindernis herum spielen oder die Flugbahn bei Wind verbessern möchte.

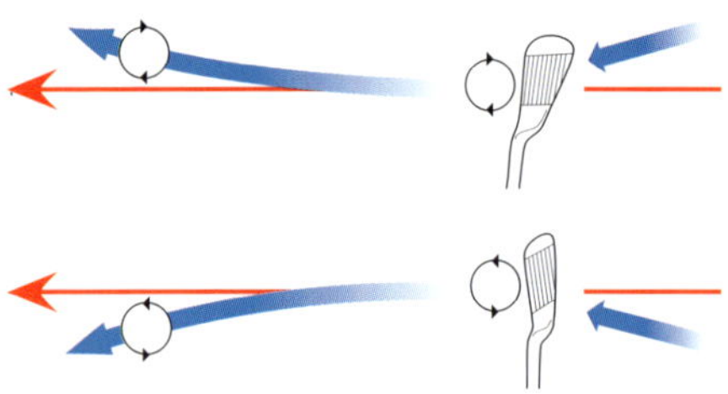

DARAN SOLLTEN SIE DENKEN

1 Je größer der Neigungswinkel eines Schlägers ist, desto mehr Rückwärtsdrall und desto weniger Seitswärtsdrall gibt er dem Ball. Es ist zum Beispiel schwierig, einen Ball mit einem Eisen 9 in einer Kurve zu schlagen. Im Gegensatz dazu erzeugt der Driver sehr wenig Rückwärtsdrall und mehr Seitwärtsdrall. Jede Neigung zum Hook oder Slice wird dadurch verstärkt. Es ist also viel einfacher, ein Holz 5 gerade zu schlagen als einen Driver.

2 Vorausgesetzt, dass der Ball in der Mitte oder ungefähr in der Mitte der Schlagfläche getroffen wird, startet er in die Richtung des Schwungs.

3 Ein korrekt geschlagener Ball, der nach links startet, ist also die Folge eines nach links gerichteten Schwungs - von „außen nach innen". Er kann dann je nach Neigung der Schlagfläche noch eine Kurve nach links oder rechts beschreiben.

4 Fragen Sie sich bei der Analyse eines jeden Schlags: „In welche Richtung startete der Ball, und in welcher Kurve flog er?" Nur so erkennen Sie, welchen Fehler Sie beim Schwung machen.

RICHTUNGSPROBLEME

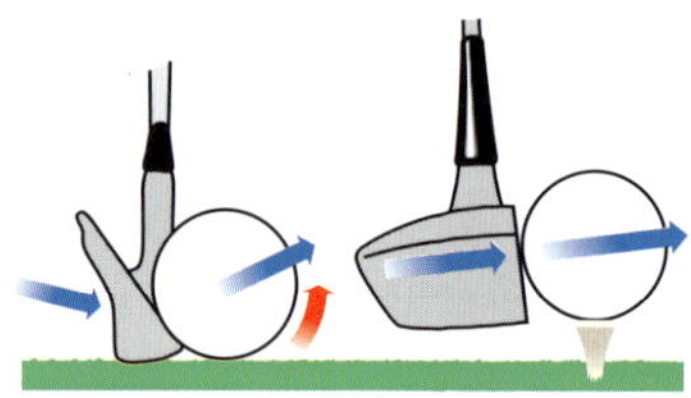

Dank ihres Lofts gleitet die Schlagfläche eines Eisens automatisch unter die Rückseite des Balls (oben links) und gibt ihm Rückwärtsdrall. Der Loft eines Drivers (oben rechts) produziert dagegen weniger Rückwärtsdrall und sorgt für eine weite und flache Flugbahn.
Schläger mit viel Loft treffen den Ball auf der Unterseite und geben ihm starken Rückwärtsdrall, dafür aber wenig Seitwärtsdrall (unten links). Der Driver trifft ihn in der Mitte in der Höhe seines Äquators und verleiht ihm bei geöffneter oder geschlossener Schlagfläche viel Seitswärtsdrall (unten rechts).

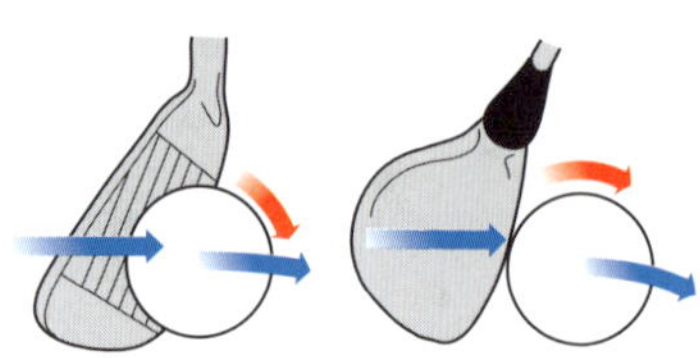

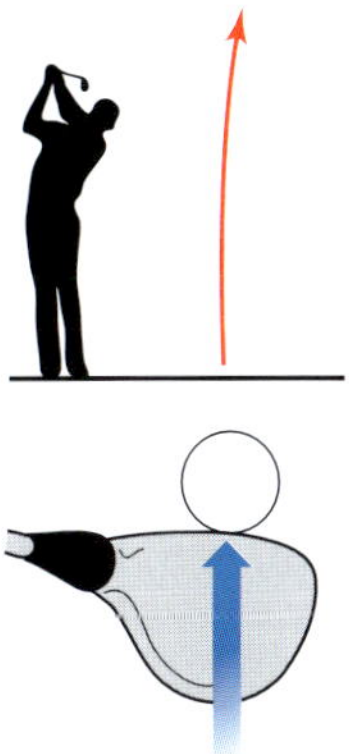

DER FADE
Der Ball startet zum Ziel und verläuft dann in einer Kurve nach rechts. Pros schlagen ihre Bälle mit dem Eisen gerne bewusst als Fade. Der Ball stoppt nach der Landung schnell.

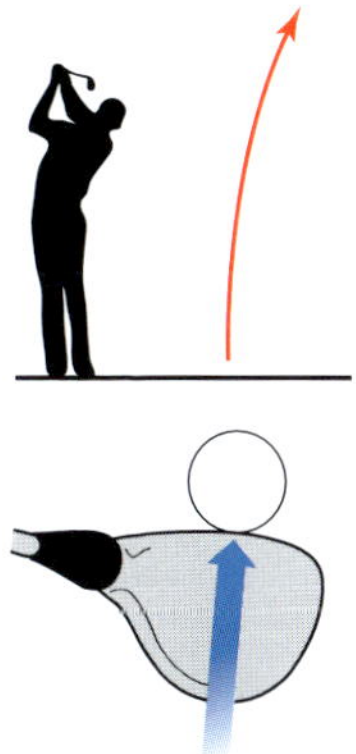

DER PUSH-FADE
Durch einen Schwung von innen nach außen startet der Ball nach rechts vom Ziel. Auf Grund der geöffneten Schlagfläche fliegt er noch weiter nach rechts. Ursache: Der Durchschwung ist wahrscheinlich unvollständig und der Griff schwach, oder die Handgelenke sind zu steif.

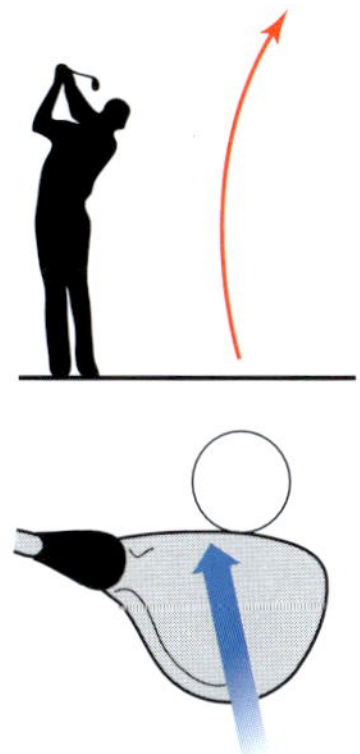

DER SLICE
Ein Schwung von außen nach innen bringt den Ball auf eine Flugbahn nach links und gibt ihm viel Spin. Dieser Schlag ist wie ein angeschnittener Schlag mit einem Tennisschläger, bei dem die Handgelenke fest sind und die Bewegung nach oben und unten verläuft.

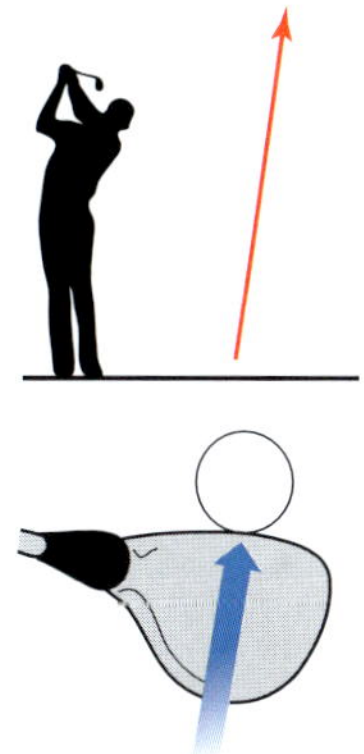

DER PUSH
Ein Schwung von innen nach außen bei square ausgerichteter Schlagfläche. Der Ball fliegt gerade nach rechts. Frauen spielen diesen Schlag unweigerlich, wenn sie nach rechts zielen.

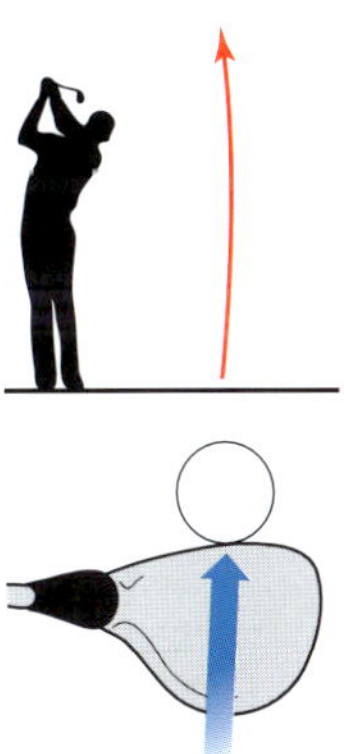

DER DRAW
Bei diesem Schlag ist die Schlagfläche im Verhältnis zur Richtung des Schwungs ein wenig geschlossen. Der Ball fliegt in einer leichten Kurve von rechts nach links und rollt nach der Landung. Viele halten dies für den perfekten Schlag schlechthin.

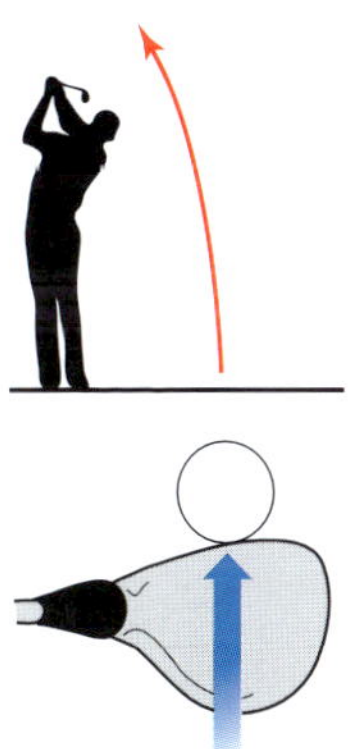

DER PULL-HOOK
Auf Grund eines Schwungs von außen nach innen mit geschlossener Schlagfläche startet der Ball nach links und fliegt dann noch weiter nach links. Die Ursache ist normalerweise ein schlechter Griff, bei dem die rechte Hand unter dem Schläger liegt.

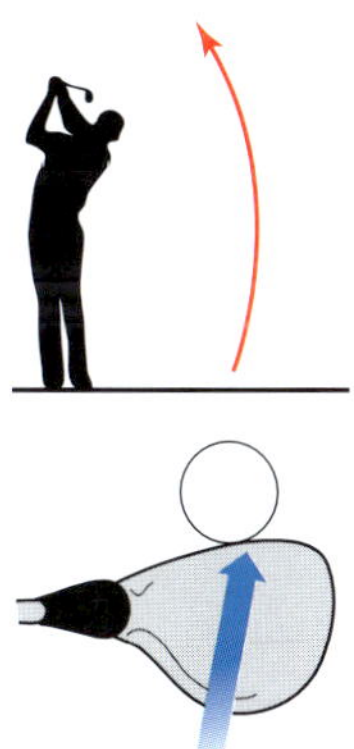

DER HOOK
Der Ball startet nach rechts, wobei die Schlagfläche im Treffmoment geschlossen ist. Die Ursache für diesen Fehler liegt häufig darin, dass Sie den Ball von zu weit rechts spielen und die rechte Hand wie ein Tennisspieler unter dem Schläger halten.

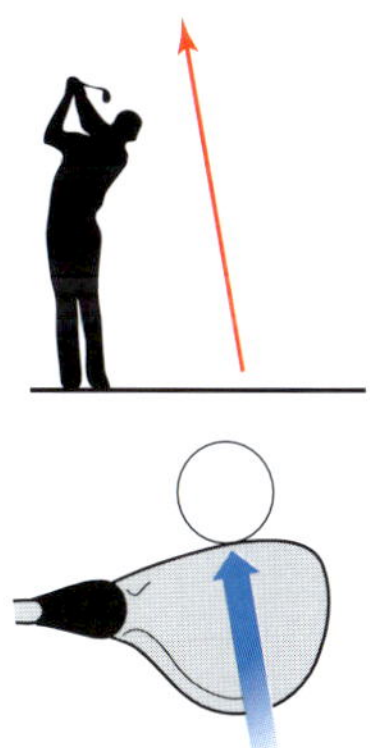

DER PULL
Ein Schwung von außen nach innen lässt den Ball bei square ausgerichteter Schlagfläche nach links starten. Das liegt daran, dass Sie nach rechts zielen und den Schläger dann nach links ziehen.

MERKE!
KONTROLLIEREN SIE, WOHIN SIE ZIELEN

Wie kuriert man Push und Pull?

Beim Push fliegt der Ball in gerader Richtung nach rechts, beim Pull nach links vom Ziel. Wenn Sie korrekt zielen, ist es vergleichsweise schwierig, einen Ball als Push nach rechts zu schlagen. Den Körper zu drehen und nach links zu verziehen, ist dagegen wesentlich leichter.

SO IST ES RICHTIG
Der Treffmoment ist der wichtigste Teil eines jeden Schwungs, denn er beeinflusst am stärksten die Richtung Ihres Schlages. Wenn Sie den Ball als Push spielen, fliegt er nach rechts, bei einem Pull dagegen nach links. Liselotte Neumann aus Schweden zeigt Ihnen auf dieser Abbildung, wie es richtig gemacht wird.

Wenn Sie den Ball als Push gerade nach rechts oder Pull nach links spielen, müssen Sie kontrollieren, ob Sie richtig zielen. Viele Golferinnen spielen eher nach rechts als gerade. Wenn Sie nach rechts zielen, fliegen Ihre Bälle wahrscheinlich auch nach rechts. Manchmal dreht man aber auch den Körper und verzieht den Ball nach links.

Diesem Problem können Sie abhelfen, wenn Sie über eine Stelle vor dem Ball zielen. Halten Sie im Durchschwung inne, und setzen Sie dann den rechten Fuß zurück zum Ausgangspunkt. Legen Sie Ihren Schläger vor Ihren Schuhen auf den Boden. Treten Sie nun hinter den Ball und überprüfen Sie, wohin Sie gezielt haben. Die Linie entlang Ihrer Zehen sollte parallel zur Linie Ihres Schlages sein.

Bei einem Push nach rechts müssen Sie auch die Ballposition überprüfen. Wenn Sie den Ball zum rechten Fuß hin spielen, trifft der Schlägerkopf ihn auf einer Schwungbahn von innen nach außen. Das Gleiche passiert, wenn Sie im Treffmoment nach links schwanken.

Bei einem Push nach rechts sind Ihre Hüften am Ende des Schwungs wahrscheinlich nach rechts vom Ziel gerichtet. Achten Sie also darauf, dass sich das linke Bein aus dem Weg dreht und die Hüften beim Durchschwung wirklich zum Ziel zeigen.

Bei einem Pull nach links zielen Sie instinktiv

DER PUSH FEHLER
Wenn Sie den Ball von zu weit hinten spielen oder sich falsch ausrichten und nach rechts zielen, werden Sie den Ball wahrscheinlich als Push nach rechts schlagen.

DER PULL FEHLER
Der Versuch, das Zielen nach rechts zu kompensieren, führt häufig dazu, dass Sie die Schultern quer über die Schwungbahn ziehen und den Ball dann nach links verziehen.

nach rechts. Je weiter Sie aber nach rechts zielen, desto mehr werden Sie den Ball mit den Schultern herum nach links verziehen. Konzentrieren Sie sich auf einen hohen Durchschwung, bei dem der Schlägerschaft direkt über den Schultern schwingt. Bei einem Ball, der nach links fliegt, werden Sie wahrscheinlich feststellen, dass Ihre Schultern am Ende des Durchschwungs weit nach links ausgerichtet sind. Sie müssen aber spüren, dass der Durchschwung in Richtung Ziel verläuft.
Der Schlag nach links ist ein häufiger Fehler, und zwar bei einem Schwung von „außen nach innen". Bei einer in einer korrekten Kurve verlaufenden Schwungbahn von innen passiert das nicht. Um diese korrekte Bahn zu erreichen, sollten Sie das Gefühl haben, als käme der Schläger hinter Ihrem Körper hervor.
Machen Sie die Übung mit dem Hammer und dem Nagel (S. 50-51). Entwickeln Sie ein Gefühl für den flachen Auftreffwinkel Ihres Schlägers, der hinter den Beinen hervor schwingt. Wenn Sie den Ball als Pull nach links spielen, besteht auch die Möglichkeit, dass Sie ihn im Verhältnis zum Stand von zu weit vorne, d.h. zu weit zum linken Bein hin spielen. Achten Sie auf die Ballposition in der Mitte des Standes, und bemühen Sie sich um eine flache Schwungbahn von innen.

MERKE!
KONTROLLIEREN SIE IHR ZIELEN

Wie kuriert man einen Hook?

Ein Hook startet nach rechts wie ein Push, verläuft aber dann in einer scharfen Kurve zurück nach links. Die Hauptursache ist eine geschlossene Schlagfläche im Treffmoment.

1 Um ein Gefühl für den richtigen Griff zu bekommen, müssen Sie darauf achten, dass die rechte Hand wirklich zum Ziel zeigt. Richten Sie die linke Hand notfalls entsprechend aus. Greifen Sie den Schläger nicht wie ein Tennisracket, als wollten Sie versuchen, den Ball in die Luft zu befördern, sondern lassen Sie die Hand zum Ziel hin gerichtet.
Überprüfen Sie die Haltung Ihres rechten Daumens und Zeigefingers. Liegt der rechte Daumen zu weit an der Seite des Schlägers, haben die Handgelenke zu viel Spielraum. Ziehen Sie den rechten Daumen ein bisschen näher zur Oberseite des Griffs, um die Handgelenke zu festigen.

WAS KÖNNTE VERKEHRT SEIN?
Wenn die rechte Hand beim Ansprechen zu weit unter dem Griff liegt, dreht sie den Schläger im Treffmoment nach unten, schließt damit die Schlagfläche und führt zu einem Hook. Wenn Sie die Schlagfläche bei der Einleitung des Rückschwungs schließen anstatt die Spitze nach oben zu halten, sind Sie schon auf dem Weg zu einem Hook.
Wenn Sie den Rückschwung mit nach unten gerichteter Schlagfläche beginnen, ist sie auch im höchsten Punkt des Rückschwungs geschlossen und bleibt so im Durchschwung. Vorausgesetzt, Ihr Griff ist korrekt, kann ein Hook auch auf die instinktive Topspin-Bewegung zurückzuführen sein, wie sie ein Tennisspieler macht.

2 Die Schlagfläche sollte sich korrekt mit der Spitze nach oben in den Rückschwung und mit der Spitze nach oben in den Durchschwung hinein bewegen und nicht geschlossen sein. Vielleicht brauchen Sie das Gefühl, als würden Sie die Schlagfläche jenseits des Treffmoments ein wenig nach oben halten.

3 Anstatt die Schlagfläche im Treffmoment zu schließen, korrigieren Sie vor dem Schlag Ihren Griff. Rechte Hand und Schulter dürfen während des Schlags nicht dominieren.

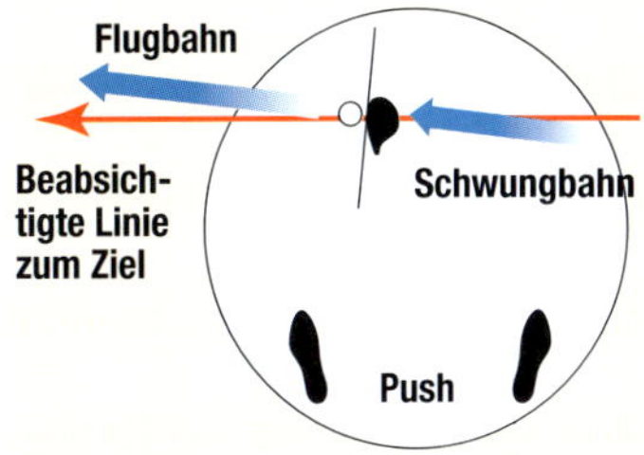

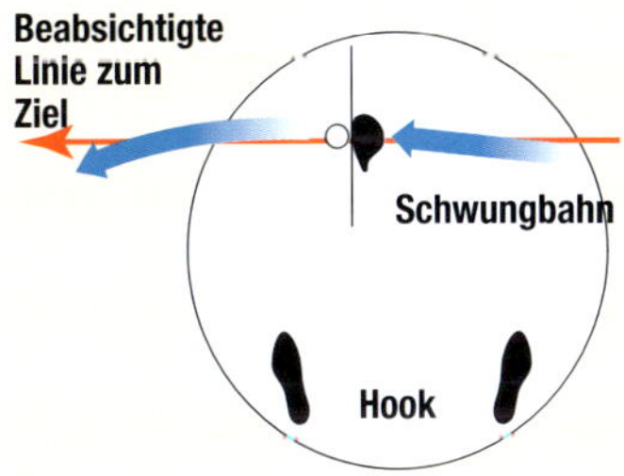

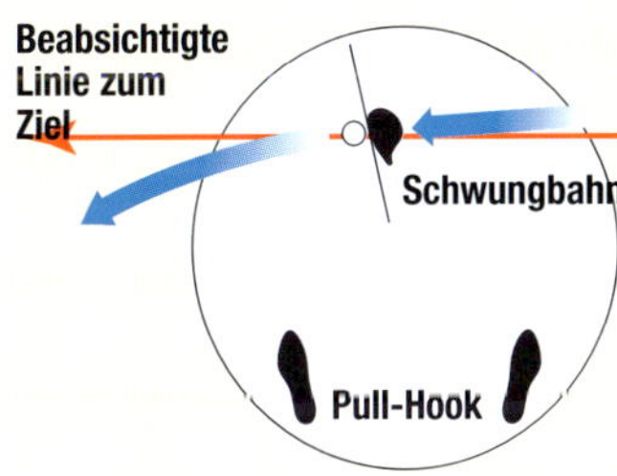

4 Konzentrieren Sie sich auf ein hohes Finish, bei dem der Schlägerschaft gerade zum Ziel zeigt. Ein Hook ist mit einem korrekten Griff und einem hohen Finish nahezu unmöglich. Denken Sie: „Spitze oben, mit der Spitze nach oben."

URSACHEN FÜR PUSH, PULL UND HOOK
Ein Push (ganz oben) ist die Folge eines Schwungs von innen nach außen, wobei die Schlagfläche square zur Flugbahn ist. Ein Hook (Mitte) ist die Folge eines Schwungs von innen nach außen, wobei der Stand square und die Schlagfläche mehr oder minder square zum Ziel ist. Verwechseln Sie einen Pull-Hook nicht mit einem Hook. Bei einem Pull-Hook (oben) verläuft der Schwung häufig von außen nach innen, und der Griff ist schlecht, so dass die Schlagfläche geschlossen wird. Der Spieler zielt dann nach rechts, um diesem Fehler entgegenzuwirken.

MERKE!
RECHTE HAND NICHT UNTER DEN SCHLÄGER

Wie kuriert man einen Slice?

Der Slice ist ein schwacher - und leider sehr häufiger - Schlag, der in einer Kurve nach rechts verläuft und bei der Landung einen weiteren Drall nach rechts erhält. Er fliegt nicht so weit wie beabsichtigt und ähnelt stark einem geschnittenen Schlag mit einem Tennisschläger.

Die Ursache eines Slice sind normalerweise zu steife Handgelenke. Merke! Steif = kurz = Slice. Locker = lang = links. Um einem Slice abzuhelfen, müssen Sie sich erst einmal lockern und entspannen.

Ein Slice ist häufig die Folge eines schwachen Griffs, bei dem die linke Hand zu weit rechts auf dem Schaft liegt. Vielleicht ist der rechte Daumen fälschlicherweise auch noch auf der Oberseite des Griffs gerade nach unten gestreckt. Kontrollieren Sie, ob Sie den größten Teil des Logos auf Ihrem Handschuh sehen. Halten Sie den rechten Daumen auf der linken Seite des Griffs.

Sie müssen spüren, dass die Schlagfläche nach dem Treffmoment nach unten zeigt. Denken Sie, sie sei im Durchschwung auf das Gras gerichtet und nicht nach oben zum Himmel. Mit einer entsprechenden Griffänderung ergibt sich das von allein. Experimentieren Sie mit einer weiter über den Griff gelegten linken und einer weiter unter den Griff gelegten rechten Hand, bis Sie es schaffen, dass der Ball in einer Kurve nach links fliegt. Aber arbeiten Sie auch an der Stellung der Schlagfläche.

Vergessen Sie nicht, dass Sie den linken Arm im Rückschwung gerade halten sollten, aber nicht steif. Nach dem Treffmoment muss er sich beugen, damit Handgelenke und Schlagfläche sich drehen können. Üben Sie, den Schläger in der linken Hand zu halten und mit der rechten den Arm direkt oberhalb des linken Ellbogens zu umfassen. Schwingen Sie zurück und durch, und achten Sie darauf, dass sich der linke Arm abbeugt.

Wenn Sie zu einem Slice neigen, vor allem mit einem Driver, müssen Sie spüren, dass die Arme beim Durchschwung eng beieinander bleiben. Der rechte Arm darf den linken überrollen. Sie sollten das Gefühl haben, als sei der linke Arm innen und unter dem rechten und die Schlagfläche nach unten gerichtet.

KORREKTER TREFFMOMENT
Nach der Korrektur befinden sich die Hände des Spielers im Treffmoment in einer Linie mit dem Ball. Die Schlagfläche steht gerade am Ball, und die Füße sind parallel zur Richtung des Schlages ausgerichtet.

FALSCH
Wenn Sie den Ball slicen, zeigt die Schlagfläche im Treffmoment nach oben. Der linke Arm kann entweder zu steif sein, oder Sie haben einfach eine falsche Vorstellung von der richtigen Stellung der Schlagfläche.

TREFFMOMENT BEIM SLICE
Im Treffmoment eines Slice befinden sich die Hände des Golfers viel zu weit vor dem Ball. Die Schlagfläche ist weit geöffnet und zwingt den Ball auf eine Bahn nach rechts.

TREFFMOMENT BEIM SLICE (2)
So sieht die Bewegung des Slicers von hinten aus. Slicer neigen dazu, ihre Füße nach links auszurichten, um ihrem Problem entgegenzuwirken, und verschlimmern die Sache dann noch, indem sie quer durch den Ball nach links schlagen.

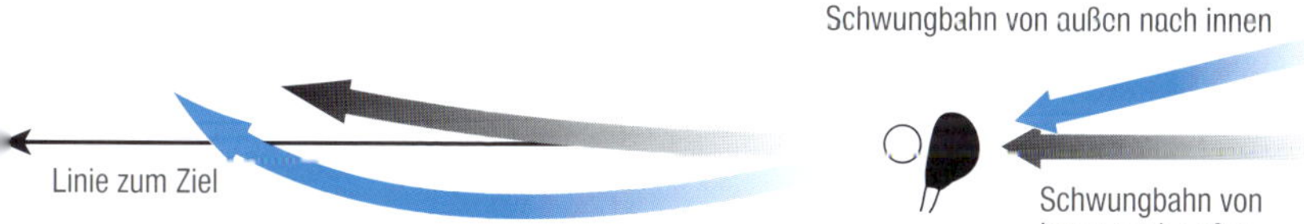

RICHTUNG EINES SLICE
Wenn die Hände sich im Treffmoment zu weit vor dem Ball befinden und die Schlagfläche weit geöffnet ist, trifft der Slicer, anstatt den Ball gerade auf der Linie zum Ziel zu schlagen, ihn auf einer Bahn von außen nach innen oder von innen nach außen, was einen Slice verursacht.

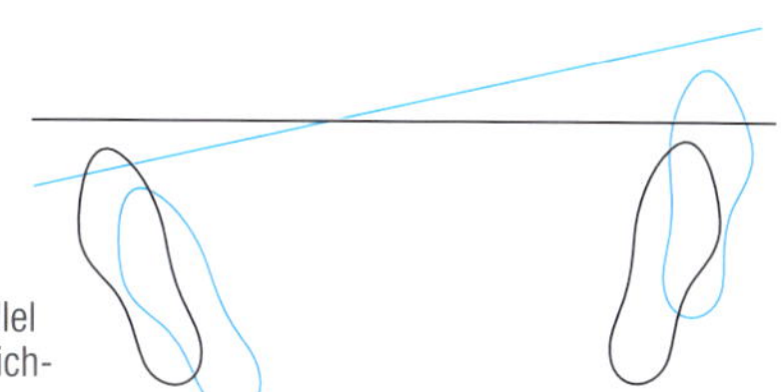

DIE FÜSSE DES SLICERS
Anstatt die Füße korrekt parallel zur Linie des Schlags auszurichten (schwarze Linien auf dem Diagramm), versuchen Slicer ihren Fehler zu kompensieren und richten sie stattdessen links vom Ziel aus (blaue Linien). Dadurch verschlimmern sie den Slice noch, weil sie quer über die Linie schlagen.

MERKE!
LOCKER BLEIBEN

Slice - Schwung von außen nach innen

Die meisten Golfer, die den Ball mit geöffneter Schlagfläche nach rechts slicen, schwingen auf einer Flugbahn von außen nach innen. Instinktiv versucht man, den Ball links zu halten. Der Schwung schneidet dann die Linie zum Ziel und verschlimmert den Slice noch zusätzlich.

Die erste Korrektur sollte immer darin bestehen, die Schlagfläche nicht mehr zu öffnen. Korrigieren Sie Ihren Griff, lockern Sie sich, und schließen Sie die Schlagfläche. Mit dem richtigen Griff wird aus einem Slice normalerweise ein Pull gerade nach links, und das macht Schwungkorrekturen einfacher.

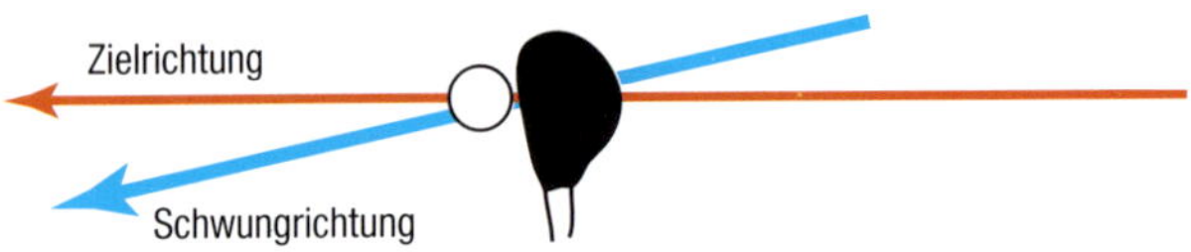

SCHLIESSEN SIE DIE SCHLAGFLÄCHE
Eine geöffnete Schlagfläche ist die häufigste Ursache für einen Slice. Überprüfen Sie Ihren Griff, und schließen Sie die Schlagfläche - aber nicht zu stark!

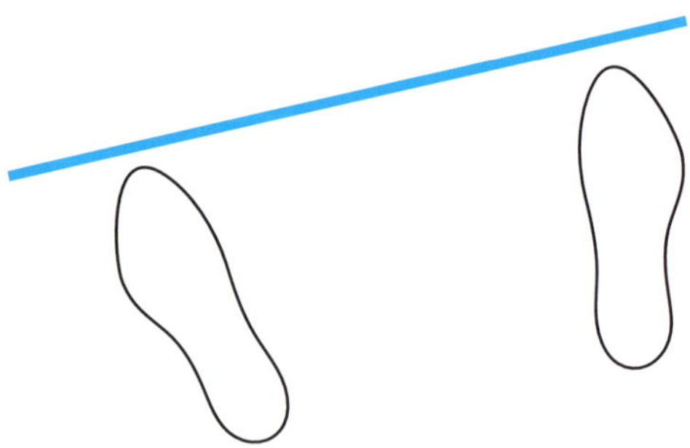

SCHWUNG VON AUSSEN NACH INNEN
Wenn Slicer sich bei dem Versuch, dem Slice entgegenzuwirken, nach links vom Ziel ausrichten, verschärfen sie ihr Problem noch zusätzlich, weil sie nun von außen nach innen über die Linie des Schlages schwingen.

1 Slicer versuchen normalerweise, den Ball durch die Haltung von Körper und Schultern links zu halten und produzieren dadurch einen Schwung von außen nach innen. Das führt zu einem steilen Auftreffwinkel, und es wird mehr Kraft nach unten und weniger nach vorne erzeugt.

2 Sobald Sie die Schlagfläche begradigt haben, müssen Sie lernen, den Schläger auf einer Bahn von innen an den Ball zu bringen. Sie sollten spüren, dass Sie auf einer eher abgerundeten Bahn zurückschwingen und in einer Kurve durch die Treffzone. Denken Sie wieder daran, wie Sie einen Tennisschläger schwingen: von hinten rund um den Körper nach vorne und nicht nach oben und unten. Spüren Sie, dass Sie den Schläger hinter den Beinen hervor schwingen.

3 Die rechte Körperseite, vor allem die rechte Hüfte oder rechte Schulter, sind häufig dominierend. Versuchen Sie, vom höchsten Punkt des Rückschwungs entlang der Linie Ihrer Hüften zu schwingen.

4 Legen Sie beim Training auf der Driving Range eine Getränkedose oder Schlägerhaube etwa 40 Zentimeter hinter den Ball. Stellen Sie sich parallel zur Linie zum Ziel und versuchen Sie, den Gegenstand beim Rückschwung und Abschwung nicht zu berühren.

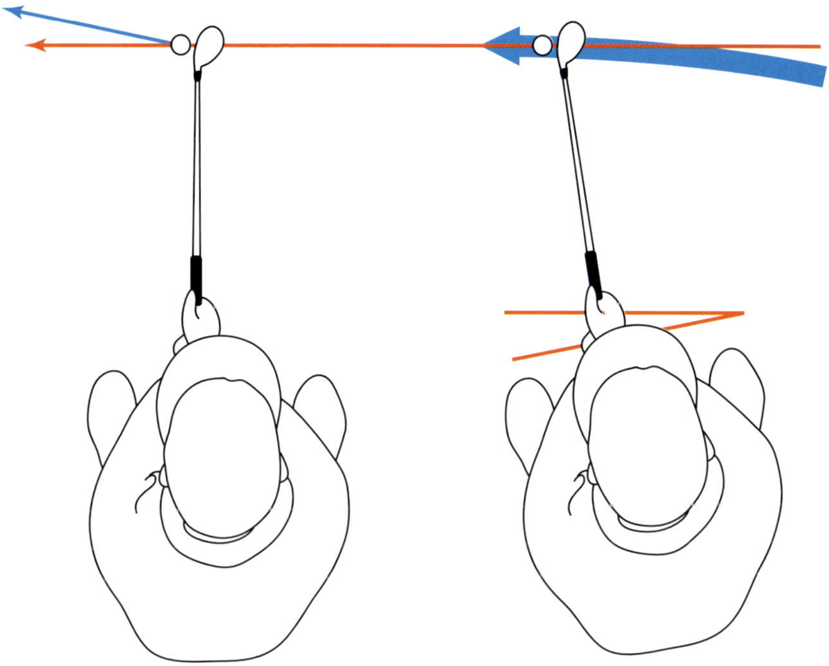

DER SCHWUNG DES SLICERS VON AUSSEN NACH INNEN
Beim typischen Schwung eines Slicers von außen nach innen zeigt das „V“ des Griffs fälschlicherweise zum Kinn anstatt zur Schulter, die Schlagfläche ist geöffnet, die Füße zielen nach links, und die Schultern bewegen sich im Treffmoment quer über die Linie des Schlages. Der Effekt ist ähnlich wie beim Topspin mit einem Tennisschläger.

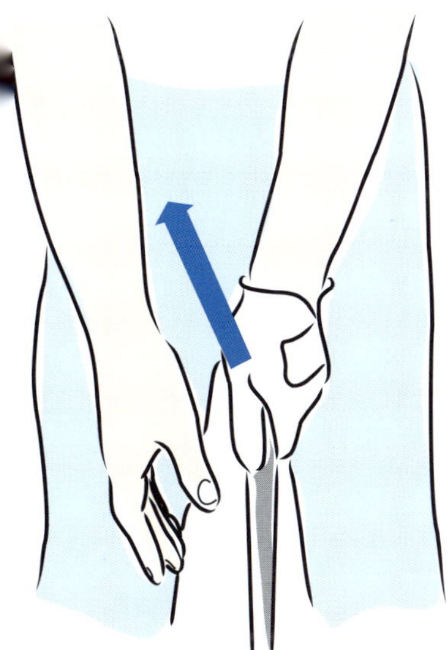

KONTROLLIEREN SIE DEN GRIFF
Der Griff ist sehr wichtig. Wenn Ihre „Vs“ zum Kinn zeigen, halten Sie die Schlagfläche geöffnet. Legen Sie die linke und rechte Hand so an den Schaft, dass die „Vs" zur rechten Schulter zeigen. Der "interlocking grip" kann unter Umständen zu fest sein. Versuchen Sie es stattdessen mit dem Vardon-Griff oder dem Baseball-Griff, und achten Sie auf lockere Hände und Handgelenke.

MERKE!
DENKEN SIE AN DEN TOPSPIN MIT EINEM TENNISSCHLÄGER

Ihr bester Schwung – immer öfter

Wenn Sie Ihren besten Schwung in 95 Prozent statt in 50 Prozent aller Fälle schaffen, spielen Sie besseres Golf. Der Schlüssel hierzu liegt in einer Verbesserung des Durchschwungs und Gleichgewichts.

Wenn Sie Ihr Golfspiel verbessern wollen, ist der erste Schritt nicht unbedingt eine Änderung Ihres Schwungs. Sie müssen vielmehr lernen, Ihren besten Schwung möglichst häufig zu wiederholen. Die meisten Club-Spieler vollführen eine Vielzahl verschiedener Schwünge, und vor allem der Durchschwung weist viele Varianten auf. Hier vier Tipps:

ANSPRECHEN

GLEICHGEWICHT

IHR BESTER SCHWUNG
Bei gutem Golf geht es in erster Linie darum, Ihren besten Schwung möglichst häufig zu wiederholen. Bei guten Spielern geht es meistens darum, schlechte Schläge zu verbessern und weniger Irrläufer zu spielen.

Ansprechen. Diese Haltung ist bereits eine Probe für den Treffmoment. Beim Ansprechen des Balls sollten Sie sich wohl fühlen und dann Schwünge bis zum höchsten Punkt des Rückschwungs üben. Doch mindestens ebenso wichtig ist das Training des Durchschwungs. Auf diese Weise bekommen Sie eine gute Haltung, stehen aufrecht und lernen, den Ballkontakt zu proben.

Denken Sie lieber an Ihr Gleichgewicht und die Atmung als an den Rückschwung. Lernen Sie, im Durchschwung zu verharren. Vollführen Sie jeden Durchschwung gleich.

Ballkontakt. Horchen Sie auf das Geräusch, wenn der Schlägerkopf den Ball trifft, und blicken Sie nach dem Schlag auf den Boden. Achten Sie bei schlechtem Ballkontakt darauf, den Ball nicht von zu weit links zu spielen, sondern unmittelbar links von der Mitte des Standes. Je lauter das Geräusch beim Ballkontakt, desto besser, weil der Ball dann weiter fliegt.

Disziplin. Eignen Sie sich bewusst eine Routine beim Ansprechen des Balls an, und vergessen Sie nicht, dass mehr Golferinnen nach rechts zielen als gerade.

KONTAKT

DISZIPLIN

MERKE!
VERBESSERN SIE IHRE SCHLECHTEN SCHLÄGE

Die Stärke des Puttens

Ein Golfer mit Vorgabe 0 spielt etwa 50 Prozent aller Schläge während der Runde mit einem Putter. Bei Spielern mit hohem Handicap sind es normalerweise 40 Prozent. Für jeden Spieler ist der Putter vielleicht der wichtigste Schläger in der Golftasche.

Die Wahl des Putters

Wenn Sie kleiner als 1,72 Meter sind, brauchen Sie einen Damenputter von 82,5 Zentimeter Länge. Die Standardlänge von Puttern für Herren beträgt 87,5 Zentimeter und ist für einen Spieler von 1,83 Meter und größer gedacht.
Nehmen Sie sich beim Kauf Ihres Putters Zeit.
Halten Sie nach einem mit Hacken-Spitzen-Gewichtung und einem großen „Sweetspot" für einen genauen Schlag Ausschau halten. Zur Überprüfung des Sweetspots lassen Sie den Putter zwischen Daumen und Zeigefinger nach unten hängen. Mit einer Münze oder einem Ihrer Fingernägel tippen Sie nun von der Spitze zur Hacke gegen die Schlagfläche. Der Sweetspot ist genau der Bereich, in dem sich der Schläger nicht verwindet. Je größer der Sweetspot ist, desto besser.
Der Putter sollte auf der Mitte des Schlägerkopfes eine Markierungslinie haben, weil Sie diese leichter zum Loch ausrichten können als die Schlagfläche.
Kontrollieren Sie die Balance des Putters - er sollte lieber in der Schlagfläche ausgewogen sein als spitzenlastig. Wenn er perfekt ausgewogen ist, steht die Schlagfläche waagerecht.
Der Griff am Schaft sollte auf der Oberseite abgeflacht sein und außerdem gewölbt, um die Griff- und Handgelenkstellung zu erleichtern.
Ein Putter muss immer einen Lie von mindestens zehn Grad zwischen dem Schaft und der Senkrechten haben. Je aufrechter Ihr Putter auf dem Boden sitzt, desto einfacher ist die Handhabung.

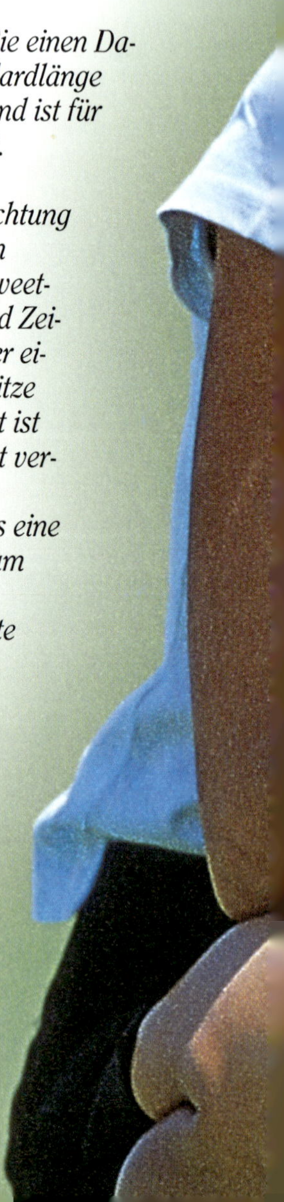

Catrin Nilsmark aus Schweden nimmt Maß für einen Putt in der Evian Masters 1999.

TREVISE

Der Griff beim Putten

Beim Spiel mit dem Putter sollten Sie einen völlig anderen Griff haben. Bei den langen Schlägen ist Lockerheit und Freiheit in den Handgelenken gefragt, um Weite zu erzielen. Beim Putten müssen die Handgelenke fest sein. Dieser Griff wird auch bei anderen kurzen Schlägen verwendet.

Der Griff beim langen Spiel muss es dem Schlägerkopf ermöglichen, sich nach dem Treffmoment zu drehen (unten links).

Der gute Putt-Griff hält die Schlagfläche auch über den Treffmoment hinaus fest (unten rechts).

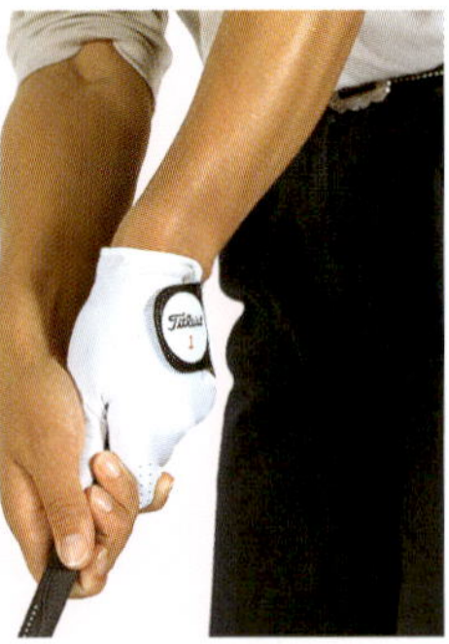

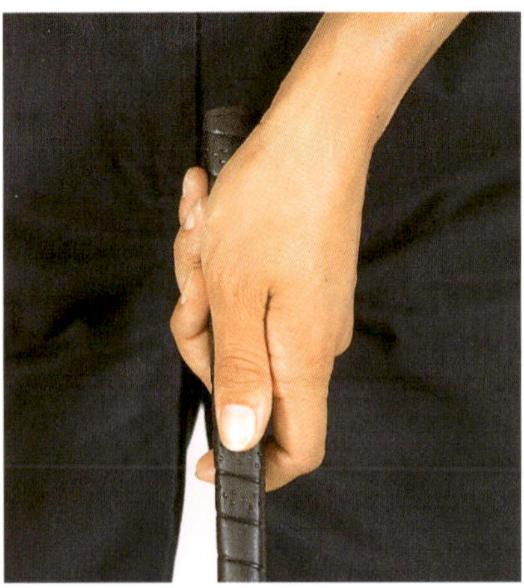

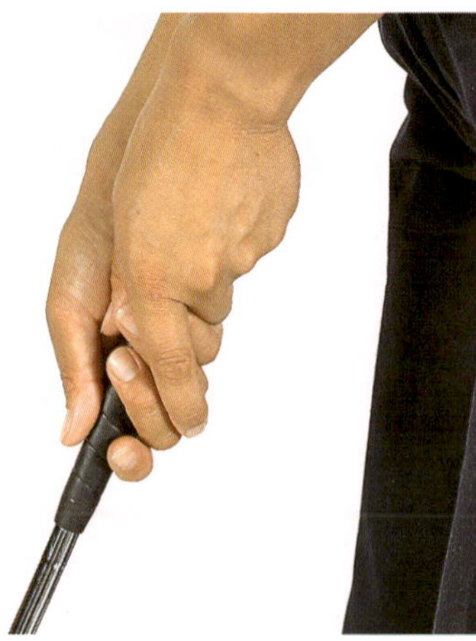

1 Die linke Hand liegt ziemlich weit an der linken Seite des Schlägers, so dass Sie weder Ihre Fingerknöchel noch das Logo auf Ihrem Handschuh erkennen können. Der Daumen liegt auf der Oberseite des Griffs und zeigt gerade nach unten. Der Schaft liegt, ganz anders als beim langen Spiel, der Länge nach in der Falte der Handfläche.

2 Wenn Sie nun die rechte Hand an den Schaft legen, strecken Sie den linken Zeigefinger nach außen. Legen Sie den Handballen der rechten Hand gegen die res lichen drei Finger der linken, und vervollständigen Sie den Griff, indem Sie den rechten Daumenballen auf die Oberseite des Schafts legen. Der linke Zeigefinger liegt außen, meistens auf dem Ringfinger der rechten Hand.

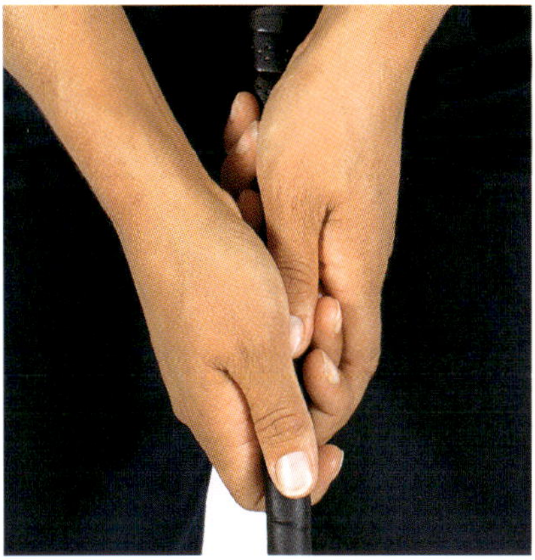

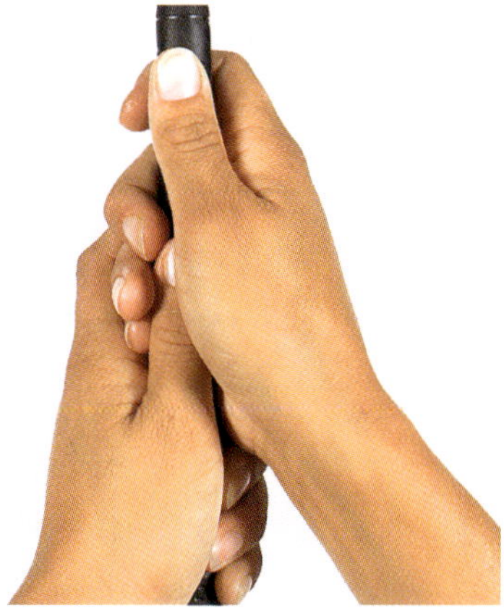

3 Bei einem perfekten Putt-Griff wird die rechte Hand hoch über die linke gezogen, so dass Mittel- und Ringfinger der linken Hand in der rechten Handfläche liegen. So bleiben beide Hände gut miteinander verbunden. Dies ist viel besser, als die rechte Hand völlig unter der linken zu halten.

4 Beide Daumen sollten sichtbar sein. Die linke Hand liegt ziemlich weit auf der linken Seite, so dass der linke Daumen zu sehen und nicht wie beim Griff für das lange Spiel verdeckt ist. Der Putt-Griff ist viel offener.
Um die richtige Haltung zu finden, strecken Sie den Schläger vor dem Körper nach oben und beugen die Handgelenke. Wenn Ihnen das nicht möglich ist, liegen wahrscheinlich beide Hände zu sehr auf der Oberseite des Schlägers. Drehen Sie beide ein wenig nach unten. Sie sollten beide Daumen sehen, aber nicht die Fingerknöchel.

5 Bei kurzen Putts wollen Sie den rechten Zeigefinger vielleicht auf der Rückseite des Griffs nach unten strecken. Diese Haltung wird „after forty finger grip“ genannt, weil sie den Griff bei etwas älteren Spielern stabilisiert, deren Hände vielleicht nicht mehr so ruhig sind.

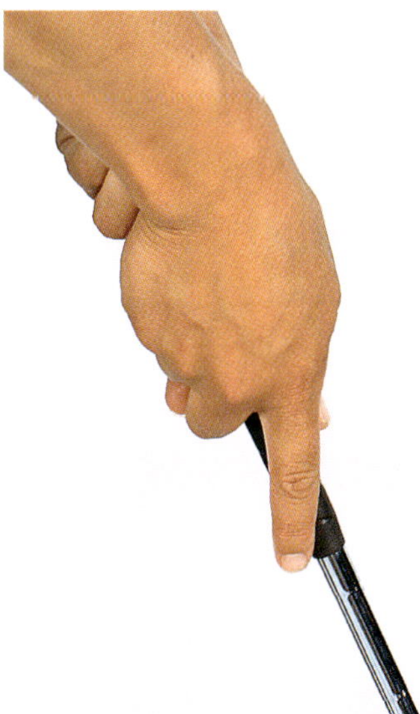

EXPERTENTIPP
Wenn Sie den rechten Zeigefinger doch am Griff entlang strecken, um einen besseren Halt zu haben, dürfen Sie ihn nicht zu weit unter den Schaft legen, damit der Finger den Putter beim Schlagen nicht von der Linie zieht.

MERKE!
LINKER ZEIGEFINGER NACH AUSSEN

Der Stand beim Putten

Die meisten Golfer machen den Fehler, keinen Putt-Unterricht zu nehmen, weil sie denken, dass man das Putten entweder von Haus aus kann oder nicht. Doch es lässt sich eine Menge übers Putten lernen.

1 Setzen Sie den Putter fest auf der Sohle auf, ohne die Hände nach vorne zu kippen. Die Ballposition ist im Verhältnis zum Stand direkt links von der Mitte und direkt unter Ihren Augen. Stellen Sie die Füße bequem auseinander - etwa hüftbreit. Die Ellbogen sind ein wenig nach hinten und zum Körper hin gedreht, so dass die Innenseiten der Arme nach vorne zeigen.

2 Die richtige Länge des Putters ist wichtig für eine gute Ansprechhaltung (s. S. 96). Die Füße stehen parallel zur Linie des Putts, der Schläger sitzt flach auf der Unterseite, die Handgelenke sind leicht angehoben. Die Augen sehen direkt auf den Ball. Sie stehen aufrecht, aber mit waagerechter Kopfhaltung. Wenn Ihr Putter zu lang ist, wird es Ihnen schwer fallen, die Augen in der korrekten Haltung über dem Ball zu halten.

3 Der Putterkopf sollte vom Ansprechen bis zum Puttschlag flach auf seiner Sohle sitzen. So können Sie den Schläger mit einem geraden Schlag zurück und durch schwingen (oben). Achten Sie darauf, dass Sie den Ball genau in der Mitte der Schlagfläche ansprechen. Später werden Sie sehen (S. 104-105), wie diese Haltung bei Putts auf seitlichen Hanglagen verändert wird. Doch für einen geraden Putt wird der Ball in der Mitte der Schlagfläche angesprochen und in der Mitte getroffen.

4 Beim Ansprechen sollte immer eine kleine Lücke von – sagen wir – einem Zentimeter zwischen dem Putterkopf und dem Ball sein, so dass keine Gefahr besteht, ihn zu bewegen. Heben Sie den Schläger ein kleines bisschen an - er sollte sich anfühlen, als würde er von Ihren Armen und Schultern hängen, so dass Sie ganz eindeutig sein Gewicht halten, bevor Sie zum Schwung ansetzen. Ein Putter sollte immer direkt über dem Boden schwingen und nie über das Gras streichen (s. Zeichnung rechts).
Halten Sie den Schläger niemals zu locker, sondern immer so fest, dass Sie beim Ansprechen die Kontrolle über ihn haben, und Sie sollten sich natürlich niemals auf ihn stützen.

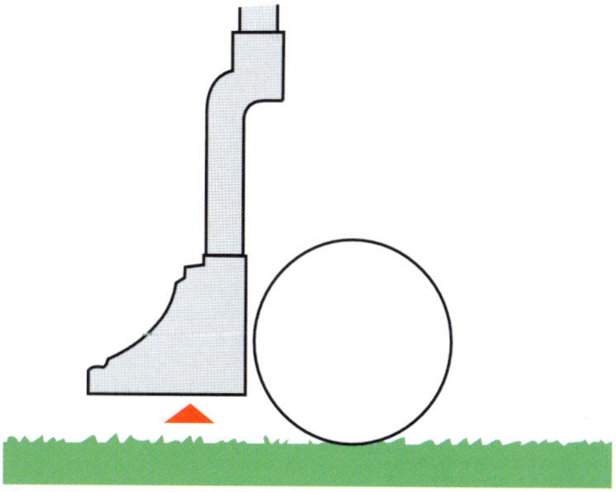

5 Verwenden Sie einen Putter mit einer Markierungslinie. Kontrollieren Sie, ob die Linie dem Sweetspot entspricht, und spielen Sie den Ball direkt von gegenüber.

FALSCH
Bei einem zu langen Putter oder zu niedrigen Handgelenken hebt sich die Schlägerspitze vom Boden, was dazu führen kann, dass der Ball eine Kurve beschreibt.

MERKE!
LASSEN SIE DEN PUTTER HÄNGEN

Das richtige Zielen mit dem Putter

Viele Golfer finden es schwierig, mit dem Putter richtig zu zielen. Selbst Pros haben Probleme damit und bitten immer wieder ihren Caddie um Überprüfung ihrer Ansprechhaltung, bevor sie ihre Putts spielen.

ZIELEN MIT DEM PUTTER Bevor Sie einen Putt ansprechen, sollten Sie immer einen oder zwei kleine Übungsschwünge machen (links). Beim Ansprechen stehen Sie über dem Ball, der Kopf ist waagerecht, und die Linie auf dem Putter ist gerade auf die Rückseite des Balls gerichtet.

Selbst bei Ein-Meter-Putts haben viele Spieler noch Probleme mit dem geraden Zielen. Der häufigste Fehler ist das Zielen nach rechts. Wenn Sie kurze Putts auf der rechten Seite verfehlen, müssen Sie kontrollieren, ob Sie richtig zielen. Manche Pros richten ganz sorgfältig die Schrift auf ihren Bällen in Richtung Loch aus.

Versuchen Sie es mit folgender Übung: Markieren Sie auf einem Teppich oder flachen Grün drei auf einer Linie liegende Punkte. Gehen Sie hinter den Ball. Legen Sie eine kleine Münze in etwa 50 Zentimeter und ein Tee in etwa zwei Meter Abstand vor den Ball, um danach zu zielen. Sprechen Sie nun den Ball an. Wenn Sie richtig zielen, sollte die Münze in einer Linie mit dem Tee liegen. Wenn Ihnen die Münze zu weit links vorkommt, neigen Sie dazu, zu weit nach rechts zu zielen - der häufigste Fehler. Wenn Ihnen die Münze zu weit rechts erscheint, zielen Sie offensichtlich nach links. Versuchen Sie, die Haltung Ihres Kopfes zu ändern, bis alle drei Gegenstände in einer Linie erscheinen.

Bei einer Neigung zum Zielen nach rechts sollten Sie sich nicht nur über eine Stelle vor dem Ball ausrichten, sondern einen Punkt ein klein wenig rechts von Ihrer Puttlinie suchen und dann spüren, dass Sie links davon zielen.

Die Haltung Ihres Kopfes ist beim Ausrichten sehr wichtig. Theoretisch zielen Sie

KONTROLLIEREN SIE IHR ZIELEN
Wenn Sie sich zu Ihrem Putt ausgerichtet haben, nehmen Sie die rechte Hand vom Schläger und halten ihn nur mit der linken. Dann gehen Sie hinter dem Ball in die Hocke und überprüfen, ob der Putter gerade zielt.

ÜBEN SIE KURZE PUTTS
Legen Sie Bälle im Abstand von 50 Zentimeter bis 2.50 Meter vom Loch auf den Boden. Beginnen Sie mit dem kürzesten Putt und arbeiten sich durch die ganze Reihe von Bällen nach hinten. Wenn Sie einen Putt verfehlen, fangen Sie ganz von vorne an.

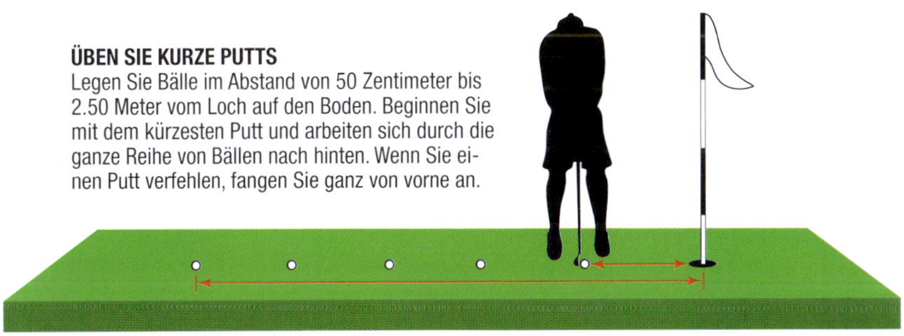

wahrscheinlich nach links, wenn die Augen direkt über dem Ball ruhen. Blicken Sie auf den Bereich zwischen Ball und Füßen, zielen Sie wahrscheinlich eher nach rechts. Experimentieren Sie mit Ihrer Kopfhaltung, bis Sie eine gerade Linie sehen.

Überprüfen Sie, ob Sie richtig zielen. Nehmen Sie Ihre Ansprechhaltung ein, halten Sie den Schläger nur mit der linken Hand, und begeben Sie sich hinter den Ball, um zu sehen, ob der Putter gerade zielt. Manche Proetten richten ihren Putter grundsätzlich von hinten aus und treten dann herum an den Ball, um ihre Ansprechhaltung einzunehmen.

Beim Ansprechen halten Sie den Kopf waagerecht und nicht nach oben wie beim langen Spiel. Beim Ausrichten drehen Sie lediglich den Kopf zur Seite, um die Linie zu sehen, anstatt ihn zu heben und zu drehen. Je nach Länge der Putts variiert auch Ihre Fähigkeit zu zielen. Bei einem sehr kurzen Putt sehen beide Augen Ball und Loch gleichzeitig. Bei einem etwas längeren Putt sieht das linke Auge Ball und Loch, aber dem rechten Auge verdeckt die Nase den Blick. Bei einem noch längeren Putt können Sie Ball und Loch nicht mehr gleichzeitig sehen. Kontrollieren Sie Ihr Zielen bei Putts verschiedener Längen.

Der kurze Putt-Schlag

Kurze Putts erfordern ein richtiges Zielen und einen guten Schlag. Üben Sie auf einem absolut flachen Boden Putts von etwa der Länge Ihres Putters.

Ein guter Putt-Schlag besteht aus den Phasen „zurück, durch und halt". Denken Sie daran, den Putter ein wenig vom Boden zu heben, so dass Sie ihn beim Ansprechen unter Kontrolle haben. So können Sie besser einen langsamen, nicht ruckartigen Schlag vollführen. Schwingen Sie den Putter ein paar Zentimeter zurück - es kommt nicht so genau auf die Länge an - und dann durch bis zum Stillstand am Ende des Finish. Der Schlag erfolgt aus den Armen und Schultern, und das linke Handgelenk bleibt fest. Am Ende eines guten Schlages bleiben Kopf und Augen ruhig, das linke Handgelenk ist fest und die Schlagfläche des Putters nach oben gerichtet.

Der häufigste Fehler ist der, die Schlagfläche im Treffmoment nach links zu drehen.

Am Ende des Schlages sollte der Kopf unten bleiben. Die Augen sind auf die Stelle gerichtet, an der der Ball gelegen hat. Sie sollten den Ball aus dem linken Augenwinkel sehen oder auch nur hören, wie er ins Loch fällt. Legen Sie zum Üben eine Münze hinter den Ball, heben Sie den Schläger leicht an, blicken Sie auf die Münze, und bleiben Sie in dieser Haltung, wenn der Ball zum Loch rollt. So trainieren Sie, den Kopf ruhig

zu halten und den Ball nur aus dem linken Augenwinkel heraus zu beobachten.

Ein guter Putt-Schlag erfolgt aus den Armen und Schultern ohne Handgelenkeinsatz. Der Kopf bleibt ruhig, aber die Schultern müssen sich bewegen. Zur Übung legen Sie einen Schläger auf den Boden und den Ball direkt gegenüber dem Schlägerende. So können Sie den Schlägerkopf auf einer kleinen Innenbahn zurückschwingen. Ob auf einer Innenbahn oder gerade, spielt keine Rolle - nur niemals nach außen. Schwingen Sie dann den Schlägerkopf durch den Ball und gerade den anderen Schläger entlang, ohne ihn zu kreuzen. Für einen guten Schlag sollten Sie denken: „Linke Schulter nach oben, Ball ins Loch“ und nicht: „Rechte Schulter herum, immer noch über dem Boden.“

Für einen perfekten kurzen Putt halten Sie Kopf und Augen ruhig und schwingen zurück, durch und in die Halteposition mit einer leicht nach oben gerichteten Schlagfläche.

ANSPRECHEN
So sollte Ihre Ansprechhaltung von hinten betrachtet aussehen.

FÜHLEN SIE DEN PUTTER
Bei kurzen Putts müssen Sie spüren, wie sich der Putter auf einer Geraden bewegt.

KOPF RUHIG
Halten Sie den Kopf ruhig, und lassen Sie die Augen auf die Stelle gerichtet, an der der Ball vor dem Verlassen der Schlagfläche gelegen hat.

PERFEKTE KURZE PUTTS
Halten Sie den Kopf ganz ruhig, und fühlen Sie, wie der Putter vor dem Schlag von Ihren Armen und Schultern herabhängt. Schwingen Sie den Putter immer über dem Boden (links).

MERKE!
HALTEN SIE KOPF UND AUGEN RUHIG

Gute Putts auf seitlich abfallenden Grüns

Leider sind nicht alle Putts, mit denen wir konfrontiert werden, absolut gerade. Der Schlüssel zu erfolgreichen Putts auf hängenden Grüns ist, sich daran zu erinnern, dass jeder Putt als gerader Putt behandelt werden sollte. Sie müssen sich eine Stelle seitlich vom Loch suchen und einen perfekten Schlag zu dieser Stelle spielen.

Um kurze Putts gut zu spielen, müssen Sie so lange Putts von einem Meter Länge üben, bis Sie sie zu 100 Prozent einlochen können. Mit dem Training kurzer Putts entwickelt man einen guten Schlag. Leider nur verlässt uns dieser sehr häufig auf hängenden Grüns.

Wenn der Ball etwas oberhalb der Füße liegt, geht einem der gerade Schlag leicht verloren, und man neigt dazu, den Putt in einer Kurve zu spielen. Suchen Sie sich einen Punkt rechts vom Loch, zu dem Sie zielen müssen. Denken Sie daran, dass Ihre Füße ein wenig unterhalb Ihres Balls stehen, so dass Sie sich etwas mehr aufrichten müssen, um diese Differenz auszugleichen. Sobald Sie den Punkt gefunden haben, zu dem Sie zielen müssen, spielen Sie einen absolut geraden Schlag zu dieser Stelle und ignorieren das Loch.

KONTROLLE. Spielen Sie einen Putt nicht in einer Kurve, als wollten Sie dem Hang folgen, und versuchen Sie, den Ball in die Kurve zu steuern.

Bei einem Putt mit Gefälle von rechts nach links sprechen Sie ihn näher zur Schlägerspitze hin an. So rollt der Ball langsam und erhält ein wenig Drall nach rechts. Solange sich der Ball oberhalb des Lochs befindet, hat er immer eine Chance, nach unten zu rollen und ins Loch zu fallen.

Bei einem Putt auf einem hängenden Grün ist die Geschwindigkeit viel kritischer als auf ebenem Boden. Es ist eine Sache von Linie und Länge. Wenn Sie den Ball zu stark schlagen, dreht er sich zu spät in Richtung Loch. Schlagen Sie ihn zu leicht, dreht er zu früh ab. Die Geschwindigkeit muss also immer sehr sorgfältig abgewogen werden.

Bei seitlich abfallendem Gelände schlagen manche Pros den Ball ziemlich hart direkt zur Rückseite des Lochs. Das gleicht den „Borrow“, also die Neigung des Grüns, aus, doch wenn der Ball das Loch verfehlt, rollt er meistens fürchterlich weit daran vorbei. Wenn Sie den Ball lieber etwas sanfter schlagen, müssen Sie einen größeren Abstand zwischen dem Punkt auf der rechten Seite, zu dem Sie zielen, und dem Loch einkalkulieren. Trainieren Sie auf dem Übungsgrün mit der gleichen Geschwindigkeit, mit der Sie auf dem Platz spielen.

Bei einem Putt mit Gefälle von links nach rechts sollten Sie folgende Annäherung versuchen. Wählen Sie einen Punkt auf der linken Seite des Lochs. Beugen Sie die Knie ein wenig, um den Hang auszugleichen, setzen Sie den Schläger etwas mehr mit der Hacke auf den Boden, so dass sich die Spitze ein wenig hebt, und sprechen Sie den Ball in Höhe des Schlägerhalses an. Das Ansprechen des Balls an der Hacke hält ihn besser auf der linken Seite und verhindert, dass er nach rechts gleitet. Es bedeutet aber auch, dass der Ball schneller rollt, so dass er mit Vorsicht zu behandeln ist.

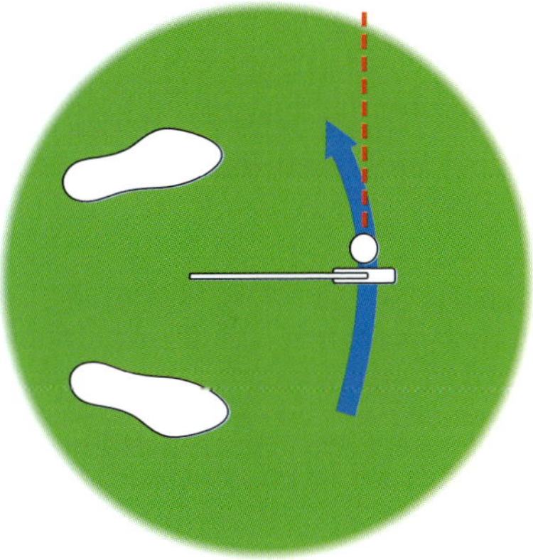

SPIELEN SIE KEINE PUTTS IN EINER KURVE
Lassen Sie sich zum Beispiel bei einem Putt mit Gefälle von rechts nach links nicht in Versuchung führen, ihn auf einer Kurvenbahn zu spielen (oben), sondern schwingen Sie immer gerade zurück und durch.

SPIELEN SIE EINEN GERADEN PUTT
Ganz gleich, nach welchem Punkt Sie zielen wollen - spielen Sie immer einen geraden Putt (oben).

SPIELEN SIE IHRE PUTTS ENTSCHLOSSEN
Ganz gleich, ob Sie lieber einen geraden, festen Putt oder einen weicheren spielen wollen, um der Neigung des Hangs Rechnung zu tragen - spielen Sie gerade zu diesem Zielpunkt.

MERKE!
EIN GERADER SCHLAG

Das Training kurzer Putts

In jedem Bereich des Golfspiels ist Training die Voraussetzung für Erfolg, und das gilt natürlich genauso für das Putten. Man darf schließlich nicht vergessen, dass Putt-Schläge bei Golfern mit hohem Handicap 40 Prozent ihres Spiels ausmachen und sogar noch mehr, wenn sich die Spielstärke insgesamt verbessert.

Um ein guter kurzer Putter zu werden, muss man immer wieder Putts aus einem Meter Entfernung üben, bis man eine hunderprozentige Erfolgsquote darin hat. Erstens hebt dies das Selbstvertrauen, und zweitens erhält man, wenn man einen Putt verfehlt, ein Feedback. Man lernt einiges über den eigenen Schlag. Selbst Putt-Maschinen lochen aus etwa eineinhalb Metern Entfernung nicht jeden Putt ein, so dass das Training aus dieser Entfernung weniger lehrreich und schon gar nicht förderlich für das Selbstvertrauen ist. Wenn Sie lernen, alle Ein-Meter-Putts einzulochen, werden Sie auch zuversichtlicher bei langen Putts und Chip-Schlägen. Üben Sie also kurze Putts von einem Meter Länge.

Üben Sie mit einer Münze hinter dem Ball. Das erleichtert es, den Putter von Armen und Schultern hängen zu lassen. Blicken Sie

Legen Sie sechs Bälle im Abstand von einem halben bis zweieinhalb Metern in einer Linie zum Loch aus. Versuchen Sie, Kopf und Augen ruhig zu halten und bei jedem Ball den gleichen guten Putt-Schlag zu machen, während Sie sich langsam der Linie entlang nach hinten arbeiten. Wenn Sie einen Putt auslassen, fangen Sie wieder ganz von vorne an. Kopf und Augen sollten ruhig bleiben, bis Sie den letzten Ball der Reihe erreicht haben, und Sie sollten jeden Ball ins Loch fallen hören.

FALSCH
Üben Sie nicht, indem Sie von einem Ball zum nächsten gehen (links), weil Sie Gefahr laufen, den ersten Ball korrekt zu zielen, den zweiten und dritten aber nach rechts.

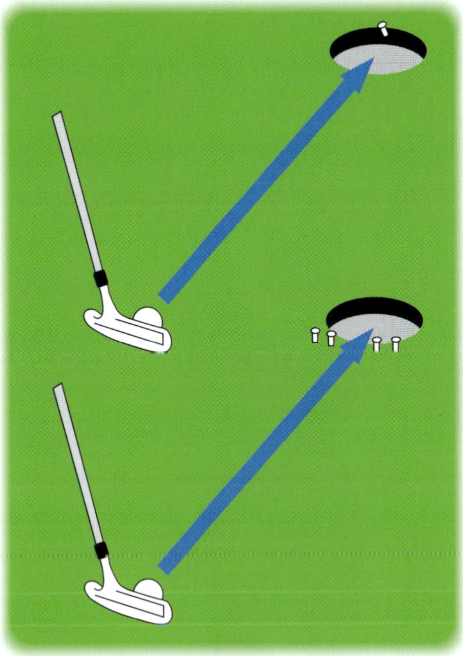

Verengen Sie das Loch mit zwei Tees. Wenn Sie so üben, sollte Ihnen das Loch wie ein Eimer vorkommen.

Zur Förderung eines guten Durchschwungs üben Sie Putts aus nur 40 bis 50 Zentimeter Länge mit einem Push-Schlag. Machen Sie keinen Rückschwung, sondern rollen Sie ihn mit dem Schlägerkopf den ganzen Weg entlang bis zum Loch. Sie sollten dabei spüren, dass die Schlagfläche nach oben zeigt. Dieser Schlag ist nicht erlaubt, aber als Training aus maximal 45 Zentimetern Entfernung empfehlenswert. Üben Sie ihn jedoch niemals vor dem Spiel.

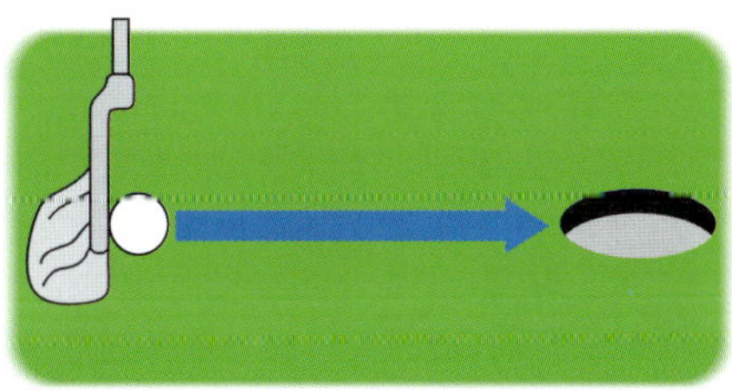

auf die Münze, um Kopf und Augen ruhig zu halten.

Stecken Sie ein Tee in die Rückseite des Lochs. Ihr Ball soll beim Hineinfallen möglichst oft das Tee treffen. Das fördert eine positive Einstellung und verhindert, dass Sie die Putts zu kurz spielen. Ein zu langsam rollender Putt kann manchmal von der Linie abweichen, bevor er das Loch erreicht. Ein fest geschlagener Putt hält sie.

Manche Spieler sind recht gut auf dem Übungsgrün, aber nicht auf dem Platz. Um sich auf den Druck vorzubereiten, der Sie auf dem Platz erwartet, legen Sie vier Bälle kreisförmig um das Loch. Behandeln Sie jeden so, als wäre er turnierentscheidend. Markieren Sie ihn mit einem Marker, drehen Sie ihn herum, so dass die Schrift zum Loch zeigt oder sich in einer Linie mit dem Loch befindet. Machen Sie einen Übungsschwung oder auch nicht. Das bleibt Ihnen überlassen.

Spielen Sie den Putt mit der gleichen Technik und mit der gleichen Sorgfalt wie nachher auf dem Platz. Auch das Markieren des Balls ist Teil der Routine.

Als Winterübung können Sie auf einer glatten Oberfläche mit einer vollen Garnrolle trainieren. Wenn Sie die Rolle nicht square treffen, rollt sie nicht gleichmäßig.

MERKE!
ÜBEN SIE AUS EINEM METER ENTFERNUNG

Lange Putts

Bei guten langen Putts geht es eher um die richtige Einschätzung des Abstands als der Richtung. Wenn Sie drei Putts benötigen, dann meistens, weil Sie den Putt über die verkehrte Länge und nicht in die falsche Richtung geschlagen haben.

Vor jedem langen Putt sollten Sie immer einen oder zwei Übungsschwünge machen, um ein Gefühl dafür zu bekommen, mit welcher Geschwindigkeit Sie den Ball schlagen müssen. Die Länge Ihrer Übungsschwünge sollte die Probe für den Schwung beim eigentlichen Putt-Schlag sein. Je länger der Putt, desto länger der Schwung. Er erfolgt vorwiegend aus den Armen und Schultern heraus - aber nicht nur mit den Schultern - und mit relativ festen Handgelenken.
Einer der schlimmsten Fehler ist, über den Boden zu streifen, weil der Ball dann nicht mehr gleichmäßig rollt. Die meisten Spieler schwingen bei langen Putts zu kurz. Das Gefühl sollte ein langer, gleichmäßiger Schlag sein, ohne zusätzlichen Kick gegen den Ball im tiefsten Punkt des Schwungbogens. Denken Sie an das Timing bei einem langen, langsamen Bürstenstrich.
Es ist wichig, entschlossen gegen die Rückseite des Balls zu schlagen. Nicht vergessen: Beim Putten verliert man normalerweise keine Bälle.
Lernen Sie, den Ball während des Schlages anzusehen. Üben Sie, im Finish zu verharren, und zählen Sie „eins, zwei, drei“, bevor Sie aufblicken. Es wird Ihnen bald auffallen, dass Sie den Ball aus dem linken Augenwinkel sehen. Wenn Sie mit Kopf und Augen unten bleiben, haben Sie eine bessere Chance für einen guten Schlag. Die Qualität eines Putts kann man nicht selten allein schon auf Grund des Ballkontakts erkennen. Unter-

ÜBUNGSSCHWÜNGE
Bei langen Putt-Schlägen müssen Sie den Abstand „fühlen". Machen Sie also erst ein paar gleichmäßige Übungsschwünge, bevor Sie den eigentlichen Putt ansprechen (links).

DAS ÜBEN LANGER PUTTS
Um sich In der Proberunde besser auf den Abstand als auf die Richtung konzentrieren zu können, wiederholen Sie nach Beendigung des Lochs den Schlag vom Grünrand aus. Halten Sie damit das Spiel aber nicht übermäßig auf.

DIE WAHL DER LINIE
Um sicher zu gehen, dass die beabsichtigte Linie Ihres Putts richtig ist, bitten Sie jemanden, sich an die Stelle, auf die Sie zielen, zu stellen und Sie beim Ansprechen des Balls zu beobachten.

schiedliche Golfballmodelle reagieren auch verschieden. Auf einem absolut flachen, einigermaßen schnellen Grün kann ein Ball mit weicher Ummantelung bei einem Zehn-Meter-Putt bis zu einem Meter kürzer rollen als ein Ball mit harter Schale. Gewöhnen Sie sich daher an, immer mit dem gleichen Ballmodell zu spielen.

Versuchen Sie nicht, einen langen Putt einzulochen. Konzentrieren Sie sich nur darauf, ihn so nahe wie möglich ans Loch zu legen. Auf diese Weise wird es Ihnen leichter fallen, an den Abstand als an die Richtung zu denken. Wenn man von der Puttlinie besessen ist, vergisst man leicht den Abstand.

Bei einem Putt auf einem hängenden Grün müssen Sie beurteilen, ob Sie den Ball mehr nach rechts oder nach links schlagen müssen. Wenn jemand die Fahne bedient, dürfen Sie ihn immer bitten, sich auf die Seite des Lochs zu stellen, die Ihnen lieber ist, denn vielleicht fällt es Ihnen leichter, zu den Füßen der betreffenden Person zu zielen als zum Loch selbst. Doch sobald Sie sich entschieden haben, wie weit Sie seitlich zielen müssen, sollten Sie sich wieder mehr auf den Abstand als auf die Linie konzentrieren. Spielen Sie einfach einen geraden Schlag zu der Stelle, die Sie gewählt haben, und konzentrieren Sie sich dabei vor allem auf die Länge des Schlages und darauf, den Ball mit der richtigen Geschwindigkeit rollen zu lassen.

MERKE!
DER ABSTAND IST VIEL SCHWIERIGER ALS DIE RICHTUNG

Das Lesen von Grüns

Grüns sind leider nicht immer eben, und wir müssen lernen, die Unebenheiten eines Grüns zu „lesen". Es gilt nicht nur zu beurteilen, ob wir den Ball nach rechts oder links vom Loch zielen müssen, um eine Neigung auszugleichen, sondern auch, ob der Putt hangaufwärts oder hangabwärts verläuft.

SCHÄTZEN SIE DAS GRÜN RICHTIG EIN
Bevor Sie sich zu Ihrem Putt ausrichten, gehen Sie in die Hocke und untersuchen das Grün auf Gefälle und Unebenheiten.

Um ein Grün zu lesen, sehen Sie sich zunächst den Hang insgesamt an. Welche Lage hat das Gelände? Wenn Sie über das Fairway nach unten in Richtung Grün gegangen sind, verläuft das Grün wahrscheinlich ebenso nach unten. Wenn das ganze Fairway von einer Seite zur anderen abfällt, wird das Grün wahrscheinlich den gleichen Winkel haben. Auf einem Ihnen unbekannten Platz ist es gut, wenn Sie das Grün vor Ihren Spielpartnern erreichen, um sich schnell auf die Rückseite zu begeben und sich die Neigung insgesamt anzusehen.

Die Erde ist rund, aber der kleine Bereich innerhalb unseres Blickfeldes erscheint uns relativ eben. Das Gleiche gilt für das Grün. Wenn Sie in die Hocke gehen und einen zu kleinen Bereich betrachten, unterliegen Sie leicht einem Irrtum. Die meisten Spieler lesen ein Grün besser, wenn Sie es sich insgesamt anschauen. Am wichtigsten ist natürlich der Bereich rund ums Loch. Der Ball verlangsamt hier sein Tempo und nimmt den Break des Grüns auf.

Es ist normalerweise einfach zu erkennen, wenn ein Grün bergan verläuft, bergab hingegen ist dies viel schwieriger. Vorsicht bei einem Grün, das Ihnen absolut eben vorkommt. Es könnte abfallen - besonders, wenn dies vorher auch beim Fairway der Fall war.

Auf modernen Golfplätzen sind die Rückseiten der Grüns normalerweise höher als die Vorderseiten. Auf so einem „normalen" Grün verlaufen alle Putts von der Vorderseite bergaufwärts, von der Rückseite bergabwärts. Putts auf der rechten Seite rollen immer von rechts nach links und Putts von der linken Seite von links nach rechts. Anhand dieser Information können Sie einen Putt auf seitlich abfallendem Gelände ganz einfach lesen. Schwierig sind Putts, die oberhalb des Lochs liegen. Liegt der Ball im Bereich von rechts nach links, oder habe ich die Linie schon gekreuzt und er verläuft von links nach rechts? Am schwierigsten ist ein Putt, der direkt oberhalb des Lochs liegt. Er rollt schnell, und man spielt ihn leicht zur verkehrten Seite. Im Zweifelsfall sollten Sie den Ball immer gerade spielen.

Altmodische Grüns - auf Plätzen, die vor 1940 gebaut wurden - sind häufig auf der Vorderseite höher als auf der Rückseite. Vorsicht, wenn Ihnen so ein Grün gerade vorkommt, weil es unter Umständen nach unten abfällt, ohne dass Sie dies erkennen.

DIE RICHTIGE LINIE
Auf abfallenden oder welligen Grüns ist es ganz wichtig, die Linie des Schlages richtig zu lesen, wie Liselotte Neumann es zeigt.

Das Lesen von Grüns (2)

Mit zunehmender Spielerfahrung müssen wir nicht nur der Neigung eines Grüns Rechnung tragen. Auch das Gras selbst kann die Bahn des Balls erheblich beeinflussen. Ist es dicht und feucht, rollt der Ball langsamer. Sind die Grüns sehr kurz geschnitten, gewalzt und sehr trocken, rollt der Ball viel schneller.

DIE BEURTEILUNG DER GESCHWINDIGKEIT EINES GRÜNS
Nutzen Sie Ihre Erfahrungen auf dem Übungsgrün, um die Bedingungen auf einem Grün besser einzuschätzen.

Auf einem von Bäumen umrandeten Grün liegt das Gras unter Umständen den ganzen Tag im Schatten. Dies sind die langsamsten Grüns eines Platzes.
Ein Grün in einer Senke ist normalerweise von allen Seiten feucht, so dass die Bälle, die darauf landen, schnell stoppen. Die Putts rollen außerdem langsam.
Auf einem erhöhten Grün läuft das Wasser meistens besser ab als auf anderen Grüns. Es trocknet bei Wind auch rascher aus, so dass die Putts sehr schnell sind.
Ein großer Baum in der Nähe eines Grüns zieht mit seinen Wurzeln die Feuchtigkeit ab. Halten Sie Ausschau nach kahlen Flecken und trockenen Stellen, auf denen die Putts sehr schnell rollen.
Wenn das Gras in Ihre Richtung gemäht wurde, erscheinen die Streifen dunkel. Hell und glänzend sind sie dagegen, wenn es in die Gegenrichtung gemäht wurde. Meistens putten Sie in Richtung Graswuchs, wenn es glänzt, gegen den Graswuchs, wenn es dunkel ist. Auf Plätzen in sehr warmen Klimazonen müssen Sie genau auf den Graswuchs achten, da die Halme den Putt genauso stark beeinflussen wie ein Gefälle. Direkt neben dem Loch ist der Graswuchs oft deutlich erkennbar, wenn die Halme auf einer Seite beinahe über das Loch wachsen und auf der anderen Seite der Boden fast kahl ist. So wie hier ist der Graswuchs auf dem ganzen Grün.
Am leichtesten lässt er sich außerhalb des

AUSLOTEN
Alison Nicholas aus England beim Ausloten des Breaks. Sie nimmt dazu ihren Putter und hält ihn wie ein Senkblei nach unten, um den Winkel ihres Schlages einzuschätzen.

Grüns erkennen, wo das Gras länger ist, aber wahrscheinlich in der gleichen Richtung verläuft. Chip- oder Putt-Schläge gegen die Wuchsrichtung sind langsam, mit der Wuchsrichtung schnell.

Häufig verläuft die Wuchsrichtung des Grases in Richtung Meer oder einer anderen Wasserquelle, zur Sonne hin oder weg von einem Berg. Kalkulieren Sie die Wuchsrichtung genauso ein wie die Neigung eines Hangs.

MERKE!
ACHTUNG VOR GRÜNS IN DER NÄHE VON BÄUMEN

Übungen für lange und mittlere Putts

Die meisten Spieler verbringen nicht genügend Zeit mit dem Üben von Putts. Beim Training langer und mittlerer Putts geht es in erster Linie um die richtige Einschätzung der Entfernung.

DAS SEHEN VON BALL UND LOCH
Nur bei sehr kurzen Putts kann man den Ball und das Loch mit beiden Augen sehen. Aus einem bis zweieinhalb Meter Abstand ist das nur mit einem Auge möglich.

Üben Sie mit sechs Bällen, die Sie unterschiedlich schnell spielen müssen. Nehmen Sie eine Schachtel mit vier Tees. Stecken Sie sie direkt hinter das Loch und im Abstand einer Putterlänge im Quadrat. Club-Golfer spielen ihre Bälle meistens zu kurz. Der Ball rollt aber leichter zum Loch, als dass das Loch zu ihnen kommt. Wenn Sie sechs Putts unterschiedlicher Geschwindigkeit in der richtigen Entfernung spielen, werden aller Wahrscheinlichkeit nach ein oder zwei davon ins Loch fallen. Diese Übung ist hangabwärts sehr viel schwieriger als hangaufwärts. Erweitern Sie sie auf acht unterschiedliche Tempi, danach auf zehn, wenn Sie ein Meister werden wollen.

Spannen Sie eine Schnur einen Meter über das Loch hinaus, und versuchen Sie, jeden Putt am Loch vorbei zu spielen, ohne dass er die Schnur kreuzt. Sie können alternativ auch zwei Schläger im Abstand von eineinhalb Meter auf den Boden legen und versuchen, vier Bälle in diesen Kasten zu spielen. Üben Sie nicht einfach lange Putts, indem Sie sie zum Loch spielen. Die meisten werden es verfehlen. So haben Sie nichts als Fehlschläge und werden bald Ihre Konzentration verlieren.

Legen Sie sechs oder zehn Bälle in unterschiedlicher Länge und mit unterschiedlicher Linie um ein Grün. Putten Sie jeden zum Loch und stellen Sie fest, wie viele Sie auf Putterlänge heranbringen. So lernen Sie einiges über Ihre Art zu putten und sehen Ihre Erfolgsquote. Sie können auch ein Tee aufs Grün stecken und alternativ zu diesem putten. Versuchen Sie nur, jeden Ball auf Putterlänge an das Tee heranzubringen, dann werden Sie bald ein guter langer Putter sein.

Legen Sie drei gleiche Ballmodelle, aber mit unterschiedlichen Nummern auf den Boden. Putten Sie nun nacheinander alle drei, ohne bei den einzelnen Schlägen aufzublicken.

VERSUCHEN SIE DIESE ÜBUNG
Stecken Sie vier Tees im Abstand einer Putterlänge rund um das Loch. Versuchen Sie nun, so viele Putts wie möglich in den Kasten zu schlagen, und setzen Sie sich ein Limit, bevor Sie aufhören.

Mit dieser Übung bekommen Sie ein Gefühl für Ihren Ballkontakt. Ist Ihr Putt-Schlag gut und der Ballkontakt im Grunde richtig, sollten alle drei Bälle in etwa gleichem Abstand enden.

Weiter nach hinten gelegte Bälle. Die folgende recht schwierige Übung von langen und kurzen Putts machen Sie auf einem Übungsgrün mit neun oder achtzehn Löchern. Spielen Sie Ihren Putt zum Loch. Wenn er es verfehlt, legen Sie ihn immer um eine Putterlänge weiter nach hinten. Lassen Sie ihn wieder aus, legen Sie ihn nochmals um eine Putterlänge weiter zurück. Auf diese Weise lochen Sie nicht nur eine Reihe kleiner Putts ein, sondern müssen sich auch auf jeden langen Putt konzentrieren und gleichzeitig eine Menge kurzer Putts spielen.

MERKE!
DENKEN SIE: GESCHWINDIGKEIT UND ABSTAND

Der Putt-Doktor

Eines der schlimmsten Putt-Probleme sind die Yips, wenn der Putter, besonders bei kurzen Putts, buchstäblich seinen eigenen Willen zu haben scheint. Dies passiert häufiger älteren Spielern und kann selbst bei den kürzesten Putts zum Problem werden. Die Handgelenke sollten bei kurzen Putts fest bleiben. Wenn Sie die Yips haben oder Ihr Putt-Schlag einzurosten droht, sorgt manchmal eine Griffänderung für Abhilfe.

DIE HALTUNG DES KOPFES
Obwohl Sie einigermaßen aufrecht stehen und nicht zusammengekauert sein sollten, ist die Haltung des Kopfes waagerecht (links). Aus dieser Haltung dreht er sich, um die Puttlinie zu betrachten. Wenn Sie den Kopf zu hoch halten, neigen Sie dazu, ihn zu drehen und gleichzeitig zu heben, was oft zu Problemen mit der Richtung führt.

Putten mit gekreuzten Händen
Bei dieser Art zu putten streckt sich der linke Arm den Schläger hinab, und der linke Zeigefinger zeigt nach unten. Die rechte Hand liegt oben, die linke unten. Mit diesem Griff ist die Rückseite des linken Handgelenks beim Ansprechen sofort viel fester. Die Schultern sind meistens weniger dominant, und rechte Hand und rechte Schulter übernehmen nicht so leicht die Kontrolle. Wenn Ihre kurzen Putts schlecht sind, und vor allem, wenn sich die Schlagfläche im Treffmoment verwindet, sollten Sie diesen Griff ausprobieren. Die meisten Spieler, die ihn verwenden, gehen allerdings bei einem Abstand von etwa sechs bis acht Schritt vom Loch auf den konventionellen Griff zurück.

Wenn Ihre kurzen Putts schlecht sind, müssen Sie darauf achten, dass Sie den Putter fest genug halten. Männer greifen den Schläger häufig zu fest, Frauen dagegen zu locker. Halten Sie den Schläger einigermaßen fest, und achten Sie darauf, ihn beim Ansprechen ein wenig vom Boden zu heben. Lassen Sie eine kleine Lücke zwischen Putter und Ball, damit Sie diesen nicht berühren. Bei Wind sollte die Lücke sogar bis zu drei Zentimeter betragen. Wenn Sie den Putter ein wenig vom Boden abheben, haben Sie eine bessere Kontrolle. Halten Sie ihn zu locker, besteht die erste Bewegung meistens darin, das Gewicht des Putters unter Kontrolle zu bekommen, und das kann einen ruckartigen Schlag auslösen. Wenn man den Putter hängen lässt, ist ein langsamer, fester Schlag leichter. Eines Ihrer Probleme als schlechter kurzer Putter ist, dass es Ihnen peinlich ist, den Ball zu verfehlen, doch dieses Gefühl ist völlig unnötig. Selbst Pros lassen häufig kurze Putts aus.

Übungsschwünge - ja oder nein?
Ein Übungsschwung bei einem kurzen Putt kann manchmal das richtige Zielen beeinträchtigen. Machen Sie niemals einen Übungsschwung neben Ihrem Ball in Rich-

ABHILFE FÜR DIE YIPS
Stellen Sie sich selbstbewusst an den Ball. Achten Sie darauf, dass sich Ihre Augen direkt über dem Ball und parallel zur Puttlinie befinden.

DER IDEALE STAND
Zu Beginn ist Ihr Gewicht gleichmäßig auf beide Füße verteilt. Der Ball liegt in der Mitte oder ein wenig weiter vorne im Verhältnis zum Stand.

tung Loch. Wenn Sie dann nach vorne treten, um den Ball anzusprechen, zielt man häufig nach rechts.
Jeder Übungsschwung muss immer parallel zu Ihrem Putt erfolgen. Wenn Sie aber mit einem Übungsschwung nur Ihre Nerven beruhigen wollen, sollten Sie ihn in eine völlig andere Richtung machen. Wollen Sie damit ein Gefühl für die Richtung bekommen, dann machen Sie ihn hinter oder vor dem Ball. Bei Übungsschwüngen zwischen Ball und Loch sollten Sie den Boden nicht berühren und darauf achten, dass sie Ihr Zielen nicht beeinträchtigen.
Wenn Sie nicht richtig zielen, sollten Sie kurze Putts ohne vorherigen Übungsschwung spielen, denn unter Umständen löst gerade er die Probleme mit dem Zielen aus.

Routine
Einen kurzen Putt kann man auf dreierlei Arten angehen. Als Erstes können Sie einen oder zwei Übungsschwünge machen. Dann lassen Sie den Putter mit der einen Hand los, stellen ihn hinter den Ball, greifen ihn erneut und spielen den Putt.
Zweitens können Sie wiederum einen oder zwei Probeschwünge machen, den Putter in der Hand behalten, ihn hinter dem Ball auf den Boden stellen und Ihren Putt spielen. Drittens brauchen Sie überhaupt keinen Übungsschwung zu machen. Die erste Routine ist bei professionellen Spielern wahrscheinlich die häufigste.
Am wichtigsten ist jedoch: Wenn Sie einen Übungsschwung machen, dann immer parallel zu Ihrem Ziel.

MERKE!
LINKES HANDGELENK FEST

Trouble-Schläge

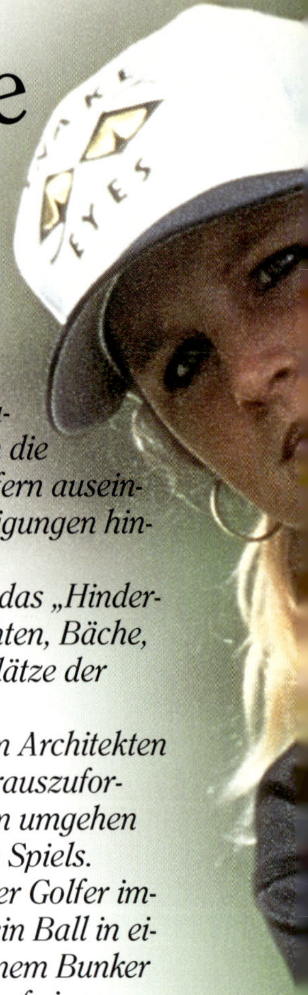

Als Golf sich erstmals formell als Spiel etablierte - im 18. und 19. Jahrhundert in Schottland -, hatten die Plätze kaum Ähnlichkeit mit den heutigen. Das Spiel wurde auf öffentlichem Gelände betrieben - wie es auch heute noch manchmal der Fall ist -, mit natürlichen Hindernissen und Hemmnissen. Nicht nur Mauern und Gräben waren Teil des Spiels, sondern die Spieler mussten sich häufig auch mit Nichtgolfern auseinandersetzen, die sich anderen Freizeitbeschäftigungen hingaben.

Aus diesen zahlreichen Hindernissen entstand das „Hindernis" des modernen Spiels - die Bunker, Schluchten, Bäche, Teiche und Seen, die heutzutage für alle Golfplätze der Welt charakteristisch sind.

Da diese Hindernisse so zahlreich sind und von Architekten bewusst eingeplant werden, um den Golfer herauszufordern, ist das Wissen darum, wie man mit ihnen umgehen muss, ein äußerst wichtiger Teil des modernen Spiels. Denn ungeachtet der Spielstärke sieht sich jeder Golfer immer wieder Situationen gegenüber, in denen sein Ball in einer anscheinend unspielbaren Lage liegt, in einem Bunker oder einfach im unangenehm leichten Rough auf einem Hang vor dem Grün. Die Tipps in diesem Kapitel sollen Ihnen helfen, wenn Ihnen das Unvermeidliche draußen auf dem Platz widerfährt.

Johanna Head, eine der bekannten Head-Zwillinge aus England.

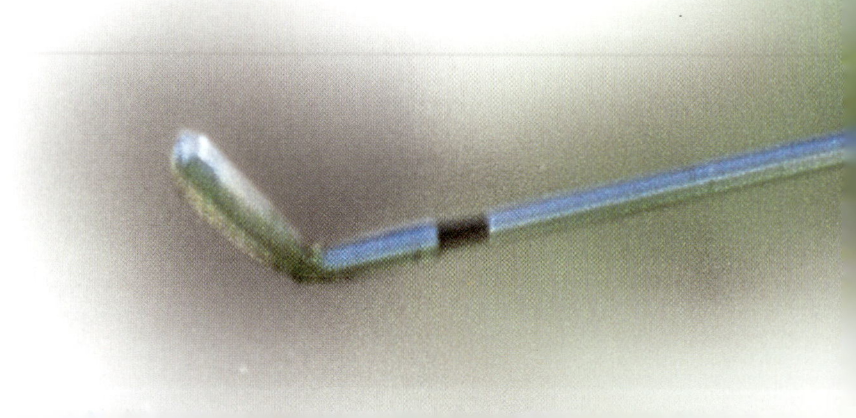

Von direkt außerhalb des Grüns

Wenn Sie einen Ball direkt von der Grünkante spielen müssen, ist dies am einfachsten mit dem Putter. Glauben Sie nicht, dass nur Amateure den Ball putten, anstatt ihn zu chippen. Worum es geht, ist, den Schläger zu benutzen, der Ihnen die besten Dienste erweist.

Man kann den Ball durch etwas dichteres, feuchtes Gras besser putten, als sich viele Club-Golfer vorstellen können, aber Sie wissen ja, dass ein Ball, wenn man ihn schlägt, zuerst gleitet, dann rollt und schließlich hüpft. Wenn Sie einen sehr kurzen Schlag von direkt außerhalb des Grüns spielen müssen, ist das Risiko, dass der Ball sich im Gras verfängt, größer als bei einem längeren Schlag. Wenn Sie also putten können, dann sollten Sie das tun. Ist das Gras jedoch zu dicht zum Putten, chippen Sie den Ball mit einem Eisen 7. Wenn Sie kein Eisen 7 haben, nehmen Sie lieber ein Eisen 6 statt ei-

1 Setzen Sie das Eisen 7 auf der Spitze auf, so dass es sich Ihnen genau wie ein Putter entgegenneigt. Greifen Sie es mit Ihrem Putter-Griff weiter unten, und stellen Sie sich genau wie beim Putten nahe an den Ball mit den Augen direkt darüber. Die Schlägerspitze ist ein wenig ins Gras gesenkt, so dass sich die Hacke vom Boden hebt. Bei lockerem, weichem Gras fühlt sich das überhaupt nicht merkwürdig an.

2 Da der Schläger auf der Spitze steht, spielen Sie den Ball von der Schlägerspitze, denn dies ist der Teil, der über das Gras streift. Benutzen Sie den üblichen Putt-Griff, bei dem die linke Hand nach links gedreht ist und beide Daumen sichtbar sind. Das Logo auf dem Handschuh ist nicht zu sehen. Beim falschen Griff sieht man dagegen zuviel vom linken Handrücken, und das Handgelenk ist nicht mehr fest genug, um die Weite zu kontrollieren.

nes Eisens 8. Die Idee ist, einen Putt-Schlag mit einem etwas leicht geneigten Schläger zu spielen, so dass der Schlag zu einem Putt mit einem kleinen Hüpfen wird. Wir verwandeln dabei das Eisen 7 in einen Schläger, der sich wie ein Putter anfühlt. Es gibt jedoch drei Unterschiede: Erstens ist das Eisen 7 länger. Zweitens hat es einen runden Griff und keinen abgeflachten, so dass es sich in den Händen anders anfühlt, und drittens sitzt es mit einem anderen Winkel auf dem Boden.

Mit anderen Worten - der Putter sitzt aufrecht auf dem Boden, das Eisen 7 ist etwas geneigt. Um gut zu chippen, setzen Sie den Schläger mit der Spitze auf, so dass sich der Schaft Ihnen genauso entgegenneigt wie der Putter. Verwenden Sie den orthodoxen Putt-Griff, und halten Sie die Hände etwa im gleichen Abstand vom Boden entfernt wie beim Putter. Das bedeutet, dass Sie das Eisen 7 erheblich tiefer greifen, so dass der rechte Daumen und Zeigefinger auf dem Schaft selbst liegen.

3 Lehnen Sie sich ein wenig zur linken Seite, so dass das obere Ende des Schafts der Innenseite Ihres linken Handgelenks viel näher ist als der Innenseite des rechten. Das Gewicht ist ein wenig auf den linken Fuß verlagert, die Schultern befinden sich in einer Ebene. Anders als beim Putten streift der Schläger sehr leicht über das Gras und bringt den Ball mit einem Sprung auf den Weg. Wichtig ist, dass Sie nicht versuchen, dem Ball in die Luft zu verhelfen.

4 Das Schlägerende bleibt bis zum Ende des Schwungs nahe am festen linken Handgelenk. Wenn Sie dem Ball nachhelfen wollen, beugt sich das linke Handgelenk. Schlagen Sie ein wenig nach unten, und halten Sie den Ball flacher, als der Schläger ihn eigentlich schlagen will. Widerstehen Sie jeder Versuchung, ihn nach oben zu löffeln.

MERKE!
EIN CHIP IST EIN PUTT MIT EINEM KLEINEN SPRUNG

Kurze Chip-Schläge

Diese kleinen Chip-Schläge eignen sich aus zehn bis fünfzehn Schritt Entfernung vom Loch. Sie sind also sehr kurz. Je ähnlicher Sie sie dem Putt-Schlag spielen, desto besser die Kontrolle. Mit einem vollen Eisen 7 schlagen Sie je nach Spielstärke zwischen 80 und 140 Meter. Bei einer kürzeren Distanz muss die ganze Aktion sehr stabil sein, um die Kontrolle nicht zu verlieren. Greifen Sie den Schläger fest, um den Schlag kurz zu halten.

DER CHIP-SCHLAG
Konzentrieren Sie sich vor allem darauf, dass Schlägerschaft und linkes Handgelenk in einer Einheit fungieren, während Sie den Schlägerkopf durch den Ball schwingen.

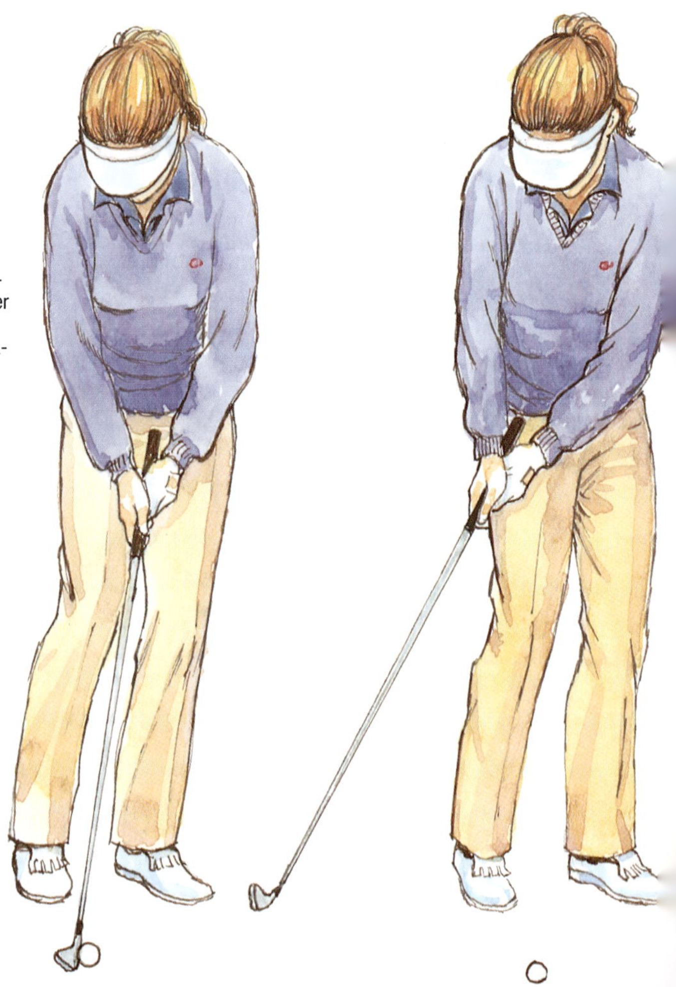

Lernen Sie, Ihr Eisen 7 so zu benutzen, dass es sich wie ein Putter anfühlt. Legen Sie auf einem Grün mit Gefälle für einen Schlag hangabwärts einige Bälle auf den Boden, so dass der dem Loch am nächsten liegende Ball 45 Zentimeter entfernt ist. Alle weiteren Bälle haben jeweils 30 Zentimeter Abstand voneinander. Stellen Sie sich so an den ersten Ball, dass Ihr Eisen 7 mit der Spitze auf dem Boden aufsitzt. Machen Sie jetzt nur einen kleinen Putt-Schlag, und treffen Sie den Ball mit der Spitze. Sie werden merken, dass er Drall erhält und ein bisschen hüpft. Sie brauchen das Grün nicht zu streifen. Auf diese Weise bekommen Sie ein Gefühl für Kontrolle und spüren, wie sich der Ball ein klein wenig vom Boden hebt.

Um ein Gefühl für diesen sanften Kontakt zwischen Schlägerspitze und Ball zu bekommen, legen Sie mehrere Bälle in einer Reihe aus. Arbeiten Sie sich die Reihe entlang, streifen Sie nur leicht über das Gras, und spüren Sie, wie jeder Ball sanft davonspringt.

Hier eine Übung, um eine Verbindung zwischen Chip- und Putt-Schlägen herzustellen. Legen Sie Ihren Putter in etwa acht Schritt Entfernung auf den Boden, mit dem Putterkopf Ihnen zugewandt. Er stellt das imaginäre Loch dar, auf das Sie zielen. Chippen Sie nun ein paar Bälle von außerhalb des Grüns zu Ihrem Putter. Dann legen Sie Ihr Eisen 7 direkt auf den Grünrand und putten die Bälle zurück zu diesem Schläger. Fühlen Sie, wie nah Sie beim Spiel mit dem Putter am Ball stehen und wie die Augen direkt über ihm ruhen. Versuchen Sie, das gleiche Gefühl zu reproduzieren, wenn Sie mit dem Eisen 7 spielen. Natürlich stehen Sie etwas weiter weg vom Ball, aber es sollte sich alles sehr ähnlich anfühlen.

Um dem Chip-Schlag etwas mehr Länge zu geben, lehnen Sie sich ein wenig nach links. Das reduziert die Neigung des Schlägers, so dass der Ball etwas flacher und weiter fliegt. Doch maximal können Sie bei diesem Schlag nur ungefähr 15 Meter erzielen. Verbreitern Sie also Ihren Stand mit dem linken Fuß, lehnen Sie sich ein wenig nach links, und denken Sie immer daran, nach unten in den Ball und nach vorne zu schlagen, anstatt ihn nach oben zu löffeln.

EXPERTENTIPP
Das Schlägerende bleibt bis zum Ende des Schwungs nahe am linken Handgelenk, das fest bleiben muss. Wenn Sie dem Ball nachhelfen wollen, beugt sich das Handgelenk. Schlagen Sie ein wenig nach unten, und halten Sie den Ball etwas flacher, als der Schläger ihn schlagen will.

MERKE!
SCHLAG VON DER SPITZE ZUR BESSEREN KONTROLLE

Lange Chip-Schläge

Für längere Chip-Schläge von 15 bis 30 Meter müssen Sie Ihre Technik etwas ändern. Der Schläger steht flacher auf dem Boden, weniger auf der Spitze. Sie lehnen sich ein wenig vor den Ball, schlagen auf den Ball nach unten und nach vorne in Richtung Loch.

Der Ball sollte so schnell wie möglich wieder landen. Machen Sie sich keine Sorgen darüber, wo genau er auf dem Boden auftrifft, sondern lernen Sie lieber, die Weite insgesamt richtig zu beurteilen. Wenn die Kante rund ums Grün flach geschnitten und trocken ist, können Sie den Ball leicht hindurch chippen.

Nehmen Sie Ihr Eisen 7 in die rechte Hand, und kippen Sie es leicht nach vorne, so dass es die Neigung eines Eisens 6 hat. Das Schlägerende zeigt zu Ihrem Nabel oder etwas links davon, die Ballposition ist rechts von der Mitte.

Vervollständigen Sie Ihre Ansprechhaltung, indem Sie sich leicht nach links lehnen, greifen Sie den Schläger mit der linken Hand wie beim Putten, und ziehen Sie den linken Ellbogen ein wenig an die Körperseite heran. Der Schläger sitzt nicht flach auf der Sohle, aber auch nicht auf der Spitze wie beim kurzen Chip-Schlag. Überprüfen Sie Ihren Griff. Das Logo auf dem linken Handrücken Ihres Handschuhs ist nicht zu sehen. Das Gewicht ruht etwas mehr auf dem linken Fuß. Konzentrieren Sie sich darauf, den Ball flach und nach vorne zu schlagen. Streifen Sie über den Boden, aber graben Sie den Schläger nicht ein. Auch bei diesem Schlag bleibt das linke Handgelenk fest.

Wenn Sie einen Ball zum Ziel werfen oder rollen wollen, ist das schwierig, wenn Sie die Füße seitlich stehen lassen. Das Gleiche gilt auch für diesen Schlag. Starten Sie mit pa-

rallel zum Schlag ausgerichteten Füßen, aber drehen Sie dann den linken Fuß ein wenig nach außen und den rechten nach innen, so dass die Knie in Richtung Ziel zeigen. Das soll aber nicht heißen, dass Sie nun quer über die Fußlinie nach links zielen. Drehen Sie einfach die Füße und Knie ein wenig, um sich den Schlag zu erleichtern. Die Beine bewegen sich nun bequem in Richtung Ziel, während Sie durch den Ball schwingen. Bei einem sehr kurzen Chip (S. 120-121) bleiben die Füße absolut square, um die Weite zu beschränken. Beim vorliegenden Schlag brauchen Sie hingegen ein wenig mehr Weite, und die Fußhaltung verhilft Ihnen dazu.

Bei allen kurzen Schlägen ist eine Bewegung nach oben und unten gefordert. Wenn Sie die Hände vor dem Ball halten und sich ein wenig nach links lehnen, ist dies leichter. Achten Sie auf einen guten Ballkontakt. Wenn Sie ein Eisen 7 nehmen und es nach vorne in die Stellung eines Eisens 6 kippen, treffen Sie erst den Ball und dann das Gras. Wenn Sie gleich ein Eisen 6 nehmen, ohne die Hände vorne zu halten, besteht die Gefahr, dass Sie erst ins Gras schlagen, bevor Sie den Ball treffen.

Um die Sache noch mehr zu vereinfachen, achten Sie beim Ansprechen auf eine korrekte Schulterhaltung. Die goldene Regel bei fast allen kurzen Schlägen ist, die rechte Schulter hoch zu halten. Lassen Sie die rechte Schulter nicht fallen, sonst rasieren Sie den Boden hinter dem Ball. Damit die Schulter oben bleibt, halten Sie den Schläger beim Ansprechen zuerst nur in der rechten Hand. Schieben Sie ihn nach vorne, legen Sie dann die linke Hand an den Schläger, und spüren Sie, dass Sie den linken Ellbogen und die linke Schulter unten halten. Fortgeschrittene Golfer sollten daran denken, dass sich die rechte Schulter senken kann, wenn sie zu schnell beide Hände an den Schläger legen, bevor sie sie nach vorne schieben.

DER LÄNGERE CHIP-SCHLAG
Drehen Sie den linken Fuß ein wenig nach außen, den rechten nach innen, um die mit diesem Schlag angestrebte zusätzliche Weite zu erzielen.

EXPERTENTIPP
Für einen langen Chip-Schlag von der Grünkante bis zur Rückseite des Grüns nehmen Sie ein Eisen 6 und kippen es nach vorne in die Stellung eines Eisens 5 oder sogar ein Eisen 5 in die Stellung eines Eisens 4. Der Ball soll so schnell wie möglich landen und gleichmäßig zum Ziel rollen.

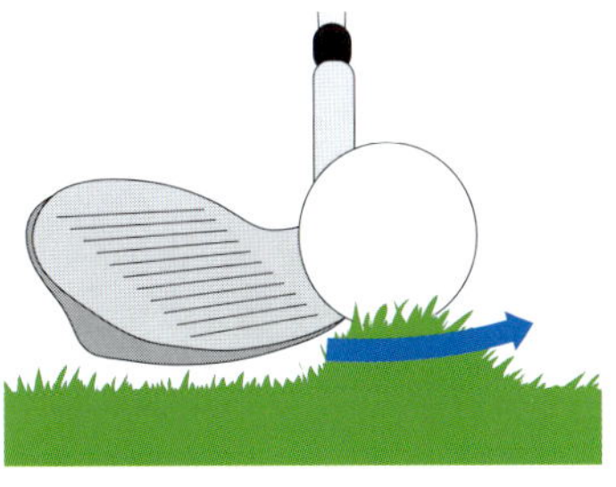

KONTAKTPUNKT
Schlagen Sie beim längeren Chip kein Gras vor dem Ball aus dem Boden, sondern bemühen Sie sich um einen sauberen Ballkontakt, so dass der Ball so schnell wie möglich wieder landet.

MERKE!
RECHTE SCHULTER OBEN

Die Wahl eines Sand-Wedge

Der Sand-Wedge ist wie der Putter und der Driver ein ganz besonderer Schläger. Er braucht nicht zum Rest Ihres Schlägersatzes zu passen. Ein Sand-Wedge eignet sich nicht nur für Schläge aus dem Bunker, sondern ist auch äußerst nützlich, wenn man rund ums Grün Höhe und Loft braucht. Halten Sie also nach einem Sand-Wedge mit viel Loft Ausschau. Die Modelle variieren zwischen 55 und 64 Grad. Das ist ungefähr die Differenz zwischen einem Eisen 3 und einem Eisen 7. Im Idealfall kaufen Sie ein Sandeisen mit 62 Grad, denn das ermöglicht Ihnen hohe Schläge ohne komplizierte Technik.

Kaufen Sie sich einen Sand-Wedge mit einer Neigung zwischen 60 und 64 Grad, dessen Unterkante vorne und nicht hinten ist. Der auf S. 127 links abgebildete Schläger sitzt bequem auf dem Boden mit der Schlagfläche unter dem Ball. Der rechts abgebildete Schläger hat einen leicht „schiefen“ Hals und fördert keinen guten Ballkontakt.
Ein Sand-Wedge ist ähnlich wie ein Fairway-Holz so konstruiert, dass er vom Boden abprallt. Ein Pitching-Wedge hat im Gegensatz dazu eine scharfe Unterkante, die ein Divot aus dem Gras schlagen soll. Der Pitching-Wedge ist ein Schläger für hohe Bälle, wenn man das Grün noch nicht erreicht hat. Ein Sand-Wedge ist der richtige Schläger zum Spiel über Bunker und für hohe Bälle in der Nähe des Grüns. Die abgerundete Sohle des Sandeisens prallt vom Boden ab.
Wichtig ist der korrekte Lie des Sandeisens. Der Lie bezieht sich, wie wir schon gehört haben, auf den Winkel zwischen dem Schaft und der Senkrechten. Wenn Sie sich Ihren Schlägersatz ansehen, ist der Pitching-Wedge der am meisten aufgerichtete Schläger, der Sand-Wedge ist etwas flacher. Wenn der Lie zu aufrecht ist, werden Ihnen manche Bunker- und Pitch-Schläge Probleme bereiten. Am besten, Sie suchen sich einen Sand-Wedge, dessen Lie etwa dem Ihres Eisens 7 entspricht. Sie werden später feststellen, dass sich bei vielen Schlägen mit einem Sandeisen die Knie beugen. Der korrekte Lie ermöglicht das. Fortgeschrittene Golfer können damit auch die Schlagfläche korrekt und bequem öffnen.
Bei bestimmten Bunker-Schlägen und fortgeschrittenen Schlägen muss man die Schlagfläche öffnen, d.h. sie nach rechts vom Ziel drehen. Mehr Informationen hierüber finden Sie auf den Seiten 146 bis 154.
Die Gummi- (oder Leder-)Griffe Ihrer Schläger sind normalerweise eiförmig, wobei sich der spitze Teil des Eis auf der Rückseite des Griffs befindet. Das hilft, den Schläger square zu halten. Bei einem Sand-Wedge kann ein absolut runder Griff im Hinblick auf Finesse-Schläge leichter sein, bei denen man die Schlagfläche nicht square, sondern geöffnet hält.

FALSCH
Wenn der Schläger zu aufrecht ist, hebt sich die Schlägerspitze beim Öffnen der Schlagfläche, und die Hacke zieht in den Sand oder Boden.

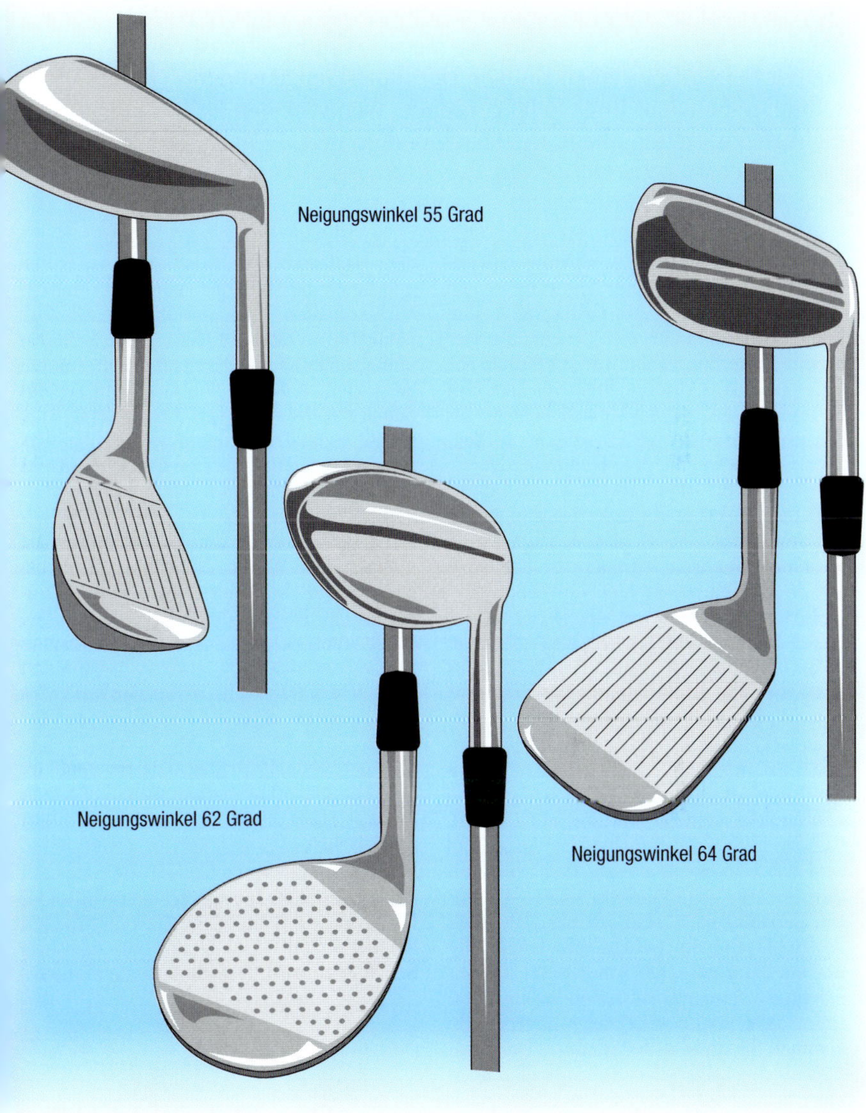

SAND-WEDGES
Auf der Abbildung oben sehen Sie drei verschiedene Sand-Wedges aus jeweils zwei Blickwinkeln, alle drei mit den unterschiedlichen Neigungswinkeln, mit denen diese Schläger erhältlich sind. Von links nach rechts haben die Schläger einen Loft von 55, 62 und 64 Grad.

MERKE!
WÄHLEN SIE EINEN LOFT VON 60 BIS 64 GRAD

Selbstvertrauen mit dem Sand-Wedge

Ein Sand-Wedge ist für das Spiel rund ums Grün unverzichtbar. Der schwierigste Schlag für die meisten Club-Golfer ist ein kleiner Schlag über einen Bunker. Der Sand-Wedge ist der schwerste Schläger Ihres Schlägersatzes. Wenn Sie den Ball nicht richtig treffen, fliegt er zu flach und zu weit.

Um mit dem Sand-Wedge vertraut zu werden, üben Sie aus einer Entfernung von etwa 45 Zentimeter vom Grünrand. Legen Sie einen Putter in nicht mehr als vier Schritt Entfernung aufs Grün, und üben Sie winzige Schläge, die alle direkt vor dem Putter enden. Das sind viel kürzere Schläge, als Sie normalerweise jemals spielen werden, aber sie fördern eine gute Handhabung.

Verwenden Sie den „reverse-overlapping"-Putt-Griff, bei dem der linke Zeigefinger auf der Außenseite des Schlägers liegt. Wenn Sie einen Handschuh tragen, ist das Logo auf dem Handrücken nicht zu sehen. Bei bloßen Händen sieht man die Knöchel der linken Hand nicht. Der Putt-Griff gibt dem linken Handgelenk mehr Festigkeit. Der Schläger ist sechs Zentimeter kürzer als das Eisen 7. Greifen Sie ihn ziemlich am Ende. Setzen Sie ihn flach auf der Sohle auf. Denken Sie daran, dass es beim Putt-Griff in erster Linie darum geht, die Schlagfläche während des ganzen Schwungs so zu halten, dass sie nach oben gerichtet ist. Außerdem wird der Handgelenkeinsatz dadurch reduziert.

Um den Ball nach oben zu bringen, muss der Schläger beim Schlag vom Boden abprallen. Machen Sie vor jedem kleinen Schlag einen oder zwei Probeschwünge, und spüren Sie, wie der Schläger abprallt. So kommen Sie unter den Ball und verhindern, dass Sie ihn toppen. Um das Abprallen noch besser zu spüren, legen Sie den Ball auf eine ziemlich große Münze und konzentrieren sich darauf, die Münze zu schlagen. Wenn die Münze wegfliegt, steigt der Ball in die Luft.

Falsch ist es, wenn das linke Handgelenk bei dem Versuch, dem Ball gewaltsam in die Luft zu verhelfen, nachgibt. Richtig ist es dagegen, das linke Handgelenk fest zu halten und durch die Treffzone zu führen, ohne dabei anzuhalten. Wenn das linke Handgelenk nachgibt, versuchen Sie, den Schläger übungshalber zehn Zentimeter weiter unten zu greifen. Auf diese Weise spüren Sie das Schlägerende am linken Handgelenk. Halten Sie es im Treffmoment und darüber hinaus dort, um das Abprallen des Schlägers im Treffmoment und ein festes linkes Handgelenk zu fördern.

Die meisten Golfer ruinieren ihre Schläge mit dem Sand-Wedge, weil sie zu schnell aufblicken. Der Grund für das Training so kurzer Schläge ist, dass der Ball immer in Ihrem Blickfeld bleibt. Sie können ihn aus dem linken Augenwinkel heraus sehen. Lernen Sie, diese sehr kurzen Bälle zu spielen, und bleiben Sie unten, ohne Kopf oder Augen zu bewegen.

Verlängern Sie die Schläge anschließend, indem Sie über den Putter pitchen. Bleiben Sie wiederum unten. Sie werden bald wissen, ob Sie einen Ball korrekt getroffen haben, auch ohne aufzublicken. Bei längeren Schlägen halten Sie die Schultern in einer Linie - rechte Schulter hoch - und arbeiten nur an einem Ballkontakt, bei dem der Schläger abprallt, und einem festen Finish.

SPIELFERTIGKEIT MIT DEM SAND-WEDGE
Proetten (hier Liselotte Neumann in Frankreich) trainieren stundenlang Schläge mit dem Sand-Wedge - aus dem Bunker und von außerhalb -, um ihre Spielfertigkeit in einem sehr wichtigen Teil des Spiels zu perfektionieren.

MERKE!
SCHLÄGER VOM BODEN ABPRALLEN LASSEN

Kurze Pitch-Schläge

Sobald Sie einigermaßen gut mit Ihrem Sand-Wedge umgehen können, wollen wir uns der Praxis zuwenden. Für Schläge bis maximal 20 Meter verwenden Sie den Putt-Griff. Dieser sorgt für ein festes Handgelenk und für eine nach oben gerichtete Schlagfläche, um eine optimale Höhe zu erzielen.

Der Schläger ist kurz. Greifen Sie ihn am oberen Ende mit dem Putt-Griff, und zwar fest. Beim Ansprechen liegt der Ball im Verhältnis zum Stand direkt links von der Mitte. Je besser die Lage des Balls ist, desto weiter vorne können Sie ihn spielen. Der Schlägerschaft zeigt zu Ihrem Nabel, die Schultern sind möglichst in einer Linie. Der rechte Fuß zeigt gerade nach vorne oder ist ein wenig nach innen gedreht. Wichtig bei diesem Schlag ist, ihn mit Armen, Beinen und Schultern zu spielen und die Handgelenke inaktiv zu halten. Sie bleiben beim Rückschwung passiv. Im Durchschwung achten Sie auf eine nach oben gerichtete Schlagfläche und halten das linke Handgelenk fest, den Kopf ruhig und die Augen auf die Stelle gerichtet, an der der Ball lag.

Der Putt-Griff wird es Ihnen erleichtern, die Schlagfläche beim Rückschwung nach unten und beim Durchschwung nach oben zu halten. Der Rückschwung sollte sich von allein ergeben. Beim Durchschwung halten Sie das linke Handgelenk nach oben. Das Schlägerende stößt gegen die Innenseite des linken Handgelenks, so dass der linke Ellbogen am Körper bleiben kann.

Um diesen Schlag besser zu erlernen, üben Sie ihn hangaufwärts. Die Neigung erfordert einen hohen Schlag und gibt Ihnen Selbstvertrauen. Stellen Sie die Füße ein wenig näher zusammen als bei einer flachen Lage, und fühlen Sie, wie die Schlagfläche nach dem Treffmoment nach oben zeigt.

Bei diesem Schlag setzen Sie Beine, Arme und Schultern ein. Beim Ansprechen zeigt der Schlägerschaft zu Ihrem Nabel, und in dieser Stellung bleibt er bis zum Finish. Der Griff ist weder beim Rückschwung noch beim Durchschwung nach unten gerichtet. Machen Sie ein paar Übungsschwünge, und sehen Sie sich das Griffende des Schlägers an. Halten Sie es immer auf sich gerichtet.

Als Übung halten Sie den Schläger gegen

DER KURZE PITCH-SCHLAG
Der kurze Pitch-Schlag wird mit festen Handgelenken und Ellbogen gespielt, als seien sie am Körper festgebunden. Bewegen Sie Schultern und Beine zurück und durch, und achten Sie auf gleiche Länge von Rückschwung und Durchschwung.

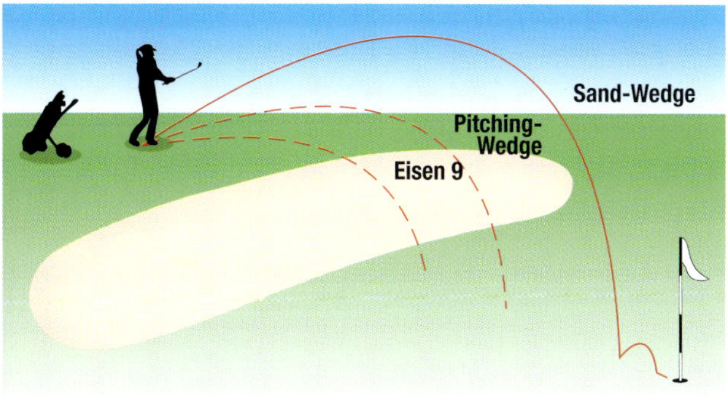

DER RICHTIGE SCHLÄGER
Spielen Sie einen kurzen Pitch-Schlag nicht mit einem Eisen 9 oder Pitching-Wedge. Mit einem Sand-Wedge können Sie den Ball weiter über das Hindernis hinweg spielen und näher an die Fahne heran.

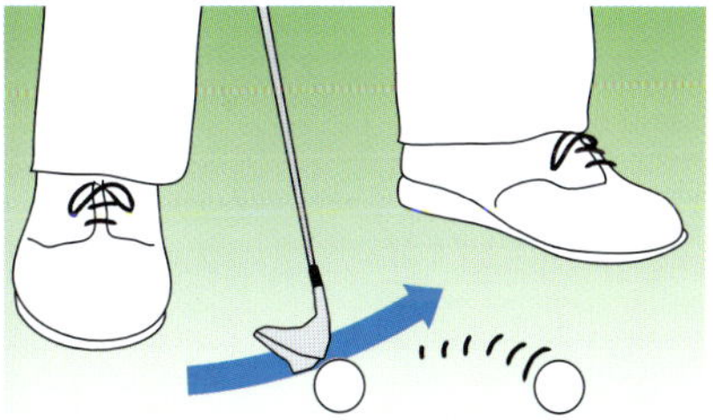

NICHT HEBEN
Versuchen Sie niemals, den Ball bei einem kurzen Pitch in die Luft zu heben. Der Schläger trifft sonst auf die Oberseite des Balls und toppt Ihn (oben). Machen Sie einen U-förmigen Schwung, und streifen Sie unter dem Ball über den Boden. Denken Sie „nach unten", um den Ball in die Luft zu bekommen.

SAND- UND PITCHING-WEDGE
Der Sand-Wedge (unten rechts) hat eine stärkere Neigung als der Pitching-Wedge (unten links) und ist so konstruiert, dass er vom Boden abprallt, anstatt sich einzugraben.

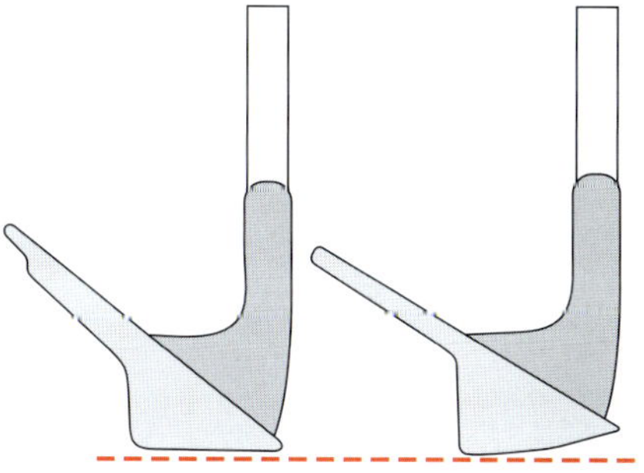

Ihren Nabel. Die Hände sind am Schaft nach unten gestreckt, die Arme sind gerade, aber der Schlägerkopf reicht natürlich nicht bis zum Boden. Üben Sie, zurück und durch zu schwingen und dabei das Schlägerende immer am Nabel zu halten. Das verbessert Ihr Gefühl, dass die Beine und Schultern arbeiten, während die Handgelenke passiv bleiben.

Versuchen Sie nicht, dem Ball mit den Handgelenken in die Luft zu verhelfen, sonst hebt sich der Schlägerkopf und trifft den Ball an seiner Oberseite. Halten Sie die Handgelenke fest, das linke übernimmt die Führung.

Bei kurzen Schlägen halten Sie den Schläger noch fester. Der Schläger ist schwer, und Sie müssen ihn fest halten, um ihn ganz langsam schwingen zu können. Wenn Sie ihn aus der Idee heraus, den Schlag mit mehr Gefühl zu spielen, zu locker halten, schwingt der Schlägerkopf zu schnell.

MERKE!
GREIFEN SIE DEN SCHLÄGER BEI KURZEN SCHLÄGEN FEST.

Die Schlägerwahl

Nachdem Sie nun Putt-, Chip- und kurze Pitch-Schläge gelernt haben, müssen Sie entscheiden, welcher Schlag in welcher Situation angebracht ist. Der Putt ist gewöhnlich der einfachste Schlag, dann kommt der Chip und als letzter der Pitch mit einem Wedge - der bei weitem schwierigste Schlag. Ein gründlich misslungener Putt von direkt außerhalb des Grüns ist allemal besser als ein nicht ganz perfekter Pitch-Schlag. Die goldene Regel für Club-Golfer lautet also, immer den Putter zu verwenden, wenn dies möglich ist.

Man kann einen Ball sehr wohl durch weiches Gras putten. Erst gleitet er, rollt dann und fängt schließlich an zu hüpfen, wenn er langsamer wird. Es ist leichter, über einen langen Ball durch weiches Gras zu putten als einen kurzen. Durch die Geschwindigkeit des längeren Schlags kann er durch und über das Gras gleiten, ohne sich zu verfangen.

Ein kleiner Chip-Schlag von der Spitze Ihres Eisens 7 hat immer ein wenig Rückwärtsdrall. Bei einem Schlag hangabwärts kann man dadurch einen kurzen Chip-Schlag leichter zum Stoppen bringen als einen Putt. Der Vorwärtsdrall eines Putts lässt den Ball immer weiter rollen - unter Umständen zu weit. Durch den Rückwärtsdrall eines

SORGFÄLTIGE SCHLÄGERWAHL
Selbst Proetten (wie McCurdy und Steinhauer, hier in Woburn) fällt die Entscheidung nicht immer leicht, welchen Schläger sie für einen bestimmten Schlag nehmen sollen. Club-Spieler sollten sich nicht genieren, im Zweifelsfall um Rat zu fragen.

kleinen Chip-Schlages können Sie die Entfernung leichter abschätzen.

Umgekehrt rollt ein Putt hangaufwärts weiter, während ein Chip-Schlag häufig zu kurz gerät. Wenn Sie also von der Grünkante aus die Wahl zwischen einem Putt und einem Chip-Schlag haben, putten Sie hangaufwärts und chippen hangabwärts.

Manchmal ist ein Chip-Schlag mit einem Eisen 7 einfach nicht das Richtige. Sie müssen das Verhältnis von Hoppeln und Rollen richtig einschatzen. Bei einem normalen Chip-Schlag hoppelt der Ball zum Beispiel über ein Sechstel der Strecke und rollt über fünf Sechstel. Wenn Sie eine größere Fläche weiches Gras vor sich haben, kann sich das Verhältnis von einem Drittel Hoppeln zu zwei Drittel Rollen verändern. In diesem Fall müssen Sie ein Eisen 8 oder 9 nehmen oder sogar einen Pitching-Wedge. Spielen Sie den Ball genau wie einen Chip-Schlag mit dem Eisen 7 - bei einem sehr kurzen Schlag etwas zur Schlägerspitze hin, bei einem längeren mit flacher aufsitzendem Schläger und nach vorne gehaltenen Händen.

In der Theorie ist der korrekte Weg der, einen kurzen Pitch-Schlag zu spielen und sich genau die Stelle auszusuchen, wo der Ball landen soll. Diese Methode birgt jedoch zwei Gefahren. Erstens wählen die meisten Spieler eine Stelle, die zu kurz ist. Zweitens pitchen sie dann auch noch zu kurz, so dass der Ball vor der gewählten Stelle aufsetzt. Wenn Sie ein Eisen 8, 9 oder einen Pitching-Wedge verwenden, um den Ball durch das Gras zu spielen, wählen Sie den richtigen Schläger, damit er auf dem Grün landet.

Einen kurzen Pitch- oder Chip-Schlag sollten Sie einlochen wollen. Konzentrieren Sie sich darauf, ihn weit genug zu schlagen. Nehmen Sie die Fahne aus dem Loch, um sich besser darauf konzentrieren zu können, wo der Ball enden soll.

Die Länge des Schwungs ist bei einem Putter oder Eisen 7 viel kürzer als bei einem Wedge bei erheblich geringerem Risiko. Ein mit dem Putter oder Eisen 7 schlecht getroffener Ball überbrückt normalerweise immer noch die richtige Distanz. Der Wedge erfordert einen längeren Schwung, und die Chancen eines „Fehlschlages" sind leider viel größer.

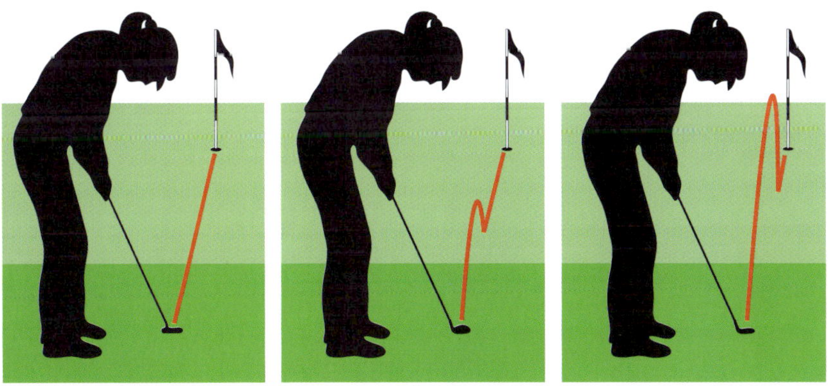

DIE SCHLÄGERWAHL

Für einen schwierigen Schlag von direkt außerhalb des Grüns ist die richtige Schlägerwahl sehr wichtig. Nehmen Sie am besten einen Putter (oben links), da Sie mit diesem Schläger wenig falsch machen können. Wenn ein Putter ungeeignet ist, ist die nächste Wahl ein Eisen 6 oder 7 (oben Mitte). Spielen Sie einen rollenden Schlag, und versuchen Sie, die Gesamtlänge richtig einzuschätzen. Spielen Sie nur einen Pitch-Schlag (oben rechts), wenn Sie keinen Putter nehmen können und ein rollender Schlag ungeeignet ist. Der kurze Pitch mit einem Wedge oder Sandeisen ist bei weitem der schwierigste dieser drei Schläge.

MERKE!
CHIP HANGABWÄRTS, PUTT HANGAUFWÄRTS

Der Schlag auf ein erhöhtes Grün

Angesichts eines erhöhten Grüns glauben die meisten Club-Golfer, dass sie nur mit einem Wedge hinaufkommen. Doch das ist nicht immer der einfachste und sicherste Weg.

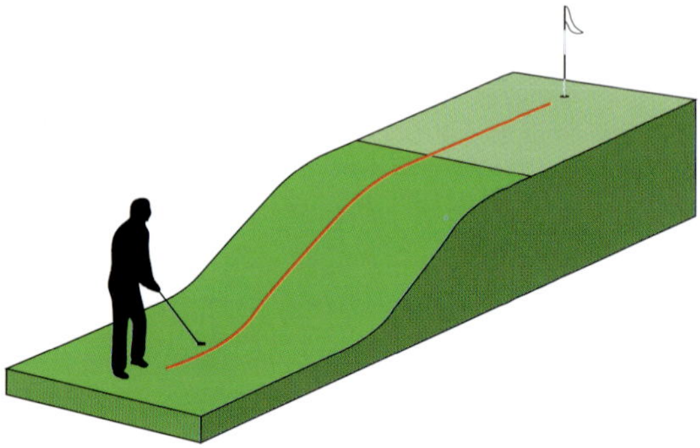

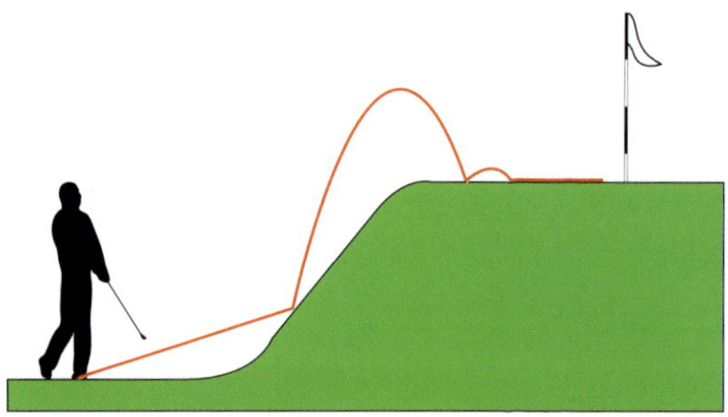

PITCH-SCHLAG ÜBER EINE BÖSCHUNG
Wenn Sie eine Böschung hinauf aufs Grün pitchen, fliegt der Ball hoch auf. Da der Hang die Neigung des Schlägers erhöht, sollten Sie keinen Schläger mit einem zu großen Neigungswinkel nehmen, sonst rollt der Ball nicht genügend. Bei Schlägen hangaufwärts allgemein nehmen Sie genügend Schläger, um die Extrahöhe auszugleichen.

Ihre erste Wahl sollte ein Putter sein, die zweite ein Eisen 5, 6 oder 7 und die dritte erst ein Sand-Wedge. Der Putter ist der leichteste, der Sand-Wedge der schwierigste Schläger in dieser Situation.

Als Erstes sehen Sie sich das vor Ihnen liegende Gras an. Ist es sehr dicht, bleibt nur ein Pitch mit dem Sand-Wedge. Ist der Boden einigermaßen kahl und das Gras ziemlich kurz und trocken, empfiehlt sich ein Putt. Wenn er besser aussieht als der schlechteste Hockey-Pitch, den Sie je geschlagen haben, wird der Ball wahrscheinlich hinaufrollen. Machen Sie sich keine Sorgen, wenn der Weg auf das Grün uneben ist. Der Ball wird wahrscheinlich nach rechts und links abweichen, aber sich seinen Weg nach oben schon bahnen.

Liegt Ihr Ball in weichem Gras, aber das Gras am Grünrand ist kurz, nehmen Sie ein Eisen 5, 6 oder 7 und rollen den Ball hinauf. Dies ist auch der korrekte Schlag von kahlem Boden, wenn Ihnen der Schlag für einen Putter zu lang erscheint.

Um den Ball mit einem Eisen 5, 6 oder 7 hangaufwärts zu spielen, kippen Sie den Schläger nach vorne wie ein Eisen 4, so dass der Ball flach nach oben hoppelt. Halten Sie den Schläger in der rechten Hand und kippen ihn nach vorne in die Stellung eines Eisens 4. Beträgt der Abstand weniger als 40 Meter, verwenden Sie einen Putt-Griff. Nehmen Sie einen breiten Stand ein, und lehnen Sie sich nach links, so dass das Schlägerende zu Ihrem Nabel oder etwas links davon zeigt. Halten Sie die Schultern in einer Linie. Die Hände führen, und Sie konzentrieren sich darauf, den Ball flach zu halten, so dass er über den Boden rollt und auf seinem Weg nach oben mindestens zweimal abspringt. Der Grund für das Kippen des Schlägers aus seiner Standardneigung nach vorne ist der, dass Sie erst den Ball treffen müssen und danach den Boden. Nehmen Sie kein Eisen 4, sondern kippen Sie den

NEHMEN SIE DEN RICHTIGEN SCHLÄGER
Immer wenn es die Lage erlaubt und Sie nicht zu weit vom Grün entfernt liegen, sollten Sie einen Putter verwenden. Ansonsten nehmen Sie lieber ein mittleres Eisen als einen Sand-Wedge.

PUNCHEN SIE DEN BALL NACH VORNE
Bei diesem Schlag mit einem Eisen 7 übernehmen die Hände die Führung, punchen den Ball nach vorne und halten ihn flach.

Schläger für einen guten Ball-Boden-Kontakt nach vorne. Das Eisen 5 ist oft leichter zu spielen, aber der Schaft erscheint manchen als zu lang und unbequem. Die Länge des Eisens 7 ist handlicher, aber man muss es nach vorne kippen.

Den Ball mit einem Eisen 5, 6 oder 7 hangaufwärts zu spielen, ist besonders nützlich, wenn die Fahne direkt am Grünrand steht. Dann steht Ihnen kaum genügend Landezone für einen Schlag mit dem Sand-Wedge zur Verfügung, und der Schlag mit den Eisen ist besser zu kontrollieren. Sie müssen sorgfältig überprüfen, wie der Ball liegt. Unterschiedliche Lagen erfordern unterschiedliche Schläge. Die drei Schläge aus einem Divot, einer normalen Lage und von einem Grasbüschel müssen unterschiedlich angegangen werden. Die meisten Spieler versuchen, den Ball von einem Grasbüschel zu putten, und sie verwenden einen Wedge aus einer Grasnarbe. Bei einem Ball aus solch einem Divot können Sie nur auf die Rückseite des Balls schlagen. Sie können nicht mit einem Sand-Wedge unter den Ball kommen, es sei denn, Sie wollen einen längeren Schlag spielen und das Divot noch vergrößern. Einen in einem Divot liegenden Ball schlagen Sie daher mit einem Putter heraus, weil er genau auf die Rückseite des Balls trifft. Machen Sie einen normalen Schwung, und setzen Sie das Handgelenk etwas mehr als normal ein. Sie werden überrascht sein, wie leicht der Ball herausspringt. Aus einem Divot zu putten ist manchmal leichter als aus einer guten Lage. Wenn Ihnen der Schlag für einen Putter zu lang vorkommt, dann rollen Sie ihn mit einem Eisen 5, 6 oder 7.

Wenn Sie fälschlicherweise den Sand-Wedge verwenden, ist der Schwung viel länger als mit einem der anderen Schläger. Außerdem kommen Sie nicht unter den Ball und laufen Gefahr, ihn zu toppen. Nehmen Sie den Sand-Wedge nur aus einer guten, weichen Lage, wenn Sie leicht unter den Ball kommen.

MERKE!
WENN MÖGLICH, GRUNDSÄTZLICH PUTTEN

Rollende Schläge und Punch-Schläge

Der einfachste Weg, sich dem Grün aus einer Entfernung von 40 bis 50 Metern zu nähern, ist ein Schlag mit dem Eisen 7, da dies ein Fehler verzeihender Schläger ist. Man kann einen Ball mit einem Eisen 7 manchmal fast völlig vermasseln, und er erreicht trotzdem noch sein Ziel. Wenn der Boden einigermaßen trocken und das Gras kurz geschnitten ist, machen Sie einfach einen Hockey-Schlag. Bei einer Entfernung von 30 bis 40 Schritt vom Grün greifen Sie den Schläger mit dem „reverse-overlap"-Putt-Griff, um die Handgelenke fest zu halten und den Schlag nicht zu lang zu spielen. Bei einem längeren Schlag gehen Sie zu Ihrem normalen Griff über.

Nehmen Sie einen breiten Stand ein. Der Ball wird aus der Mitte oder knapp links davon gespielt. Lehnen Sie sich leicht nach links. Der Rückschwung sollte sich sehr kurz anfühlen. Der rechte Arm beugt sich, aber die Handgelenke bleiben fest. Beim Durchschwung verlagern Sie das Gewicht mit dem Oberkörper nach links. Sie treffen erst den Ball, dann das Gras, und im Finish zeigt der Schläger in Richtung Ziel. Der Rückschwung muss sich immer viel kürzer anfühlen, als er aussieht. Machen Sie zwei oder drei Übungsschwünge, als müssten Sie unterhalb von Zweigen schwingen, um ein Gefühl für die Weite zu bekommen. Sobald Sie richtig schwingen, wird sich der Schläger ohnehin höher hinauf bewegen.

Um den Schlag zu erleichtern, drehen Sie die Füße und Knie in Richtung Ziel. Stellen Sie den rechten Fuß ein wenig nach innen und den linken nach außen, so dass beide Knie zum Ziel zeigen. Das hilft Ihnen, den Rückschwung zu verkürzen und auf der Linie zum Ziel durch den Ball zu schwingen.

Im Finish zeigt die Spitze der Schlagfläche nach oben. Der rechte Arm beugt sich beim Rückschwung, der linke beim Durchschwung. Der Oberkörper bewegt sich nach

vorne in Richtung Ziel, der linke Oberarm bleibt am Körper und streckt sich nicht nach außen. Stellen Sie sich den Schwung in Form einer umgedrehten Untertasse vor - niedrig im Rückschwung und niedrig im Durchschwung.
Am Ende des Schwungs beugt sich der linke Arm, aber das Handgelenk bleibt fest. Die Linie vom linken Ellbogen zum Schlägerkopf sollte fast eine Gerade sein. Bei dieser Bewegung gibt es keinen steifen linken Arm und keine nachgebenden Handgelenke. Halten Sie das Finish so lange, bis der Ball zu rollen aufhört.
Es wird Ihnen vorkommen, als würde der Schlägerkopf links vom Ziel enden. Vergessen Sie aber nicht, dass Körper und Schläger entlang der vorderen von zwei parallelen „Eisenbahnschienen“ ausgerichtet sind, während der Ball entlang der hinteren Schiene startet. Dies ist ein sehr nützlicher Schlag von festem Boden. Bei einem Wedge-Schlag ist schwer vorherzusagen, ob er nach der Landung stoppt oder rollt. Der hier beschriebene Schlag wird rollen. Er ist gut bei Wind, und er empfiehlt sich auch, um den Ball zwischen Bäumen hervor zu spielen. Halten Sie den Rückschwung immer so kurz, dass Sie das Gefühl haben, den Schlägerkopf beschleunigen zu können.
Bei einem zweistufigen Grün spielen Sie statt eines Pitch-Schlages lieber einen rollenden Ball. Ein mit einem Wedge auf die untere Stufe gespielter Ball rollt nicht hinauf auf die obere. Wenn Sie aber auf die obere Stufe spielen, rollt er leicht übers Grün hinaus. Ein rollender Ball, der kurz vor dem Grün landet, bahnt sich seinen Weg hinauf auf die obere Stufe.

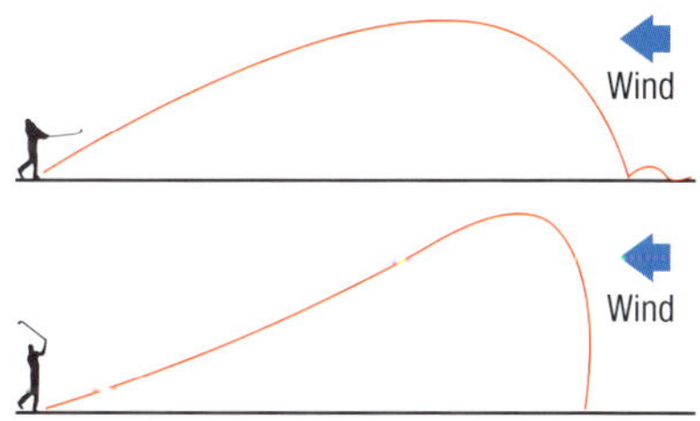

DER PUNCH-SCHLAG
Mit einem Punch-Schlag soll der Ball nach vorne „getrieben" werden. Er ist sehr nützlich bei Gegenwind (siehe oben).

SO WIRD DER SCHLAG GESPIELT
Für diesen Schlag kann man vom Eisen 3 bis zum Pitching-Wedge jeden Schläger verwenden. Der Ball wird im Verhältnis zum Stand von weiter hinten gespielt, die Schlagfläche ist square, und die Hände sind vor dem Ball. Machen Sie einen festen Rückschwung und einen kurzen, punchartigen Durchschwung.

MERKE!
KURZER RÜCKSCHWUNG

Längere Pitch-Schläge

Aus Entfernungen von 30 bis 90 Meter ist der rollende Ball der Schlag der Wahl. Er ist wirklich einfach zu kontrollieren, und viele Frauen sind überrascht, wie weit sie einen Ball mit ihrem Eisen 7 spielen können. Doch wenn Sie das Grün noch nicht erreicht haben und ein Hindernis vor Ihnen liegt, ist ein höherer Schlag mit einem Eisen 9, einem Pitching-Wedge oder einem Sand-Wedge erforderlich. Die Technik ist die gleiche wie beim rollenden Schlag. Erlernen Sie den Schlag zuerst mit einem Pitching-Wedge.

DER LANGE PITCH
Beim langen Pitch (unten) verringern Sie den Rückschwung, damit Sie den Schläger durch den Ball hindurch bis zu einem kontrollierten Finish beschleunigen können. Die Handgelenke müssen im Durchschwung fest bleiben.

Der Pitching-Wedge steht aufrechter auf dem Boden als das Eisen 7, so dass der Schwung automatisch steiler wird. Er erfolgt mehr nach oben, unten, oben, als dass er weit und flach ist.

Nehmen Sie einen breiten Stand ein, drehen Sie den linken Fuß ein wenig nach außen und den rechten nach innen. Spüren Sie, dass der Rückschwung kurz ist und die Handgelenke fest bleiben. Genau wie beim rollenden Schlag fliegt der Ball viel weiter, als Sie denken. Der Rückschwung soll nicht über Schulterhöhe hinausgehen und das Abwinkeln der Handgelenke auf ein Minimum beschränkt bleiben.

Treffen Sie zuerst den Ball, und schlagen Sie dann ein Divot aus dem Boden.

Im Finish verlagert sich das Gewicht auf die linke Seite. Die Schlägerspitze zeigt nach oben. Die Linie vom Ellbogen zum Schlägerkopf ist beinahe eine Gerade. Der linke Arm beugt sich, das Handgelenk bleibt fest. Am Ende des Schwungs bewegt sich der Kopf nach links in Richtung Ziel, aber die Augen sind so lange wie möglich nach unten gerichtet.

EXPERTENTIPP
Der Schlag kann mit einem Eisen 9, einem Pitching-Wedge oder Sand-Wedge gespielt werden, je nachdem, welche Länge Sie erzielen wollen. Mit dem Eisen 9 fliegt der Ball weiter als mit dem Sand-Wedge. In jedem Fall sollten Sie auf die Neigung des Schlägers vertrauen und nicht versuchen, dem Ball in die Luft zu verhelfen.

LANGE UND FORTGESCHRITTENE PITCH-SCHLÄGE

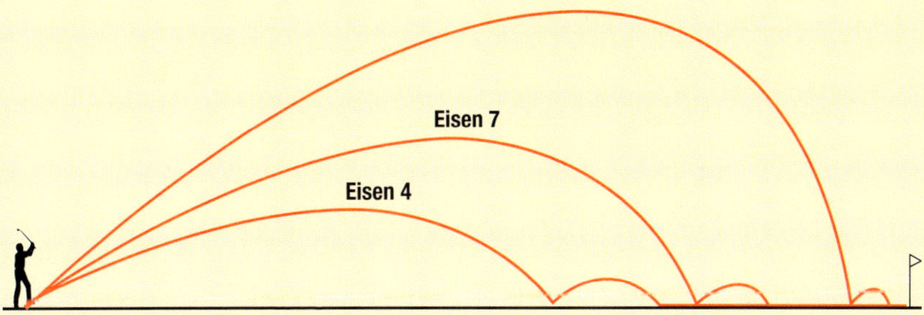

ANGLEICHUNG DES SCHLAGES
Wenn man für den längeren Pitch-Schlag ein Eisen 4 oder 7 benutzt, kann man weitere, punchartigere Bälle spielen als mit einem Pitching-Wedge.

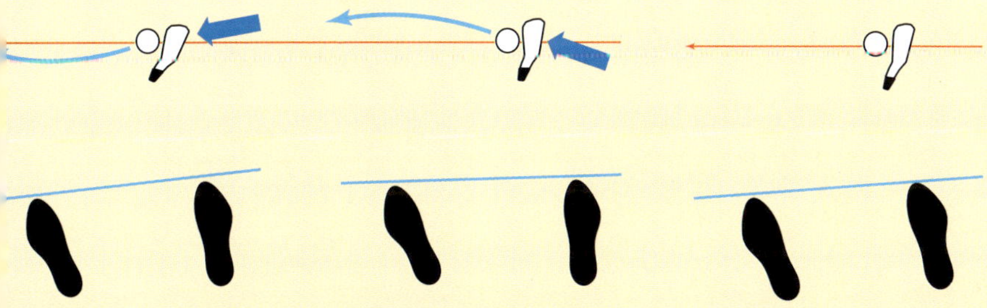

DER CUT-SCHLAG
Um dem Ball Schnitt zu geben (oben), öffnen Sie die Schlagfläche beim Ansprechen ein wenig und richten die Füße nach links aus.

DER DRAW
Für einen Draw schließen Sie die Schlagfläche deutlich und schwingen auf einer Innenbahn durch den Ball.

DER STAND
Bei langen Pitch- und Punch-Schlägen wird der Ball von weiter hinten gespielt. Richten Sie die Füße nach links aus, bis der Schlag auf der Linie erfolgt.

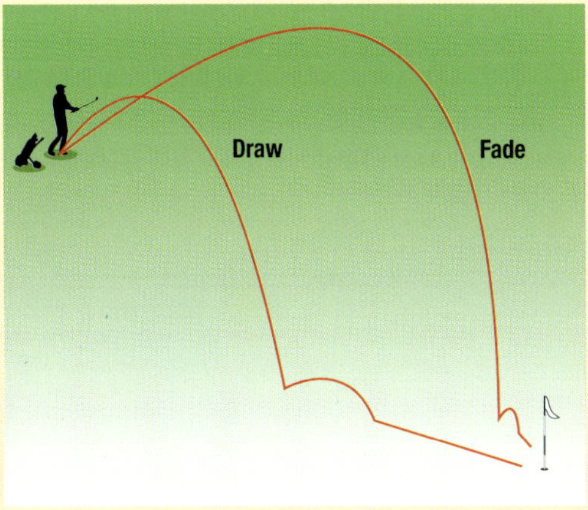

FADE UND DRAW
Mit etwas Übung werden Sie lernen, Ihre langen Pitch-Schläge als Fade oder Draw zu spielen, was vor allem bei Seitenwind sehr nützlich ist.

MERKE!
FESTES, PUNCH-ARTIGES FINISH

Das Herausschlagen eines Divot

Der rollende Schlag mit einem Eisen 7 ist Fehler verzeihender und einfacher als ein Pitch-Schlag. Wenn Sie den Ball nicht hundertprozentig genau treffen, fliegt er trotzdem noch über die erhoffte Distanz. Bei einem längeren Pitch-Schlag mit einem Wedge fliegt er zu flach und landet genau in dem Teich oder Bunker, über den Sie hinwegspielen wollten, oder er rollt einfach zu weit. Der Schlüssel zu guten Pitch-Schlägen ist, zuerst den Ball zu treffen und dann ein Divot aus dem Boden zu schlagen. Das bedeutet, dass man den Ball noch im Abschwung treffen muss, so dass er nach oben in die Luft gezwungen wird.

Um ein Divot aus dem Boden herausschlagen zu können, muss man den Oberkörper während des Durchschwungs und über den Treffmoment hinaus in Richtung Ziel bewegen. Die Abbildungen auf diesen Seiten zeigen die Technik mit einem Eisen 7. Das bedeutet nicht: Kopf ruhig, Hüften nach vorne. Korrekt ist es, Oberkörper und Kopf in Richtung Ziel zu bewegen. Lernen Sie, beim Schlag mit dem Eisen 7 ein kleines Divot aus dem Boden zu schlagen. Wenn Ihnen das nicht gelingt, ist der Schlag immer noch gut, aber so trainieren Sie bereits die korrekte Bewegung.

Beim Spiel mit dem Wedge müssen Sie ein Gefühl für den Ball-Divot-Kontakt bekommen. Denken Sie, dass sich Ihr Kopf zu Beginn gegenüber dem Ball befindet, im Finish gegenüber dem linken Fuß. Der Oberkörper bewegt sich nach vorne in Richtung Ziel, und diese Bewegung entspricht dem Herausschlagen des Divot. Lassen Sie die Augen unten, und zählen Sie bis drei, bevor Sie aufblicken.

Vielen Frauen bereitet das Gefühl, ein Divot aus dem Boden zu schlagen, Unbehagen - teilweise aus Angst, sich zu verletzen, teilweise aus der Idee heraus, etwas Unstatthaftes zu tun. Männer haben damit normalerweise kein Problem. Wenn es Ihnen nicht gefällt, das Fairway zu beschädigen, sollten Sie den Schlag im Unkraut trainieren. Allen Ernstes - Gras ist etwas Gutes, Unkraut etwas Schlechtes. Schlagen Sie es weg, und bewegen Sie den Kopf dabei nach links.

Um ein Divot aus dem Boden zu schlagen, müssen Sie nach unten schlagen und unter den Ball kommen. Die rechte Schulter bleibt oben und nicht unten und soll sich durch den Ball und herum und nicht nach unten bewegen. Spielen Sie den Ball links von der Mitte des Standes, und verlagern Sie das Gewicht mit dem Oberkörper nach links. Graben Sie den Schläger nicht einfach in den Boden ein, sondern lassen Sie ihn hindurchgleiten und auf der anderen Seite wieder heraus.

DER TREFFMOMENT
Nicht vergessen: Erst den Ball treffen und dann ein Divot herausschlagen. Graben Sie den Schlägerkopf nicht in den Boden ein, sondern achten Sie darauf, dass er hindurchgleitet und auf der anderen Seite des Divot wieder herauskommt.

DAS SPIELEN GUTER PITCH-SCHLÄGE
Wenn Sie bei einem Pitch-Schlag ein Divot aus dem Boden schlagen, bedeutet das, dass Sie den Ball erfolgreich im Abschwung treffen und ihn von der Schlagfläche ab und in die Luft zwingen. Das deutet auf einen effizienten, gut ausgeführten Schlag hin, der normalerweise auch an der gewünschten Stelle landet.

MERKE!
ERST DER BALL, DANN EIN DIVOT

Die Verkürzung des Pitch-Schlages

Üben Sie lange Pitch-Schläge mit dem Schläger, mit dem Sie sich am wohlsten fühlen. Mit einem Pitching-Wedge erzielen Sie 40 bis 80 Meter Weite. Als Erstes müssen Sie einen guten Ballkontakt erlernen. Danach passen Sie Ihren Schwung der unterschiedlichen Länge Ihrer Schläge an. Die Schwierigkeit sind unangenehm kurze Schläge.

Eine Club-Golferin macht bei kurzen Schlägen normalerweise einen langen Rückschwung und verlangsamt dann ihr Tempo. Korrekt wäre es jedoch, den Rückschwung so kurz zu halten, dass sie den Schlag noch beschleunigen kann.
Greifen Sie den Schläger etwas kürzer, reduzieren Sie die Länge des Rückschwungs, und beschleunigen Sie den Durchschwung in ein punchartiges Finish.
Versuchen Sie, einen Golfball aus den Unterarmen heraus 30 oder 40 Meter weit zu werfen. Das ist ziemlich weit - das gleiche Gefühl sollten Sie bei einem Pitch-Schlag haben. Wenn Sie einen noch kürzeren Ball spielen wollen, halten Sie den Schläger richtig fest und konzentrieren sich auf die Schlagfläche. Lernen Sie, den Schlägerkopf mit nach oben gerichteter Schlagfläche durch den Ball zu schwingen. Das bedeutet, dass der linke Handrücken oben und das linke Handgelenk richtig fest bleiben. Machen Sie zwei oder drei Übungsschwünge, beobachten Sie die Schlagfläche, und lernen Sie, sie nach oben zu halten. So geben die Pros ihren Bällen Rückwärtsdrall. Anstatt den Schläger mit der Spitze nach oben zu schwingen, wodurch der Ball mehr Weite er-

hält und vielleicht rollt, schwingen sie die Schlagfläche in eine nach oben gerichtete Stellung, so dass er nach der Landung schnell stoppt.
Um den Schlag noch weiter zu verkürzen, nehmen Sie Ihren Sand-Wedge. Greifen Sie ihn fest, und wechseln Sie schließlich sogar zu Ihrem Putt-Griff über, um eine noch bessere Kontrolle über den Schlag zu haben. Je kürzer der Schlag ist, desto fester müssen Sie den Schläger halten.

VERKÜRZEN FÜR RECOVERY-SCHLÄGE
Wenn Sie in einer schwierigen Lage liegen, verkürzen Sie den Pitch-Schlag und folgen der goldenen Regel, einen Recovery-Schlag auf dem kürzesten Weg zurück zum Fairway zu spielen.

EXPERTENTIPP
Üben Sie Schläge verschiedener Längen. Spielen Sie zu Zielen in vielleicht 20, 40 und 60 Meter Abstand, und versuchen Sie, ein Gefühl für die unterschiedlichen Längen zu bekommen. Der Schlüssel ist, den Rückschwung zu verkürzen, den Schläger fest zu greifen und durch den Ball hindurch zu beschleunigen, und zwar mit einem Ball-Divot-Kontakt. Der Kopf kann sich nach links bewegen, aber die Augen bleiben auf die Stelle gerichtet, an der der Ball lag.

VERKÜRZUNG
Wenn Sie einen Pitch-Schlag verkürzen, müssen Sie spüren, wie Sie den Schlägerkopf nach einem kurzen Rückschwung in der Treffzone effektiv beschleunigen und den Ball hart schlagen. Sie sollten das Gefühl haben, als müssten Sie sich anstrengen, den Ball weit genug zu schlagen.

NACH ART DER PROS
Als fortgeschrittene Spielerin – wie hier Helen Alfredsson aus Schweden – schwingen Sie den Schlägerkopf mit nach oben gerichteter Schlagfläche, damit der Ball mehr Rückwärtsdrall und „Biss“ bekommt.

Pitch-Schläge für Fortgeschrittene

Dieses Kapitel ist für Spielerinnen mit niedrigem Handicap und angehende Champions. Unter bestimmten Bedingungen können auch noch andere und schwierigere Annäherungsschläge erforderlich sein. In den meisten Fällen geht es darum, den Bällen Drall zu geben.

Ein rollender Draw

Bei Wind von links nach rechts kann ein Schlag nützlich sein, der sich von rechts nach links dreht. Wenn Sie lernen, einen Schlag als Draw von rechts nach links zu spielen, der nach der Landung rollt, können Sie Ihren Bällen diesen Drall auch mit dem Driver und anderen langen Schlägern geben. Man muss den Ball auf einer Bahn von innen nach außen treffen und ihm Drall geben. Folgen Sie der auf Seite 136 beschriebenen Technik über den rollenden Schlag, und nehmen Sie ein Eisen 5, 6 oder 7. Verändern Sie nicht den Griff. Sprechen Sie den Ball zur Schlägerspitze hin an. Zu Beginn des Rückschwungs bleibt die Schlagfläche weiter zum Ziel gerichtet, also etwas nach unten gekippt anstatt nach oben. Im Treffmoment schlagen Sie von innen nach außen quer über die Rückseite des Balls und geben ihm Seitwärtsdrall. Die Schlagfläche bewegt sich während des Schlages buchstäblich von der Spitze zur Hacke und gibt dem Ball ein wenig Seitwärtsdrall. Sie dürfen nicht erwarten, dass er in einer starken Kurve von rechts nach links fliegt. Der Schlag ist vielleicht nur 50 bis 100 Meter weit.

PITCH-SCHLÄGE WIE EIN PRO

Mit zunehmender Spielstärke werden Sie lernen, ähnlich wie die Pros fast allen Ihren Schlägen Drall zu geben. Es ist anfänglich einfacher, einen Draw und Fade mit einem Driver vom Abschlag aus zu lernen (s. S. 164-165), aber mit viel Übung und Talent können Sie Draws, Fades und Cut-Schläge bald auch mit Ihren langen, mittleren und kurzen Eisen spielen.

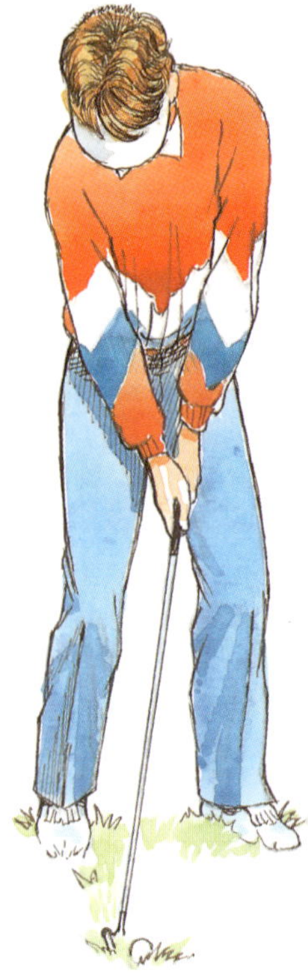

Ein Cut-Schlag, bei dem der Ball rollt

Bei Wind von rechts nach links können wir das Gegenteil tun und einen Schlag von links nach rechts spielen. In diesem Fall erhält der Ball eine höhere Flugbahn. Ein Eisen 5 oder 6 produziert die normale Höhe eines Punch-Schlages mit einem Eisen 7 oder 8. Sprechen Sie den Ball mit festem Griff und leicht geöffneter Schlagfläche an. Richten Sie die Füße ein wenig nach links vom Ziel aus, um dem Ball Rechtsdrall geben zu können. Machen Sie Ihren normalen Rückschwung für einen rollenden Schlag. Im Treffmoment führen Sie deutlich mit dem linken Handrücken, halten die Schlagfläche nach oben und lassen sie auch nach dem Treffmoment weiter zum Ziel gerichtet. Denken Sie nicht an einen Schwung von außen nach innen. Doch während des Schlages ziehen Sie die Schlagfläche leicht nach innen über den Ball, um ihm Slice-Spin zu geben. Der linke Ellbogen bewegt sich dabei quer über die linke Körperseite.

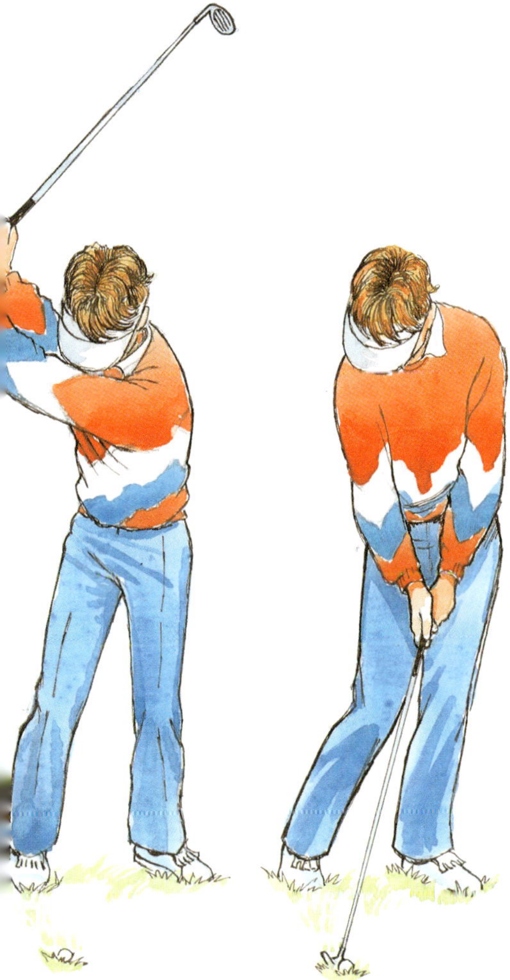

Ein Pitch-Schlag als Draw

Um einen Pitch-Schlag als Draw auf ein Grün in etwa 40 bis 90 Meter Entfernung zu spielen, folgen Sie der zuerst beschriebenen Technik mit einem Eisen 9 oder einem Pitching-Wedge. Achten Sie darauf, dass die Schlägerspitze im Durchschwung nach oben zeigt oder die Schlagfläche sogar ein wenig gekippt ist. Das erzeugt einen stark zielgerichteten Schlag, der den Ball bei Seitenwind hält oder ihn weiter befördert, wenn die Fahne ganz auf der Rückseite des Grüns platziert ist. Bei Seitenwind halten Sie die Schlagfläche Ihres Pitching-Wedge beim Ansprechen sehr geschlossen. Drehen Sie die Spitze deutlich nach innen, um dem Wind entgegen zu wirken.

Ein Pitch-Schlag als Fade

Einen Pitch-Schlag als Fade zu spielen, ist besonders nützlich, wenn der Ball Rückwärtsdrall bekommen und schnell stoppen soll. Halten Sie die Schlagfläche beim Ansprechen nicht geöffnet, weil der Ball sonst unerwünscht hoch fliegt. Erst kurz vor dem Treffmoment müssen Sie spüren, wie Sie die Schlagfläche quer über den Ball ziehen und ihm Seitwärtsdrall geben. Der linke Handrücken bleibt fest, der linke Ellbogen gleitet quer über den Körper, und die Schlagfläche ist auch über den Treffmoment hinaus weiter zum Ziel gerichtet. Im Treffmoment zeigt die Schlagfläche nach vorne, nicht nach oben und auch die Spitze nicht nach oben.

Der Cut-Schlag

Für einen hohen Cut-Schlag mit einem Sand-Wedge öffnen Sie die Schlagfläche. Die Ausrichtung ist square. Nehmen Sie einen breiten Stand ein, und beugen Sie die Knie. Dieser Schlag ist nur bei einer guten Lage möglich.

EXPERTENTIPP

Als Übung zur Öffnung der Schlagfläche nehmen Sie ein Eisen 7 aus einer Lage mit viel Gras. Öffnen Sie die Schlagfläche deutlich, beugen Sie die Knie, und halten Sie den Schläger so, dass das Schaftende zu Ihrem Nabel zeigt. Wenn Sie diese Haltung beherrschen, werden Ihnen Cut-Schläge und Bunker-Schläge mit dem Sand-Wedge keine Probleme mehr bereiten.

MERKE!
FÜHLEN SIE DIE SCHLAGFLÄCHE

Der fundamentale Bunker-Schlag

Erlernen Sie einen einfachen Bunker-Schlag von etwa zwölf bis 15 Schritt Länge aus einem Bunker neben dem Grün. Nehmen Sie dazu einen Sand-Wedge mit viel Loft (S. 126-127).

Beim Ansprechen ist die Schlagfläche square, der Stand ist breit, die Ballposition ein wenig links von der Mitte des Standes, und das Schaftende zeigt zu Ihrem Nabel. Die Hände sind nicht vor dem Ball. Halten Sie den Schläger weit oben, und greifen Sie ihn nicht weiter unten. Am wichtigsten ist, dass Sie eine Lücke von etwa sechs Zentimeter zwischen Schlagfläche und Ball lassen und die Augen auf diese Lücke im Sand hinter dem Ball richten. Machen Sie einen Dreiviertelrückschwung, und halten Sie den Schläger fest. Die ganze Idee hinter diesem Schlag ist, den Sand nach vorne aufs Grün zu schlagen.

Beim Schlagen bewegt sich der Oberkörper nach vorne in Richtung Ziel. Die meisten Golfer fallen bei dem Versuch, dem Ball in die Luft zu verhelfen, nach hinten und schlagen entweder in den Sand hinter dem Ball oder treffen ihn überhaupt nicht. Das korrekte Gefühl ist, den Sand nach vorne aufs Grün zu schlagen. Gemäß den Golfregeln dürfen Sie in einem Bunker keinen Übungsschwung vor dem Schlag machen und Sand herausschlagen. Aber beim Training sollten Sie Übungsschwünge machen, sich auf den Sand konzentrieren und versuchen, ihn nach vorne zu schlagen.

Üben Sie mit einem gelben Ball, und stellen Sie sich vor, er sei der Dotter eines Spiegeleis, und Sie würden das ganze Spiegelei aus dem Sand schlagen, ohne dass das Eigelb verläuft. So lernen Sie, sich auf den Sand zu konzentrieren und den Ball an die richtige Stelle zu befördern.

Um ein Gefühl für die Bewegung des Oberkörpers nach vorne in Richtung Ziel zu bekommen, machen Sie folgende Übung. Ziehen Sie sechs Zentimeter hinter dem Ball eine Linie in den Sand und eine weitere im Abstand von zwölf Zentimeter vor dem Ball. Halten Sie den Schläger über der Linie hinter dem Ball. Zu Anfang befindet sich Ihr Kopf gegenüber dieser Linie. Am Ende des Schwungs, wenn der Schläger Ball und Sand aufs Grün befördert hat, ist er gegenüber der zweiten Linie. Kopf und Körper bewegen sich nach vorne in Richtung Ziel, um den Sand nach vorne zu schlagen.

NEHMEN SIE AUS DEM BUNKER EINEN SAND-WEDGE
Beim Spiel mit dem Sand-Wedge aus einem Bunker sind die Hände niedrig, die Knie leicht gebeugt und die Füße ein wenig in den Sand eingegraben. Der Wedge darf den Sand vor dem Schlag nicht berühren.

TREFFEN SIE DEN SAND
Haben Sie keine Angst davor, viel Sand aus dem Bunker zu schlagen. Die ganze Idee hinter diesem Schlag ist, den Sand nach vorne aufs Grün zu schlagen, um einen guten Ballkontakt zu gewährleisten.

GEFÜHLVOLLE SCHLÄGE AUS DEM BUNKER
Ein guter Spieler kann mit ein wenig Handgelenkeinsatz flache Schläge aus dem Bunker aufs Grün spielen.

MERKE!
BLICKEN SIE AUF DEN SAND HINTER DEM BALL

Der fundamentale Bunker-Schlag (2)

Der Schlüssel zu erfolgreichen Schlägen aus einem Grünbunker ist, Sand herauszuschlagen, und dabei ist es wichtig, möglichst genau die richtige Menge davon zu erwischen. Wenn Sie auf den Kontakt bei einem Bunker-Schlag horchen, werden Sie feststellen, dass der Schläger nur den Sand trifft, nicht aber den Ball selbst.

Um den Schlag aus dem Sand so akkurat wie möglich zu spielen, halten Sie die Schultern beim Ansprechen gerade. Denken Sie an die goldene Regel, die rechte Schulter bei kurzen Schlägen oben zu halten. Mit einer solchen Schulterhaltung verläuft der Rückschwung nach oben und unten ohne Einsatz der Handgelenke. So ist es am einfachsten, den Schlägerkopf etwa sechs Zentimeter hinter dem Ball in den Sand gleiten zu lassen. Aber vergessen Sie trotzdem nicht, dass Sie den Sand nach vorne aufs Grün befördern und nicht nur hineinschlagen wollen.

Wenn Sie Probleme mit Ihrem Griff haben, sind sie bei Bunker-Schlägen am gravierendsten. Achten Sie darauf, dass die rechte Hand niemals unter den Schläger rutscht, als wollten Sie versuchen, den Ball nach oben zu befördern. Damit würden Sie die Schlagfläche nur schließen und die Höhe reduzieren.

Wie bei allen kurzen Schlägen sollte der Griff wirklich fest sein, damit der Schlägerkopf langsam schwingt. Versuchen Sie den „reverse-overlap"-Putt-Griff. Achten Sie darauf, die linke Hand weit auf die linke Seite zu drehen, so dass das Logo auf dem linken Handschuh nicht zu sehen ist. So wird die linke Hand fest und kann den Schlägerkopf langsam und mit nach oben gerichteter Schlagfläche durch den Ball und über den Treffmoment hinaus schwingen. Das nimmt auch die Geschwindigkeit aus unerwünschtem Handgelenkeinsatz.

Nicht vergessen: Lockere Handgelenke produzieren lange Schläge, und die sind in einem Bunker nicht gefragt. Ein steifes Handgelenk verhilft Ihnen zu kurzen Schlägen - genau das, was wir hier brauchen.

Schwingen Sie im Bunker langsam, damit der Schläger durch den Sand gleiten kann. Wenn Sie zu viel Geschwindigkeit erzeugen, verfängt sich der Schlägerkopf im Sand. Es ist ganz einfach, einen Bleistift langsam durch den Sand zu schieben. Wenn Sie aber eine Kugel in den Sand abfeuern, gräbt sie sich ein und stoppt. Bei einem langsamen Schwung gleitet der Schlägerkopf leichter durch den Sand als bei einer überhasteten, gehackten Bewegung. Um ein Gefühl für den bei einem Bunker-Schlag erforderlichen langsamen Schwung zu bekommen, nehmen Sie gleichzeitig drei Schläger - sagen wir ein Eisen 9, einen Pitching-Wedge und den Sand-Wedge. Halten Sie sie, so gut Sie können. Versuchen Sie nun, damit zu schwingen. Sie werden spüren, wie langsam Sie sie bewegen müssen, um überhaupt noch eine Art Kontrolle zu haben. Dieses Timing sollte auch Ihr Bunker-Schlag haben. Er muss sich geradezu lächerlich langsam anfühlen. Auch so wird er noch schneller sein, als Sie denken.

Üben Sie Bunker-Schläge aus einer guten Lage, um Selbstvertrauen zu bekommen und sich eine gute Technik anzueignen, bevor Sie es draußen auf dem Platz mit weniger Fehler verzeihenden Lagen zu tun haben.

BUNKERSPIEL EINER EXPERTIN
Karrie Webb aus Australien bei einem Bunker-Schlag während einer Rekord-Runde von 63 Schlägen in der British Women's Open in Sunningdale, England, 1997.

MERKE!
SCHLAGEN SIE DEN SAND NACH VORNE

Schwierige Bunker-Schläge

Leider sind unsere Bälle nicht immer in einer perfekten Lage, doch wenn Sie sich die fundamentale Technik aus einer guten Lage aneignen, werden Sie genügend Selbstvertrauen auch für schwierigere Schläge entwickeln.

Eingegrabener Ball

Ein eingegrabener Ball ist kein wirklich schwieriger Schlag. Die meisten Golfer schlagen bei kurzen Bunker-Schlägen zu hart. Aber diesen Ball können Sie gar nicht hart genug schlagen. Nehmen Sie einen breiten Stand ein, und halten Sie die Schlagfläche square oder ein wenig geschlossen. Lassen Sie eine Lücke von drei Zentimeter zwischen Schläger und Ball. Blicken Sie auf den Sand direkt hinter dem Ball, und schlagen Sie so hart wie möglich nach unten in den Sand und nach vorne. Der Durchschwung erfolgt so weit wie möglich, ohne dass Sie aufblicken.

UNTER DER BUNKERKANTE
Wenn Sie einen unter der Bunkerkante liegenden Ball spielen müssen, lehnen Sie sich in den Hang hinein. Konzentrieren Sie sich auf die Rückseite des Balls, und schlagen Sie fest hinein, um ihn in die Luft zu bekommen.

Ball in einem Fußabdruck

Ein Ball, der in einem Fußabdruck liegt, ist viel schwieriger zu spielen als ein eingegrabener Ball, denn wenn man ihn nicht richtig trifft, fliegt er oft viel zu weit. Sprechen Sie ihn mit square ausgerichteter Schlagfläche und der normalen Lücke von sechs Zentimeter zwischen Schläger und Ball an. Der Trick dabei ist, möglichst die rechte Schulter hoch zu halten, den linken Arm zu beugen und die rechte Seite zu strecken. So verläuft der Rückschwung nach oben und unten, und Sie schlagen an der richtigen Stelle in den Sand.

Ball unterhalb der Bunkerkante

Ein Ball unterhalb der Bunkerkante ist der leichteste aller Bunker-Schläge (s. S. 151). Der Hang nach oben fungiert als Abschussrampe und verhilft Ihrem Ball nach oben und hinaus. Ihr Abstand vom Ball muss ziemlich weit sein, der Stand völlig aufrecht. Der rechte Fuß steht fest auf dem Boden, um sich nach oben winden zu können. Das linke Bein darf Ihrem Schwung nicht in die Quere kommen. Halten Sie die Schlagfläche square. Blicken Sie einfach hinter den Ball, und schwingen Sie zurück und nach vorne in den Sand. Erwarten Sie keinen Durchschwung. Hacken Sie einfach hinein, so dass der Ball herausspringt. Halten Sie Kopf und Augen absolut ruhig. Blicken Sie nicht dem Ball hinterher, sonst bekommen Sie das ganze Gesicht voller Sand.

STEILE BUNKERKANTE
Bei einer sehr steilen Bunkerkante müssen Sie sich vielleicht auf das linke Knie stützen, während der rechte Fuß im Sand steht. Greifen Sie den Schläger weiter unten, und verlagern Sie das Gewicht auf die linke Seite.

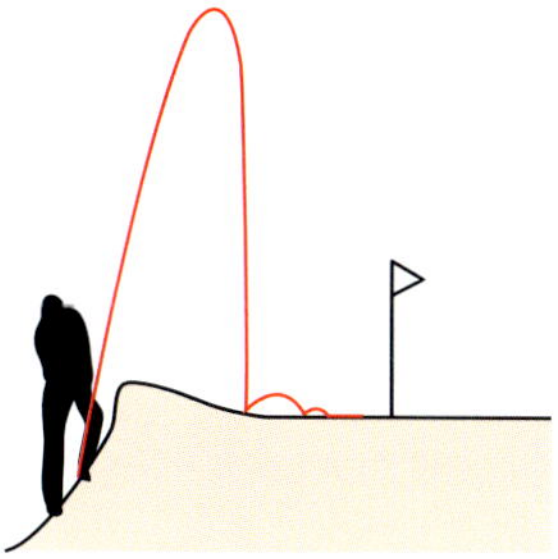

SCHLAGEN SIE RUHIG HART!
Es kommt nicht darauf an, wie hart Sie den Ball von einer steilen Kante schlagen, da er mehr oder minder senkrecht nach oben fliegt, hoffentlich oben auf der Kante landet und nach vorne springt.

Ball im Bunker, Stand außerhalb

Wenn Ihr Ball im Bunker liegt und Sie außerhalb stehen müssen, nehmen Sie einen sehr breiten Stand ein und schieben die Knie nach innen. Sprechen Sie den Ball mit der Schlägerspitze an, blicken Sie auf den Sand hinter dem Ball, und versuchen Sie, Ihren normalen Bunker-Schlag zu spielen.

Gefrorener oder sehr kompakter Sand

Spielen Sie den Ball mit square ausgerichteter Schlagfläche aus dem **Gras.** Greifen Sie Ihren Sand-Wedge mit dem Putt-Griff, blicken Sie auf den Ball selbst, und machen Sie einen sehr kleinen, langsamen Schwung, wobei der Kontakt genau an der Stelle erfolgt, an der der Ball liegt. Halten Sie den Schläger fest, und achten Sie auf eine feste, langsame Bewegung.

Putten aus einem Bunker

Blicken Sie auf den Ball selbst, nicht auf den Sand, und schlagen Sie ihn möglichst sauber von der Sandoberfläche. Beobachten Sie den Ball genau. Sie sollten sich eine Reißzwecke in der Rückseite des Balls vorstellen und einen perfekt horizontalen Schlag spielen, ohne über den Sand zu scheuern.

MERKE!
WÄHLEN SIE DEN EINFACHSTEN WEG AUS EINEM BUNKER

Bunker - Die Öffnung der Schlagfläche

Wenn Sie ein Sandeisen mit einem Loft von 60 bis 64 Grad verwenden und die Schlagfläche square ausrichten, kommen Sie aus jedem Bunker heraus, aus dem Sie hinausblicken können. Das Ziel eines jeden Club-Golfers sollte es sein, den Ball jedes Mal aufs Grün zu bekommen, ohne allzu ehrgeizig zu sein. Als fortgeschrittener Spieler können Sie dann die Schlagfläche öffnen, um mehr Höhe und Rückwärtsdrall zu erzielen. Doch diesen Schlag sollten Sie nur bei einer guten Lage in einem sauber geharkten Bunker versuchen.

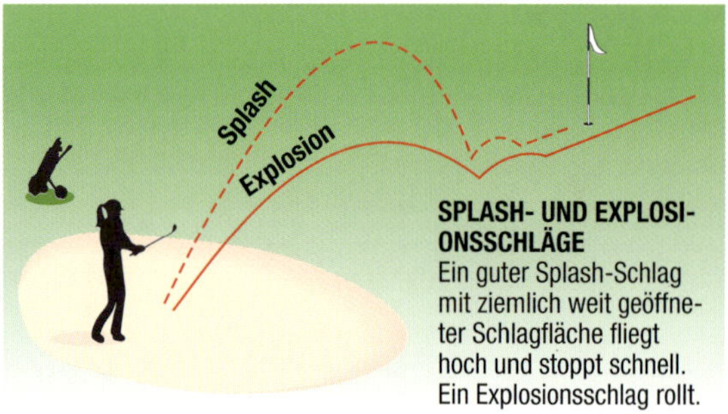

SPLASH- UND EXPLOSIONSSCHLÄGE
Ein guter Splash-Schlag mit ziemlich weit geöffneter Schlagfläche fliegt hoch und stoppt schnell. Ein Explosionsschlag rollt.

Um ein Gefühl dafür zu bekommen, wie die Schlagfläche richtig zu öffnen ist, drehen Sie die Schlägerspitze sehr wenig nach außen, also um vielleicht einen Zentimeter. Machen Sie nun ein paar Übungsschwünge im Sand (oder auf dem Gras), und fühlen Sie, wie der Sand-Wedge abprallt. Um einen guten Bunker-Schlag mit geöffneter Schlagfläche zu spielen, müssen Sie spüren, wie der Schläger vom Sand abprallt. Nur so erzielen Sie Höhe und Rückwärtsdrall.

Beim Ansprechen drehen Sie die Schlagfläche ein wenig nach außen und greifen dann den Schläger richtig. Beim Drehen der Schlagfläche achten Sie darauf, dass der Ball an der Schlägerspitze bleibt. Wahrscheinlich liegt er gar nicht so nah an der Spitze, wie Sie denken. Öffnen Sie zuerst die Schlagfläche, und greifen Sie dann erst den Schläger richtig. Der ovale Teil Ihres Griffs wird sich in Ihren Fingern merkwürdig anfühlen. Denken Sie an die beiden goldenen Regeln des kurzen Spiels: Erstens zeigt der Schaft zu Ihrem Nabel, und zweitens müssen Sie die rechte Schulter oben lassen.

Während des Schlages konzentrieren Sie sich auf das Abprallen der Schlagfläche im Sand und blicken immer noch sechs Zentimeter hinter den Ball. Wenn der Schlägerkopf im Sand abprallt, bleibt die Schlagfläche geöffnet und auch nach dem Treffmoment noch nach oben gerichtet. Der linke Arm kann sich zur Seite abwinkeln, der linke Ellbogen gleitet quer über Ihren Körper, der linke Handrücken und die Schlagfläche sind nach oben gerichtet. Der Ball sollte höher in die Luft fliegen und wahrscheinlich nach links abweichen. Machen Sie sich keine allzu großen Sorgen um die Richtung des Schlages. Zu Anfang wird er eineinhalb oder zwei Meter vom Ziel landen. Erst wenn Sie genügend Praxis mit diesem Schlag haben, sollten Sie sich Gedanken über die Richtung machen. Dafür müssen Sie im Bunker einen geöffneten Stand einnehmen. Das bedeutet, dass Sie die Füße etwas nach links drehen, damit der Ball in einer Kurve nach rechts fliegen kann. Er erhält dadurch auch etwas Seitwärtsdrall. Auch wenn Sie den Stand öffnen, muss das Schaftende immer noch zu Ihrem Nabel zeigen. Greifen Sie den Schläger bei diesem Schlag am Ende, nicht weiter unten. Der Stand ist breit, die Hände niedrig und die Knie gebeugt.

Zum Üben teen Sie den Ball hoch im Gras auf. Öffnen Sie die Schlagfläche, das Schaftende zeigt zu Ihrem Nabel, und die Knie sind gebeugt. Versuchen Sie, mit dem Schlägerkopf unter den Ball zu gleiten. Schlagen Sie das Tee aus dem Boden, und sehen Sie, wie der Ball auf den Boden fällt.

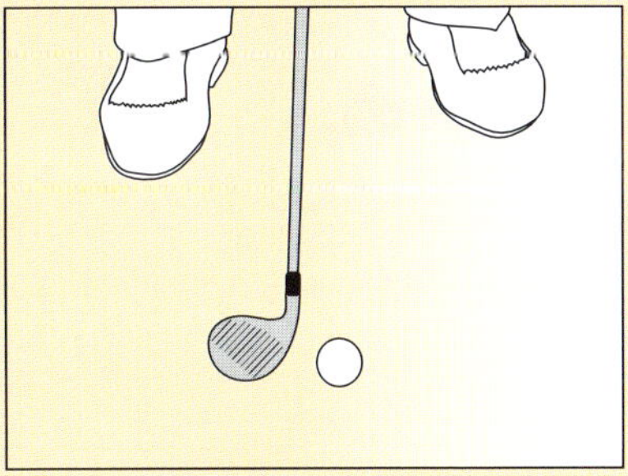

AUSRICHTUNG BEIM SPLASH-SCHLAG
Der Ball wird von weiter links gespielt, Schlagfläche und Stand sind offen.

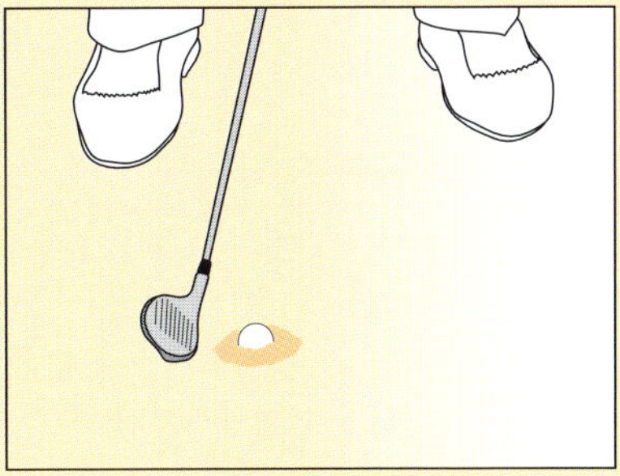

AUSRICHTUNG FÜR DEN EXPLOSIONS-SCHLAG
Die Schlagfläche ist square ausgerichtet, und der Ball wird im Verhältnis zum Stand von weiter hinten gespielt.

SO SPIELT MAN DEN EXPLOSIONSSCHLAG
Für diesen Schlag aus einer schlechten Lage richten Sie die Schlagfläche square aus und spielen den Ball von etwas weiter hinten. Blicken Sie drei Zentimeter hinter dem Ball in den Sand, und verlagern Sie im Durchschwung Ihr Gewicht auf das linke Bein.

MERKE!
LASSEN SIE DIE SCHLÄGERSOHLE VOM SAND ABPRALLEN

Variierung der Schlagweite

Um die Weite variieren zu können, muss man zunächst einmal den Schlag über eine bestimmte Entfernung beherrschen. Erlernen Sie einen fundamentalen Bunker-Schlag aus etwa zwölf Schritt Entfernung. Damit kommen Sie aus jedem Bunker rund ums Grün, und der Schlag ist so kurz, dass der Ball nicht über das ganze Grün hinweg rollt.

Für einen sehr kurzen Schlag von etwa acht Meter greifen Sie den Schläger sehr fest, blicken sechs Zentimeter hinter dem Ball in den Sand, drehen die Schlagfläche ein wenig nach außen, um zu spüren, wie die Sohle vom Boden abprallt, machen einen kurzen, langsamen Rückschwung und beschleunigen den Schlägerkopf gleichmäßig durch den Sand hindurch. Sie müssen den Ball richtig nach vorne aufs Grün schleudern.

Eine Flugbahn von 20 bis 25 Metern ist schwierig. Richten Sie die Schlagfläche square aus, und lassen Sie eine Lücke von drei Zentimeter zwischen Schläger und Ball (anstatt sechs Zentimeter). Blicken Sie näher zum Ball hin als bei einem normalen Bunker-Schlag. Machen Sie einen vollen, langsamen Schwung, und konzentrieren Sie sich darauf, erheblich weniger Sand aus dem Bunker zu schlagen als bei einer normalen „Spiegelei-Lage".

Für einen weiten Schlag aus dem Bunker müssen Sie die Lage richtig einschätzen. Wenn der Ball oben auf dem Sand sitzt, können Sie ihn wie einen normalen Fairway-Schlag spielen und ihn möglichst sauber treffen. Stehen Sie auf dem Sand, ohne die Füße einzugraben. Halten Sie den Schläger direkt an die Rückseite des Balls und so flach über dem Sand wie möglich - natürlich ohne ihn zu berühren. Blicken Sie den Ball etwas weiter oben an als bei einem normalen Fairway-Schlag, um sicher zu gehen, dass Sie ihn wirklich sauber treffen.

Wenn der Ball weit aus einem Bunker herausfliegen soll und im Sand etwas eingegraben ist, müssen Sie anders vorgehen. Diesmal muss der Kontakt so sein, als wollten Sie erst den Ball treffen und dann ein Divot herausschlagen. Aber jetzt liegt der Ball natürlich im Sand und nicht auf dem Gras. Spielen Sie ihn aus der Mitte des Standes, halten Sie die rechte Schulter oben und die Hände ein wenig vor dem Ball. So treffen Sie erst den Ball und dann den Sand. Wichtig ist, keinen Sand herauszuschlagen, bevor man den Ball getroffen hat, sonst verliert man Weite.

HAUPTSACHE HERAUS
Zunächst geht es nur darum, aus dem Bunker herauszukommen, wie Lisa Hackney hier zeigt. Danach können Sie sich Gedanken über die Länge Ihrer Schläge machen.

Bei einer guten Lage und einer niedrigen Bunkerkante oder gar keiner können Sie auch ein Holz 5 oder 7 nehmen. Halten Sie die Schlagfläche square und so nahe am Ball und Sand wie möglich, ohne einen von beiden zu berühren. Halten Sie die Hände nicht vor dem Ball, weil sich sonst die Vorderkante des Schlägers in den Sand gräbt. Richten Sie die Schlagfläche square aus, so dass die Sohle, wenn sie doch aus Versehen Sand hinter dem Ball erwischt, abprallt und einen guten Kontakt ermöglicht. Blicken Sie etwas höher als normal auf die Rückseite des Balls. So sorgen Sie für einen möglichst sauberen und sandfreien Schläger-Ball-Kontakt.

DAS SCHLAGEN ÜBER VERSCHIEDENE WEITEN

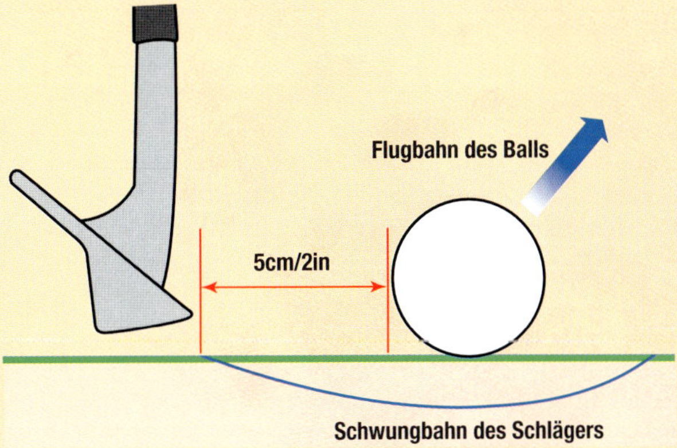

KURZE BUNKER-SCHLÄGE

Für eine Weite von etwa acht Meter verkürzen und verlangsamen Sie den Schwung. Blicken Sie sechs Zentimeter hinter dem Ball in den Sand, und berühren Sie diesen nicht mit dem Schlägerkopf.

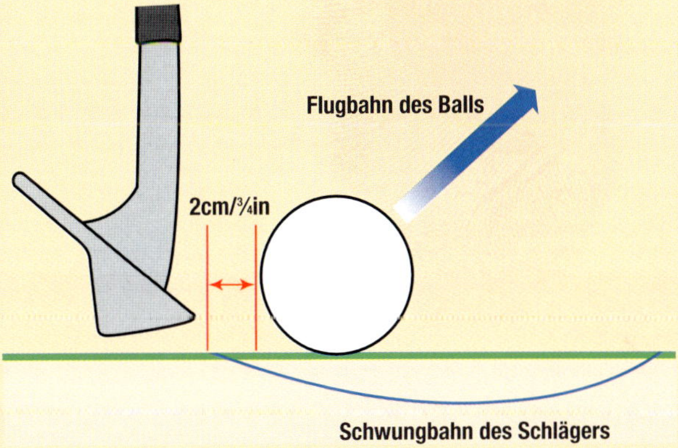

MITTLERE BUNKER-SCHLÄGE

Für eine Weite von etwa 20 bis 25 Meter spielen Sie einen Splash-Schlag mit square ausgerichteter statt geöffneter Schlagfläche. Blicken Sie ziemlich dicht hinter dem Ball in den Sand - etwa zwei Zentimeter -, und schlagen Sie weniger Sand heraus.

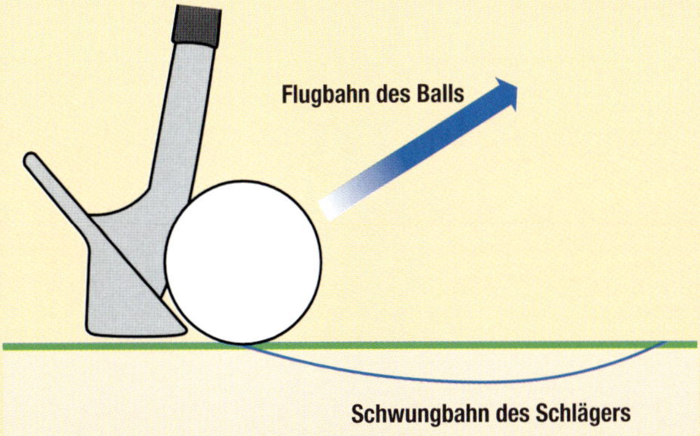

LANGE BUNKER-SCHLÄGE

Bei langen Bunker-Schlägen aus einer perfekten Lage konzentrieren Sie sich nur darauf, den Ball sauber zu treffen. Ist die Lage schlechter, treffen Sie erst den Ball und dann den Sand. Wählen Sie einen Schläger mit genügend Loft, um über jede Bunkerkante zu kommen.

MERKE!
WICHTIG IST DER KONTAKT

Schläge hangabwärts

Schläge hangabwärts sind immer schwierig. Das erste Problem besteht darin, dass der Boden im Weg ist, bevor Sie einen Ballkontakt herstellen können.

Wenn Sie Ihre normale Ansprechhaltung einnehmen, werden Sie wahrscheinlich erst in den Boden hinter dem Ball schlagen und diesen dann verfehlen. Bei jedem Schlag hangabwärts müssen die Schultern der Neigung des Hangs folgen. Dafür müssen Sie einen sehr breiten Stand einnehmen, Ihr ganzes Gewicht auf das linke Bein verlegen und die rechte Schulter so hoch wie möglich halten. Beim Schlag hangabwärts muss man den breitesten Stand überhaupt einnehmen. Halten Sie den rechten Fuß gerade nach vorne gerichtet, die rechte Schulter hoch. Der Schlägerschaft weist wiederum zum Nabel. Beim Schwung durch die Treffzone folgen Sie dem Hangverlauf nach unten. Im Finish liegt der Schlägerschaft auf der linken Schulter, und das ganze Gewicht ruht auf dem linken Bein. So ist ein absolut guter Ballkontakt möglich, ohne dass einem der Boden vor dem Schlag in die Quere kommt.

Das zweite Problem besteht darin, dass der Hang den Loft eines Schlägers reduziert. Wenn Sie ein Eisen 7 an einem steilen Hang verwenden, verhält es sich vielleicht wie ein Eisen 3. Nehmen Sie einen Schläger mit viel Loft, denn mit Ihren Eisen 3, 4 und 5 und Ihren Hölzern 3 und 5 bringen Sie den Ball nicht in die Luft. Bei einem guten Kontakt fliegt der Ball flacher und weiter als normal. Da er nach rechts abweicht, müssen Sie nach links zielen.

Ein Schlag hangabwärts rund ums Grün erfolgt nach dem gleichen Prinzip. Greifen Sie Ihren Sand-Wedge mit Ihrem Putt-Griff, um die Handgelenke zu festigen. Dre Stand ist wieder breit, der rechte Fuß steht gerade nach vorne, die rechte Schulter ist möglichst hoch und das ganze Gewicht auf das linke Bein verlagert. Machen Sie einen sehr kurzen, kontrollierten Schwung. Der Ball wird wahrscheinlich flacher und weiter fliegen, als Sie sich vorstellen. Mit dem Putt-Griff können Sie die Weite etwas zügeln. Wenn Sie aus dieser Lage über einen Bunker spielen müssen, konzentrieren Sie sich darauf, über den Treffmoment hinaus nach unten zu schlagen und Kopf und Augen unten zu halten. Der Ball wird nach der Landung rollen. Öffnen Sie aber nicht die Schlagfläche, um dem entgegen zu wirken.

Bei einem Chip-Schlag hangabwärts müssen Sie je nach Entfernung, die der Ball rollt, einen anderen Schläger benutzen - einen Sand-Wedge bis zum nächstliegenden Punkt, einen Pitching-Wedge bis zur Mitte des Grüns und ein Eisen 9 bis zum hinteren Ende des Grüns. Schwingen Sie kurz, fest und langsam.

Aus einer Lage hangabwärts nahe dem Grün nehmen Sie am besten den Putter.

KURZE SCHLÄGE HANGABWÄRTS
Bei einem kurzen Schlag hangabwärts fliegt der Ball niedriger als normal, so dass Sie einen Schläger mit viel Loft verwenden sollten - den Sand-Wedge. Gehen Sie davon aus, dass der Ball nach der Landung weiter als normal rollt.

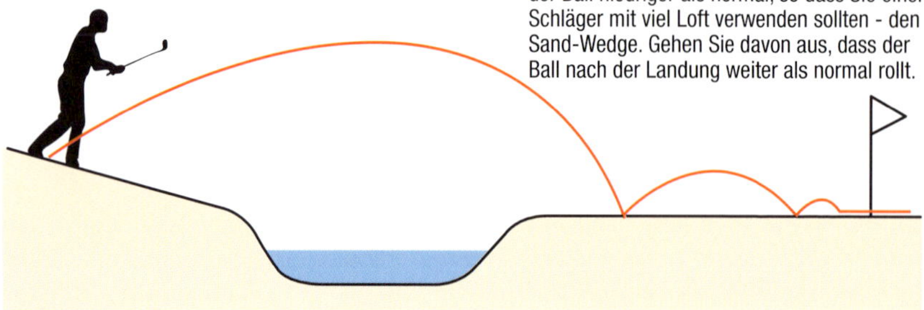

DIE TECHNIK DER SCHLÄGE HANGABWÄRTS
Spielen Sie den Ball von weiter hinten, öffnen Sie die Schlagfläche, und halten Sie die rechte Schulter hoch. Nehmen Sie einen breiten Stand ein.

REDUZIERUNG DES LOFT
Ein Hang nach unten reduziert den effektiven Loft eines Schlägers. Er verwandelt ein Eisen 6 in ein Eisen 4, so dass lange Eisen und Fairway-Hölzer sehr schwierig zu spielen sind.

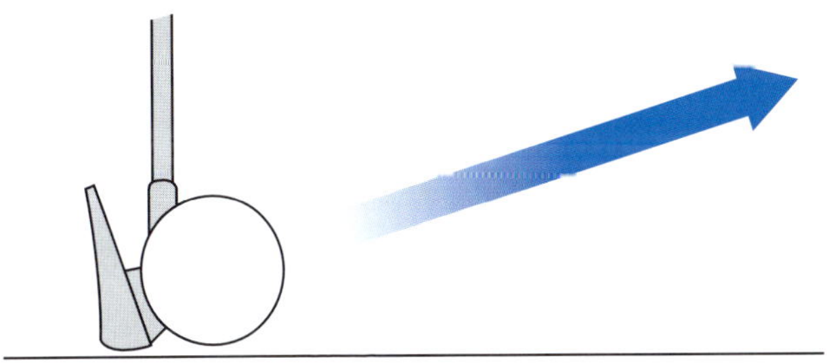

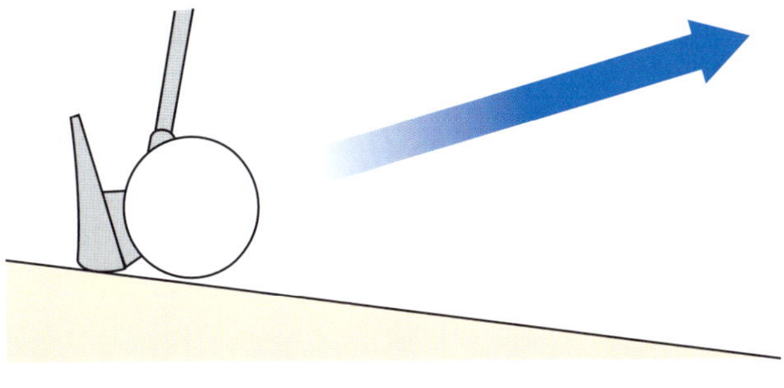

MERKE!
BREITER STAND, SCHULTERN FOLGEN DEM HANG

Schläge hangaufwärts

Schläge hangaufwärts sind normalerweise viel einfacher zu spielen als hangabwärts. Diesmal ist Ihnen der Boden erst im Weg, nachdem Sie den Ball bereits geschlagen haben. Ein Schlag hangabwärts hält den Ball flach und ist gewöhnlich schwieriger. Bei einem Hang nach oben fliegt der Ball normalerweise leicht in die Luft. Bei einer Lage hangabwärts gibt es nur eine Art, den Schlag zu spielen - indem man sich vom Hang weg lehnt. Bei einer Lage hangaufwärts gibt es zwei Methoden, den Ball zu spielen.

Die erste Methode besteht darin, nach dem gleichen Prinzip vorzugehen wie beim Schlag hangabwärts. Lehnen Sie sich vom Hang weg, und lassen Sie die Schultern der Neigung folgen. Stellen Sie die Füße normal breit auseinander, vielleicht ein bisschen breiter als normal. Versuchen Sie einen Übungsschwung aus dieser Lage. Sie werden feststellen, dass ein Großteil Ihres Gewichts auf dem rechten Bein ruht. Am Ende des Schwungs wird sich Ihr ganzes Gewicht auf den rechten Fuß verlagert haben. Wenn

LANGE SCHLÄGE MIT DEM HOLZ
Für lange Schläge hangaufwärts mit einem Holz lehnen Sie sich vom Hang weg und schwingen nach unten und oben (links).

EISEN-SCHLÄGE
Für einen Schlag hangaufwärts mit dem Eisen lehnen Sie sich in den Hang und halten das Gewicht die ganze Zeit auf dem linken Bein. Gehen Sie im Treffmoment mit dem Körper nach links (rechts).

Sie den Schlag so angehen, spielen Sie den Ball etwas links von der Mitte, schwingen den Hang nach unten und hinauf durch den Ball und über den Treffmoment hinaus nach oben. Der Ball wird hoch in die Luft fliegen und nach links abweichen. Zielen Sie nach rechts, um dem entgegen zu wirken.

Die zweite Methode besteht darin, einen engen Stand einzunehmen, bei dem die Füße nicht mehr als 15 Zentimeter auseinander stehen. Beim Durchschwung zwingen Sie das Gewicht auf das linke Bein und achten darauf, dass sich der rechte Fuß wirklich auf die Zehenspitze stellen kann. Der Stand muss dafür unbequem eng sein. Wenn Sie sich mit dieser Methode anfreunden können, wird der Ball wahrscheinlich etwas höher fliegen, aber ziemlich gerade. Bei einem sehr steilen Hang ist Ihnen diese Methode vielleicht nicht möglich, weil sich der Schläger nach dem Treffmoment unweigerlich in den Boden gräbt. Versuchen Sie beide Methoden, und finden Sie heraus, welche Ihnen mehr liegt. Bei jedem Schlag hangaufwärts sollten Sie erst einen Übungsschwung machen. Wenn er mit der einen Methode nicht möglich ist, gehen Sie zur anderen über. Ganz gleich, welchen Schlag Sie spielen - nehmen Sie immer genügend Schläger, um die zusätzliche Höhe einzukalkulieren.

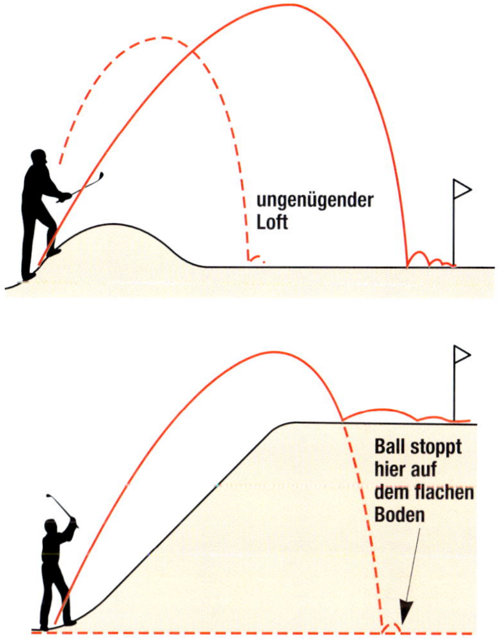

EIN PITCH-SCHLAG HANGAUFWÄRTS
Bei einem Pitch-Schlag hangaufwärts rund ums Grün fliegt der Ball sehr hoch nach oben. Der Hang verstärkt den Loft des Schlägers. Verwenden Sie daher keinen Schläger mit zu viel Loft, sonst rollt der Ball nach der Landung nicht weit genug. Grundsätzlich sollten Sie bei Schlägen hangaufwärts genügend Schläger nehmen, um die zusätzliche Höhe auszugleichen.

Wenn Sie einen Ball in der Nähe des Grüns hangaufwärts pitchen, müssen Sie daran denken, dass er wahrscheinlich viel höher fliegt, als Sie gerechnet haben, und längst nicht so weit. Der häufigste Fehler ist, einen zwar guten, aber zu kurzen Schlag zu spielen. Bei einem Schlag hangaufwärts in der Nähe des Grüns nehmen Sie einen engen Stand ein und folgen über den Treffmoment hinaus der Neigung des Hangs. Nehmen Sie keinen Sand-Wedge, es sei denn, Sie planen einen besonders hohen und kurzen Schlag. Verwenden Sie lieber einen Pitching-Wedge oder ein Eisen 9, um die erwünschte Flugbahn zu erreichen und den Ball außerdem nach vorne zu bringen.

Bei einem langen Schlag hangaufwärts dürfen Sie nicht vergessen, dass die Flugbahn des Balls durch den Hang frühzeitig beendet wird und er aufsetzt. Nehmen Sie ausreichend Schläger, und fügen Sie mental der Länge Ihres Schlages zehn oder 20 Meter hinzu, damit der Ball die zusätzliche Weite erzielt.

MERKE!
NEHMEN SIE EINEN ENGEN STAND EIN

... und in einem Bunker

Schläge hangaufwärts und hangabwärts können in einem Bunker sogar noch problematischer sein als bei einer Lage im Gras.

Der schwierigste Schlag hangabwärts ist der, wenn der Ball an der Rückseite eines Bunkers liegt. Wieder haben wir es mit zwei Problemen zu tun. Das erste besteht darin, einen guten Ballkontakt herzustellen, ohne in den Sand hinter dem Ball zu schlagen. Das zweite ist, dass der Schlag hangabwärts den Loft des Schlägers reduziert.

Sprechen Sie den Ball mit einem sehr breiten Stand an - viel breiter als bei jedem anderen Schlag. Halten Sie den rechten Fuß gerade nach vorne gerichtet, die Schultern folgen der Neigung des Hangs, wobei die rechte Schulter so hoch wie möglich sein sollte. Der linke Arm beugt sich leicht. Proben Sie den Rückschwung zwei- oder dreimal, aber achten Sie darauf, nicht versehentlich in den Sand hinter dem Ball zu schlagen. Halten Sie die linke Schulter unten und die rechte oben. Sie müssen spüren, dass Sie den Hang wirklich hinauf- und hinunterkommen können. Als sehr fortgeschrittener Spieler können Sie die Schlagfläche leicht öffnen, müssen aber den Ball an der Schlägerspitze halten. Lassen Sie eine Lücke von sechs Zentimeter zwischen Schläger und Ball wie bei einem normalen Splash-Schlag, und konzentrieren Sie sich darauf, Sand und Ball aus dem Bunker zu schlagen. Schwingen Sie nach dem Treffmoment noch weiter durch den Sand. Beim Ansprechen ist der Schlägerschaft direkt auf Sie gerichtet. Die Hände dürfen auf keinen Fall vor dem Ball sein, sonst verlieren Sie zu viel Loft. Das wirkliche Problem bei Bunker-Schlägen hangabwärts besteht jedoch darin, dass der Ball viel flacher fliegt als erwartet. Es ist schwierig, den Ball den Hang nach unten und dann wieder nach oben über die Bunkerkante zu spielen. Spielen Sie ihn seitlich hinaus, wenn die Kante dort niedriger ist, oder chippen Sie ihn sogar nach hinten. Wenn Sie es schaffen, den Ball nach oben und über die Bunkerkante zu bringen, müssen Sie damit rechnen, dass er rollt.

Als erfahrener Golfer können Sie die Schlagfläche öffnen und den Ball mit der rechten Hand aus dem Bunker löffeln, so dass der Schlägerschaft am Ende des Durchschwungs auf Ihrer Schulter landet. Öffnen Sie die Schlagfläche, halten Sie den Ball vom Schlägerhals fern und spielen ihn zur Spitze hin.

Bei Lagen hangaufwärts in einem Bunker ist der Standardschlag einfach. Wenn der Ball direkt unter der Kante liegt, gehen Sie den Schlag von oben an, knien sich auf das linke Knie und stellen den rechten Fuß in den Bunker. Sie schlagen einfach kräftig nach vorne in die Unterseite des Balls.

Ein Ball, der in einem Bunker nur ein wenig hangaufwärts liegt, kann problematisch sein. Ähnlich wie bei anderen Lagen hangaufwärts gibt es zwei Möglichkeiten. Die eine besteht darin, den Pitching-Wedge zu nehmen und den Ball aus dem Bunker zu chippen, wobei zuerst der Ball und dann der Sand vor dem Ball getroffen wird. Das erfordert einen langsamen, festen Schwung mit einem perfekten Ball-Sand-Kontakt. Wenn Sie versehentlich zuerst in den Sand schlagen und dann erst den Ball treffen, verlieren Sie Weite, und der Ball fliegt nicht einmal heraus. Trotzdem ist dies die sicherste Methode für Spieler mit hohem Handicap. Die zweite Möglichkeit besteht in einem Splash-Schlag, bei dem Sie den Ball zusammen mit dem Sand aus dem Bunker schlagen. Doch bei einem Hang nach oben gibt es keinen Sand hinter dem Ball, sondern nur Luft. Für einen Splash-Schlag lehnen Sie sich daher im rechten Winkel zum Hang nach außen, wobei die Schultern der Neigung des Hangs folgen. Sprechen Sie den Ball mit einer Lücke von sechs Zentimeter zwischen Schläger und Ball an, konzentrieren Sie sich auf den Sand und spielen den Splash-Schlag so normal wie möglich. Sie werden feststellen, dass das Gewicht auf Ihrem rechten Fuß bleibt.

MERKE!
EIN SCHLAG HANGABWÄRTS REDUZIERT DEN LOFT

SCHWIERIGE SCHLÄGE
Schwierige Bunker-Schläge sind wahrscheinlich die größte Herausforderung für den normalen Club-Golfer. Nur viel Übung kann Ihnen hier weiterhelfen - zusammen mit einer positiven Einstellung.

SCHWIERIGE LAGEN
Bei einer Lage hangabwärts aus einer Vertiefung im Bunker verlagern Sie das Gewicht übertrieben auf den linken Fuß. Halten Sie die rechte Schulter sehr hoch. Schwingen Sie den Schläger steil nach oben, und beugen Sie sogar den linken Arm ein wenig, um einen wirklich steilen Schlag nach unten zu ermöglichen.

Seitliche Hanglagen

Der Schlag von seitlichen Hanglagen, bei denen Sie oberhalb oder unterhalb des Balls stehen, kann sehr schwierig sein.

Wenn Sie oberhalb des Balls stehen, sind Sie automatisch näher am Ball und beugen sich weiter nach vorne. Um diesen Schlag gut zu spielen, muss man vor allem darauf achten, das Gleichgewicht nicht zu verlieren. Wenn überhaupt, dann können Sie sich vielleicht im Treffmoment ein wenig hangabwärts bewegen. Sprechen Sie den Ball in der Mitte der Schlagfläche an oder ein wenig zur Schlägerspitze hin, und achten Sie auf eine Ballposition in der Mitte des Standes. Im höchsten Punkt ist der Rückschwung steiler als normal. Gehen Sie nicht dagegen an.

Im Treffmoment ist ein gutes Gleichgewicht entscheidend. Sie dürfen nicht nach vorne fallen. Wahrscheinlich werden im Treffmoment beide Fersen noch auf dem Boden sein. Blicken Sie den Ball gut an, damit Sie ihn auch wirklich in der Mitte der Schlagfläche treffen. Um das Gleichgewicht nicht zu verlieren, wird Ihre Fußarbeit wahrscheinlich etwas eingeschränkt sein. Der Durchschwung erfolgt natürlich hoch, d.h., der Schläger schwingt bis über Ihre Schulter hinauf. Mit anderen Worten verläuft der ganze Schwung auf einer viel höheren und steileren Ebene als bei einem normalen Schwung.

Dieser höhere Rückschwung und die Hanglage bewirken, dass der Ball unweigerlich als Slice nach rechts fliegt. Er beschreibt nicht nur eine Kurve nach rechts in der Luft, sondern wird sich auch nach der Landung noch weiter nach rechts drehen. Außerdem ist es wahrscheinlich, dass der Ball auf Boden landet, der sich genauso nach unten neigt wie das Areal vorher, so dass er noch weiter nach rechts wegdreht. Die meisten Golfer zielen nicht weit genug nach links. Mit einem Holz 5 aus einer solchen Lage muss eine Spitzenspielerin mit einer Weite von etwa 160 Metern 45 bis 55 Meter nach links zielen, um den Slice des Balls zu kompensieren.

Bei einem Eisen-Schlag können Sie dem Hang entgegenwirken, indem Sie die Schlägerspitze beim Ansprechen nach innen drehen und versuchen, sie ihm Treffmoment etwas geschlossen zu halten.

WENN MAN OBERHALB DES BALLS STEHT
Wenn Sie einen Schlag aus einer seitlichen Hanglage spielen und oberhalb des Balls stehen, fliegt er von links nach rechts und dreht nach der Landung noch weiter nach rechts ab.

WENN SIE UNTERHALB DES BALLS STEHEN
Wenn Sie einen Ball aus einer seitlichen Hanglage spielen und unterhalb des Balls stehen, wird er von rechts nach links fliegen und nach der Landung weiter nach links abdrehen.

Seitliche Hanglagen - unterhalb des Balls
Wenn Sie unterhalb des Balls stehen, ist Ihr Abstand vom Ball automatisch größer. Falls Sie klein sind und der Hang steil ist, fühlt sich der Schläger erschreckend lang an. Greifen Sie ihn dann ein wenig weiter unten, ansonsten halten Sie ihn normal am Ende.

Bei einem solchen Stand verläuft der Schwung automatisch viel flacher um den Körper herum. Die Ebene des Schwungs sollte dem Schlägerschaft beim Ansprechen folgen. In diesem Fall ist der Schwung flach und rund.

Im Treffmoment ist das Gleichgewicht viel leichter zu halten als bei einem Stand oberhalb des Balls. Bleiben Sie fest auf beiden Füßen stehen, und beobachten Sie den Ball gut. Die Schlagfläche wird sich wahrscheinlich schließen, so dass der Ball unweigerlich nach links fliegt.

Der Durchschwung folgt dem Muster des gesamten Schwungs, d.h., er verläuft viel flacher und um den Körper herum.

Durch den flacheren, eher runden Schwung wird der Ball in einer Kurve nach links fliegen. Wenn Sie normalerweise zu einem Hook neigen, wird dieser Fehler durch diese Lage noch verstärkt. Zielen Sie also weit nach rechts, und kalkulieren Sie ein, dass der Ball auf einer flachen Bahn nach links abdreht.

Fortgeschrittene Golfer können dem Hang entgegenwirken, wenn Sie die Schlagfläche beim Ansprechen und im Treffmoment ein wenig öffnen und die rechte Hand weiter über dem Griff halten.

Bei einem kurzen Schlag von gleicher Hanglage neben dem Grün oder bei einem Ball auf einem solchen Hang in einem Bunker müssen Sie damit rechnen, dass er sehr weit nach links abdreht.

Warum Fades mit dem Driver?

Viele Golfer schlagen ihre Bälle mit den meisten ihrer Schläger einigermaßen gerade - außer mit dem Driver. Denken Sie daran: Loft reduziert den Seitwärtsdrall. Der reduzierte Loft eines Drivers führt häufig zu einem Slice. Der größere Loft eines Holzes 5 bewirkt einen viel geraderen Schlag. Ein Driver mit 12 Grad Neigung oder mehr wird bei den meisten Frauen den Slice jedoch auf ein Minimum beschränken.

Zugegeben, der Loft eines Drivers wirkt nicht gerade beruhigend. Wenn man nicht aufpasst, hält man die Schlagfläche nach oben und öffnet sie im Treffmoment bewusst oder unbewusst, um den Loft zu erhöhen. Ein Schläger mit zu wenig Loft wird diese Neigung noch verstärken.

Um dem Slice mit einem Driver entgegen zu wirken, teen Sie den Ball richtig hoch auf und stellen sich vor, der Ball läge auf einem seitlichen Hang oberhalb Ihrer Füße. Sehen Sie sich auf der vorigen Seite die Technik für diesen Schlag an.

Beim Spiel mit dem Driver ruht das Gewicht ein bisschen mehr auf den Fersen als bei einem Eisen. Behandeln Sie den Ball, als läge er oberhalb Ihrer Füße. Bei einer solchen Lage fliegt der Ball in der Flugbahn eines Draws oder Hooks nach links und nicht als Slice nach rechts.

Wenn Sie den Ball mit einem Driver hoch und nach rechts schlagen, ist das Schlimmste, was Sie tun können, ihn niedriger aufzuteen, denn das fördert eine Hackbewegung nach oben und unten.

Um einen Slice loszuwerden, muss die Schlagfläche zu Beginn nach unten zum Gras gerichtet sein und darf im Treffmoment und darüber hinaus nicht nach oben zum Himmel zeigen. Machen Sie einige Übungsschwünge, halten Sie den Schlägerkopf 25 oder 30 Zentimeter über dem Boden und spüren Sie, dass der Schwung rund ist und die Schlagfläche sich nach unten dreht.

RICHTIG AUFTEEN
Teen Sie den Ball beim Spiel mit dem Driver hoch auf, und verlagern Sie das Gewicht mehr auf die Fersen als bei einem Schlag mit den Eisen.

FORTGESCHRITTENER FADE MIT DEM DRIVER
Top-Pros, wie hier die Australierin Karrie Webb in Sunningdale, England, zielen nicht absichtlich weg von einem Hindernis, sondern spielen ihre Schläge als Fade oder Draw, um Hindernisse zu umgehen und trotzdem noch in einer optimalen Lage auf dem Fairway zu landen.

MERKE!
BALL HOCH AUFTEEN, AN SEITLICHE HANGLAGE DENKEN

Draws und Fades

Dies ist ein Kapitel für fortgeschrittene Spielerinnen, die einen geraden Ball beherrschen und lernen wollen, ihm eine Flugbahn von links nach rechts oder von rechts nach links zu geben.

Ein Drive als Draw

Wenn Sie Ihren Ball mit dem Driver von rechts nach links spielen können, erzielen Sie eine größere Weite. Der Ball springt nach der Landung noch nach vorne, während ein Drive mit einem Slice nicht genügend rollt. Für einen Draw müssen Sie den Ball so hoch wie möglich aufteen, so dass der Schwung wie bei einem Ball von einem seitlichen Hang eher eine runde Bewegung ist. Einen Ball, der oberhalb Ihrer Füße liegt, würden Sie ein wenig links von der Mitte des Standes spielen. Gehen Sie diesen Schlag hier genauso an. Halten Sie den Schlägerkopf beim Ansprechen über dem Boden, der Schlägerschaft zeigt zu Ihrem Nabel. Ändern Sie nicht den Griff. Der Ball soll in der Luft nicht mehr als fünf Meter von rechts nach links abweichen, so dass es nicht notwendig ist, mit dem Stand zu stark zu kompensieren. Im Treffmoment kann sich die Schlagfläche ein wenig nach unten drehen. Am Ende des Schwungs sind Ihre Ellbogen möglichst nahe beieinander. Der linke Ellbogen befindet sich unter dem rechten. Der Durchschwung kommt Ihnen vielleicht ein wenig eingeschränkt vor, ohne dass jedoch die Handgelenke nachgeben. So kann sich die Schlagfläche im Treffmoment und darüber hinaus nach vorne drehen. Wenn daraus ein Hook werden sollte, versuchen Sie, von unten nach oben zu schlagen und die Arme dabei zu drehen, wobei Sie aber dem Finish Höhe geben müssen.

Ein Drive als Fade

Auf einem schmalen Fairway mit Aus auf der linken Seite ist der korrekte Schlag für einen guten Spieler ein Fade von links nach rechts. Das ist kein besonders weiter, aber es ist ein kontrollierter Schlag, der nicht zu weit rollt. Gehen Sie genau gegenteilig wie beim Draw vor. Teen Sie den Ball niedriger auf, und stehen Sie aufrechter. Stellen Sie sich vor, Sie würden auf einem Hang ein wenig oberhalb des Balls stehen. Aus dieser Lage würde der Ball normalerweise nach rechts abweichen. Die Hände dürfen im Treffmoment nicht zu locker oder frei sein. Strecken Sie den rechten Daumen gerade die Oberseite des Schlägers hinab, und pressen Sie ihn fest.

Im Treffmoment bewegen sich die Hüften im Verhältnis zu den Händen ein wenig früher und schneller, d.h., die Hände sind etwas langsamer und fester. Damit bleibt die Schlagfläche sehr wenig geöffnet, so dass der Ball in einer Kurve von drei oder vier Meter von links nach rechts fliegen kann.

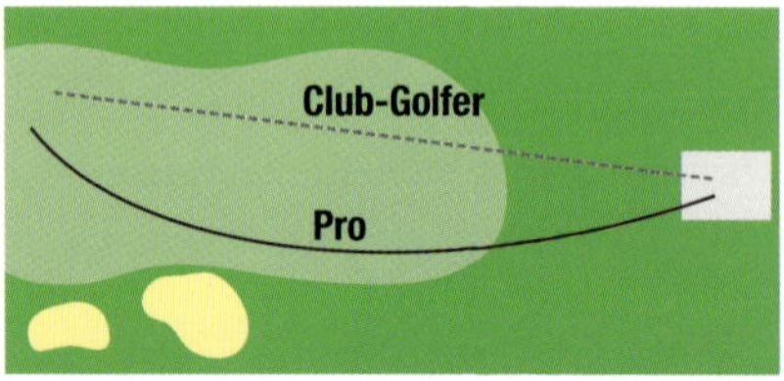

VERMEIDEN SIE HINDERNISSE

Bei einem Hindernis auf der linken Seite spielt der Pro gewöhnlich einen Fade, d.h., er zielt zunächst in Richtung des Hindernisses und lässt den Ball dann in die Gegenrichtung abweichen. Der Club-Golfer sollte gleich vom Hindernis weg zielen (siehe Diagramm oben).

Der Schlüssel ist die Gewichtsverteilung und das Gefühl, oberhalb des Balls zu stehen.

Ein Slice um einen Baum
Für einen Slice um einen Baum muss man den Griff ändern. Drehen Sie die linke Hand am Schaft weit nach links und die rechte ziemlich weit nach oben. Öffnen Sie die Schlagfläche beim Ansprechen ein wenig, und versuchen Sie, sie auch im Treffmoment offen zu halten. Zielen Sie weit nach links. Der Ball startet vielleicht sogar nach rechts, so dass Sie also in die Richtung zielen müssen, in die er starten soll. Er wird Höhe gewinnen und Weite verlieren. Das Gefühl beim Schwung sollte sein, als würden Sie nach oben und unten und von außen nach innen schwingen, mit einem schnellen Schlag und langsamen Händen.

Ein Hook um einen Baum
Um einen Ball um einen Baum zu hooken, benutzen Sie einen Schläger mit ziemlich gerader Schlagfläche, da der Loft den Seitwärtsdrall reduziert. Wenn Sie einen Schläger mit zu viel Loft nehmen, können Sie keinen Hook spielen. Zielen Sie nach rechts von Ihrem Hemmnis. Legen Sie die rechte Hand ziemlich weit unter den Schläger. Machen Sie zwei oder drei Übungsschwünge, und fühlen Sie, wie sich die Schlagfläche im Treffmoment nach unten dreht, so dass sie im Durchschwung nach unten zeigt. Lassen Sie den Ball rechts von Ihrem Hemmnis starten. Häufig startet er links von Ihrem Stand. Schwingen Sie flach und um den Körper herum durch den Ball.

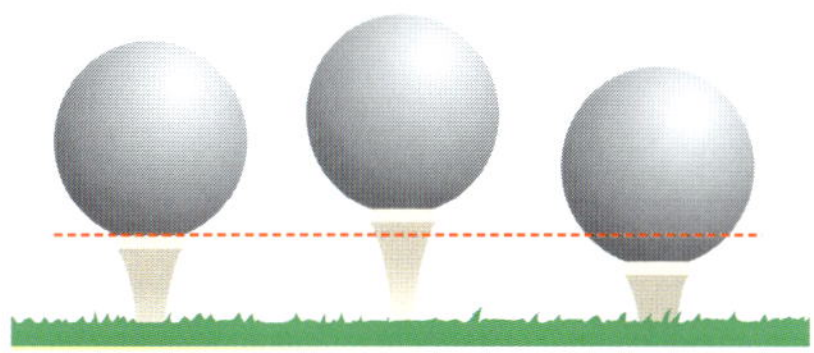

TEEN SIE IHREN BALL UNTERSCHIEDLICH HOCH AUF
Durch eine Änderung der Tee-Höhe können Sie Ihre Drives als Draw oder Fade spielen. Mehr Höhe hält den Ball links, weniger hält ihn rechts.

EIN HOOK UM EINEN BAUM
Für einen Hook um einen Baum oder ein anderes Hindernis herum zielen Sie mit Stand und Schwung nach rechts und richten die Schlagfläche nach links aus. Halten Sie den Schläger besonders fest, und schwingen Sie flach und um den Körper herum. Es ist normalerweise einfacher, den Ball als Hook als als Slice zu spielen.

EIN SLICE UM EINEN BAUM
Wenn Sie einen Ball als Slice um einen Baum spielen wollen, richten Sie Stand und Schwung nach links aus, öffnen die Schlagfläche und halten den Schläger mit der rechten Hand fester als normal. Der Ball wird höher fliegen, so dass Sie sich von Zweigen fern halten müssen.

MERKE!
FÜHLEN SIE DIE SCHLAGFLÄCHE

Spielen eines Platzes

Anders als bei den meisten Sportarten spielt man beim Golf nicht nur gegen einen Gegner, sondern auch gegen den Platz. Jeder Platz ist anders und bietet ein einmaliges Gemisch an Hindernissen, die es zu überwinden gilt. Der Schlüssel zu gutem Golf ist, sich möglichst sorgfältig auf die Herausforderungen vorzubereiten, die vor einem liegen. Für einen Club-Golfer bedeutet das unter Umständen nur, sich zu überlegen, welche die jeweils günstigste Stelle an jedem Abschlag für seinen Drive ist. Der Pro hingegen muss sich in den Übungsrunden vor einem Turnier detaillierte und gründliche Notizen über die Entfernungen und Winkel seiner Schläge machen. Wie auch immer - wenn Sie sich Ihre Strategie überlegen, sich die Anlage des Platzes insgesamt ansehen und jeden Schlag positiv visualisieren, wird Ihnen das von Nutzen sein. Jeder, der sich einfach nur an den Ball stellt und schlägt, ohne einen Gedanken darauf zu verschwenden, wo er landen soll, welche Hindernisse umspielt werden müssen und ob ein besonderer Schlag für ein bestimmtes Loch angemessen ist, wird niemals ein guter Golfer sein. Der kluge Planer jedoch, der über das Spiel nachdenkt, wird immer im Vorteil sein.

Sophie Gustafson aus Schweden 1999 in der Women's British Open in Woburn, Abbey, England.

Drive-Strategie

Gute Drives sind wahrscheinlich der wichtigste Teil des Spiels. Da den meisten Frauen die Kraft für gute Recovery-Schläge fehlt, sollten sie jedes Mal versuchen, das Fairway zu treffen.

1 Vergessen Sie nicht, dass es Ihnen frei steht, an welcher Stelle des Abschlags Sie Ihren Ball aufteen. Machen Sie es nicht einfach Ihren Partnerinnen nach. Die Sicht von einer Seite des Abschlags kann total anders sein als die von der anderen. Als Faustregel gilt, von einem Hindernis weg zu zielen. Wenn auf der linken Seite des Fairways Bäume stehen, teen Sie Ihren Ball auf der linken Seite auf. Liegt auf der rechten Seite ein Hindernis, teen Sie rechts auf.

2 Denken Sie auch daran, dass Sie immer bis zu zwei Schlägerlängen hinter die Abschlagsmarkierungen gehen dürfen. Suchen Sie sich eine absolut ebene Stelle. Der Abschlag ist der einzige Ort auf dem Platz, wo Sie loses Gras entfernen und das Gras hinter dem Ball niedertreten dürfen. Gewöhnen Sie sich an, mit der Stelle, an der Sie den Ball aufteen, wählerisch zu sein, und treten Sie immer das Gras hinter dem Ball nieder, um sich eine möglichst reibungslose Einleitung des Rückschwungs zu sichern. Wenn Sie mit der Position, an der Sie stehen, nicht zufrieden sind, fangen Sie wieder ganz von vorne an. Seien Sie ruhig übertrieben sorgfältig.

3 Wenn Sie am Abschlag nach links zielen, kann das problematisch sein. Die Damenabschläge weisen oft nicht in die Richtung, in die Sie den Ball schlagen wollen. Um nach links zu zielen, teen Sie den Ball auf der rechten Seite des Abschlags auf. Machen Sie dann auf der rechten Seite einen Probeschwung. Das gibt Ihnen das Gefühl, übertrieben nach links zu zielen und zu schwingen. Wenn Sie sich dann an den Ball stellen, wird Ihnen das Drehen und Zielen nach links leichter fallen.

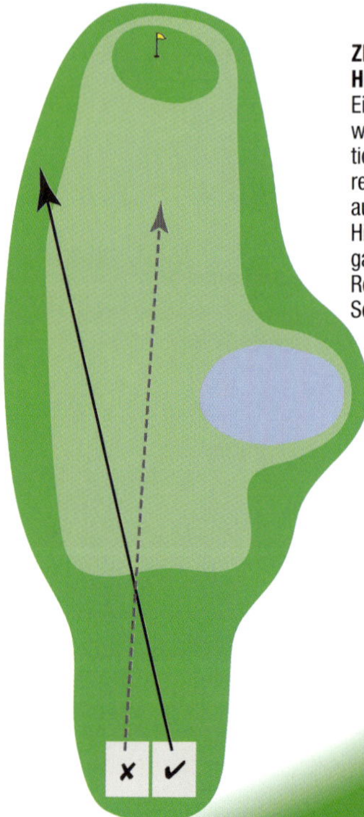

ZIELEN SIE VOM HINDERNIS WEG
Eine gute Spielerin würde in dieser Situation ihren Ball von der rechten Abschlagsseite aus spielen, also vom Hindernis weg, und sogar riskieren, ins leichte Rough auf der linken Seite zu schlagen.

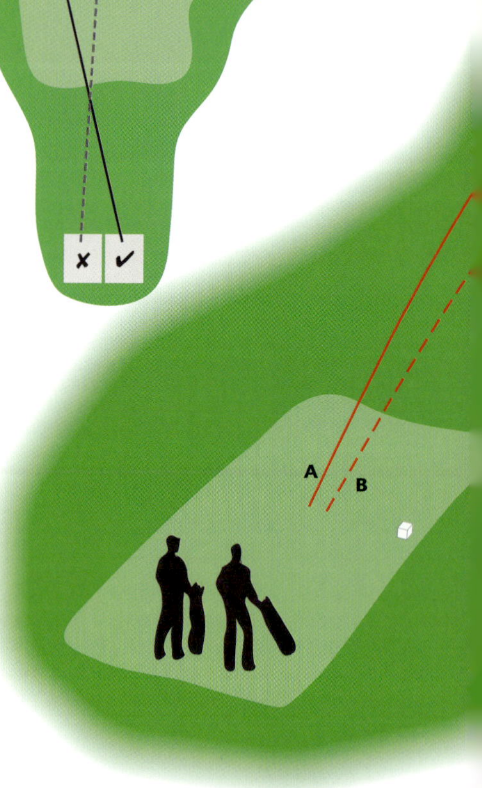

ÖFFNEN SIE SICH DAS GRÜN
In dieser Situation sollten Sie den Bunker auf der linken Seite vermeiden und eher risikieren, ins leichte Rough auf der rechten zu spielen, um dann einen hindernisfreien Annäherungsschlag zum Grün zu haben.

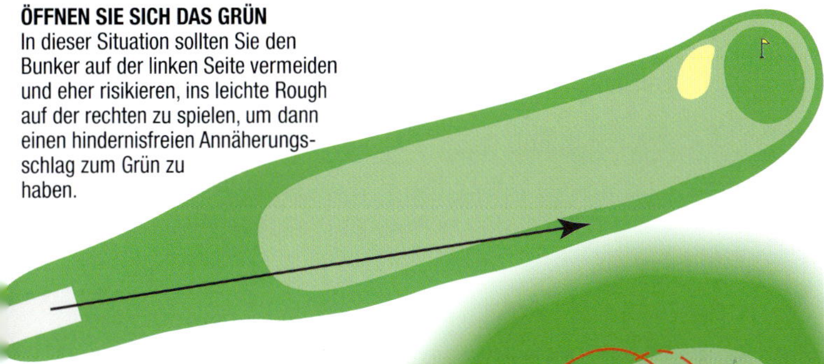

DIE BESTE ANNÄHERUNG?
Das hier aufgezeigte Problem ist auf zwei verschiedene Arten zu meistern. Wenn Spielerin **A** durch die Lücke oder über die Bunker spielt, kann sie das Grün mit zwei Schlägen erreichen. Bleibt sie zu kurz, geht das nicht, so dass der Schlag also einen Versuch wert ist. Die vorsichtigere Route von **B** macht drei Schläge zum Grün erforderlich.

➤ Planen Sie sorgfältig Linie und Länge Ihres Ziels. Im Idealfall wählen Sie nicht nur ein Ziel auf der Linie zum Loch, sondern bestimmen auch noch die genaue Weite Ihrer Schläge. Das ist normalerweise erfolgreicher als irgendein Ziel am Horizont. Wenn es nichts gibt, worauf Sie zielen können, stellen Sie sich ein großes weißes Tischtuch auf dem Fairway vor, auf dem der Ball landen soll. Denken Sie niemals an das Hindernis, das Sie vermeiden wollen. Wählen Sie einen ganz spezifischen Punkt, zu dem Sie zielen wollen.

➤ Zielen Sie immer weg vom Hindernis. Wenn in Reichweite Ihres Drives ein Bunker liegt, zielen Sie nicht nur fünf Meter daran vorbei, sondern lieber 20 Meter, um sich selbst einen größeren Spielraum für einen schlechten Schlag einzuräumen.

➤ Wenn Sie ein langes Loch spielen oder Ihre Gegnerin einen längeren Drive hat, sollten Sie niemals versuchen, den Ball zu hart zu schlagen. Konzentrieren Sie sich auf ein gutes Timing, und schlagen Sie den Ball über die für Sie normale Entfernung. Wenn Sie zusätzliche Länge herausholen wollen, verschlechtert sich wahrscheinlich die Richtung. Schwingen Sie gleichmäßig, und denken Sie nur daran, beim Schlag auf den Ball das lauteste Geräusch zu erzeugen, das Ihnen möglich ist. So erzielen Sie Ihre maximale Weite.

MERKE!
ZIELEN SIE VOM HINDERNIS WEG

Recovery-Schläge

Die goldene Regel für alle Recovery-Schläge lautet, den Ball sicher zurück ins Spiel zu bringen. Schätzen Sie realistisch ein, wie viel Sie mit Ihrem Recovery-Schlag erreichen können. Wenn das Grün in Reichweite liegt, Sie es aber nicht erreichen können, sollten Sie sich mit zwei Schlägen zufrieden geben. Spielen Sie einen vernünftigen Schlag an eine gute Stelle hinaus aufs Fairway, von der aus Sie das Grün dann leicht erreichen können.

Aus dickem Rough nehmen Sie einen Schläger mit viel Loft, also ein Eisen 9 oder einen Pitching-Wedge, denn dies sind die schwersten Schläger. Nehmen Sie einen ziemlich breiten Stand ein, und halten Sie die Schultern möglichst waagerecht, um nach oben und unten schwingen zu können. Sie sollten das Gefühl haben, den Schläger im Rückschwung in einem Zug nach oben zu führen und kraftvoll nach unten durch den Ball zu schlagen. Wenn das Rough sehr lang ist, verheddert sich der Schlägerkopf unter Umständen darin und dreht sich nach links. Bei einem Recovery-Schlag aus dem Rough auf der rechten Seite des Fairways besteht die Gefahr, dass man den Ball zu kräftig über das Fairway hinweg ins Rough auf der anderen Seite schlägt. Von der linken Seite aus besteht die Gefahr, dass man nicht herauskommt.
Aus leichtem Rough kommen Sie manchmal mit einem Holz 5 oder 7 einfacher heraus als mit einem langen Eisen, weil sich diese Schläger weniger leicht in der Hand verwinden. Aber auch hier gilt: Beurteilen Sie realistisch, was Sie mit einem perfekten Schlag erreichen können. Nicht vergessen: „Nur Holzköpfe nehmen ein Holz im Rough."

Nicht vergessen

Vermeiden Sie, jemals zwei Schläge in Folge aus dem Rough spielen zu müssen, sondern bringen Sie Ihren Ball unter allen Umständen aufs Fairway zurück. Auf dem Golfplatz bedeutet Unglück noch mehr Unglück, wenn Sie mit dem ersten Recovery-Schlag nicht ganz pragmatisch umgehen.
Seien Sie realistisch in Bezug auf das, was Sie erreichen können. Benutzen Sie Ihren gesunden Menschenverstand, und seien Sie bei Ihren Schlägen nicht zu gierig.

EIN WICHTIGER TEIL DES SPIELS
Selbst Spitzenspieler geraten regelmäßig in Schwierigkeiten - hier spielt Liselotte Neumann aus dichtem Rough (S. 173)). Recovery-Schläge sind für jede Golferin ein wichtiger Teil des Spiels, denn ungeachtet ihrer Spielstärke wird es immer Zeiten geben, in denen ein Recovery-Schlag nötig ist. Wichtig ist, den Schlag mit einem kühlen Kopf einzuschätzen und ihn dann voller Selbstvertrauen zu spielen.

Werden Sie sich klar darüber, wo genau der Recovery-Schlag landen soll. Wenn Sie aus dem Rough oder zwischen Bäumen hindurch spielen, gehen Sie erst zum Fairway und sehen sich die Stelle an, von der aus Sie den nächsten Schlag spielen möchten. Wenn man zwischen Bäumen hindurch spielt, besteht immer die Gefahr, den Ball entweder nicht weit genug zu schlagen und hinter einem anderen Baum zu landen oder ihn zu stark zu schlagen und in ein Hindernis auf der anderen Seite des Fairways zu befördern.
Zwischen Bäumen hindurch spielen Sie einen Punch-Schlag (S. 138-139). Machen Sie zwei oder drei Übungsschwünge, und vergessen Sie nicht, dass Ihr eigentlicher Schwung zum Ball immer länger ist als ein Übungsschwung. Bleiben Sie weit genug unterhalb der Zweige.
Wenn Sie in Schwierigkeiten sind, ist es manchmal vernünftiger, Ihren Ball innerhalb von zwei Schlägerlängen nicht näher zum Loch fallen zu lassen. Häufig können Sie viel mehr erreichen, wenn Sie einen Strafschlag hinnehmen, als den Ball zu spielen. Sie müssen den Ball innerhalb von zwei Schlägerlängen nicht näher zum Loch fallen lassen, aber er darf nochmals bis zu zwei Schlägerlängen rollen - natürlich auch nicht näher zum Loch. Lernen Sie, wie man einen Ball mit einem Strafschlag fallen lässt. Das kann nützlich sein.

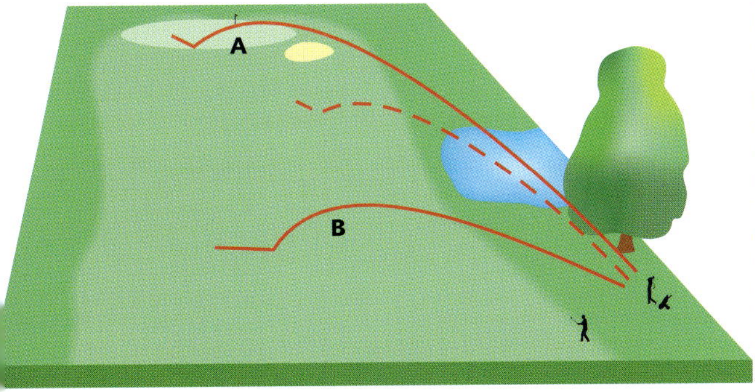

SEIEN SIE REALISTISCH Denken Sie an die Route, die Sie aus einer schwierigen Lage wählen wollen. Als guter Spieler können Sie vielleicht das Grün erreichen **(A)**. Wenn nicht, sollten Sie nicht riskieren, dass Ihr Schlag misslingt (gestrichelte Linie), sondern den einfachen Schlag wählen **(B)**.

MERKE! SEIEN SIE NICHT GIERIG

Entscheidungen richtig treffen

Viele Club-Golfer spielen gute Schläge, treffen aber keine vernünftigen Entscheidungen. Ja, häufig treffen sie überhaupt keine Entscheidung, sondern schlagen einfach ihren Ball, ohne sich einen festen Plan im Kopf zurecht gelegt zu haben.

Der typische Fehler an einem Dogleg ist zum Beispiel zu versuchen, die Ecke abzuschneiden. Meistens reduzieren Sie damit die Länge des Schlags zum Grün nicht einmal in dem Maße, wie Sie annehmen. Dafür risikieren Sie, in den Bäumen oder im Rough zu landen und so einen viel schwierigeren Schlag zum Grün vor sich zu haben. Die goldene Regel an einem Dogleg lautet, grundsätzlich den weitesten Weg um das Dogleg herum zu wählen. Auf diese Weise haben Sie vielleicht einen etwas längeren Schlag zum Grün, dafür ist er aber leichter und sicherer.

Viele Golfer wollen auch immer auf dem direkten Weg zur Fahne spielen und sind nie bereit, mal einen Zickzackkurs zu wählen. Sobald sie die Fahne sehen, schlagen sie gerade durch Bäume, Hecken und über Mauern, nur nicht einen sicheren Ball. Je höher ihr Handicap ist und je geringer ihre Erfahrung mit dem Golfsport, desto wahrscheinlicher begehen sie diesen Fehler. Untersuchen Sie das Loch auf jedes Hemmnis, das es zu vermeiden gilt, und zielen Sie sicher davon weg. Sehen Sie sich die Form des Grüns an, und werden Sie sich klar über die Annäherung, die Ihnen vorschwebt. Seien Sie auch bereit, im Zickzackkurs auf die linke Seite des Fairways zu spielen, wenn Sie damit einen offeneren Schlag zum Grün haben. Zielen Sie nicht immer nur gerade zur Fahne.

Wenn Sie zum Grün spielen, müssen Sie auch lernen, von der Fahne weg zu zielen. Greenkeeper führen die Golfer häufig in Versuchung, in Bunker oder Teiche zu spielen, indem sie die Fahne erschreckend nah an solch ein Hindernis platzieren. Es ist sehr unwahrscheinlich, dass Sie so dicht an die Fahne spielen, dass Sie den nächsten Putt mit Sicherheit einlochen. Zielen Sie in einem solchen Fall von der Fahne weg zum größten und sichersten Teil des Grüns. Wahrscheinlich liegt Ihr Ball trotzdem genauso nah an der Fahne. Häufig kommt man näher an sie heran, wenn man fünf Schritte nach links zielt, als direkt zum Loch zu spielen und die Entfernung falsch einzuschät-

BENUTZEN SIE IHREN KOPF
Denken Sie sorgfältig über jeden Schlag nach (wie hier Catrin Nilsmark), bevor Sie ihn spielen, und scheuen Sie sich nicht, lieber im Zickzack um ein Hindernis herum zu spielen als gerade darüber hinweg.

zen. Wenn Sie von der Fahne weg zielen, stellen Sie sich in Ihrem Geist ein anderes Ziel vor, an dem der Ball landen soll.

Wenn vor Ihnen ein Bunker oder Teich liegt, haben Sie fünf Möglichkeiten. Sie können links oder rechts davon zielen, darüber hinweg spielen, den Ball vorlegen oder ihn in das Hindernis hinein befördern. Viele Golfer treffen überhaupt keine Entscheidung. Anstatt für eine der vier vernünftigen Möglichkeiten zu optieren, landen sie im Hindernis. Bei einem Bunker direkt vor dem Grün lohnt sich vielleicht ein Schlag darüber, selbst wenn er ein wenig riskant ist. Das gilt aber nur, wenn Sie eine Chance haben, mit dem Schlag auf dem Grün zu landen. Wenn Ihr Bunkerspiel gut ist, sind Sie im Bunker vielleicht nicht schlechter dran als mit einem Schlag von außerhalb des Grüns. Doch wenn der Bunker etwa 35 Meter vor dem Grün liegt, erreichen Sie es wahrscheinlich auch mit einem erfolgreichen Schlag nicht. Und wenn Sie im Bunker landen, schaffen Sie es mit dem nächsten Schlag auch nicht unbedingt aufs Grün. Überlegen Sie sich die Situation sehr genau.

Lernen Sie, Ihre Bälle in die richtige Position zu spielen. Wenn kurz vor dem Grün das Gelände hangabwärts verläuft, legen Sie den Ball davor. Wenn der Schlag von der linken Seite des Fairways aufs Grün einfacher ist, dann entscheiden Sie sich für das lichte Rough auf der linken Seite anstatt für die Mitte des Fairways. Wenn Sie Ihren Ball vor einen Bunker oder Graben spielen, müssen Sie Ihre Weite genau kennen. Die meisten Leute, die Ihren Ball vor ein Hindernis legen wollen, landen zu weit davon entfernt.

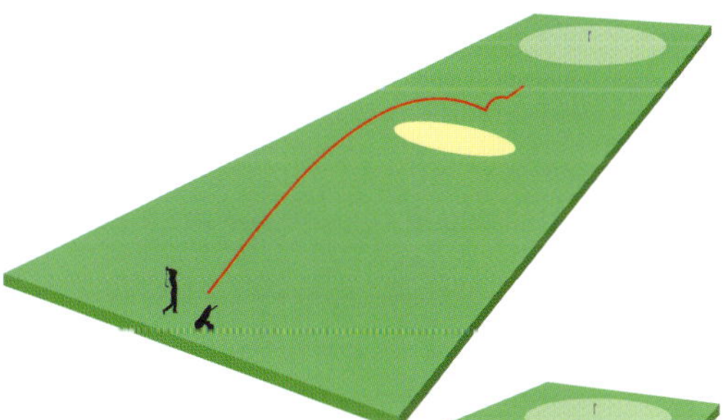

BUNKER QUER ÜBER DEM FAIRWAY
Bei einem Bunker, der in einiger Entfernung vom Grün quer über dem Fairway liegt, müssen Sie vor dem Schlag Ihre Erfolgsaussichten und Ihre Chancen für einen erfolgreichen Recovery-Schlag genau abwagen.

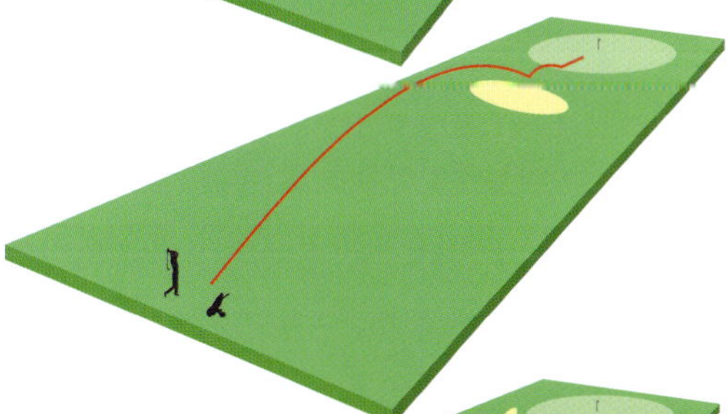

BUNKER IN DER NÄHE DES GRÜNS
Wenn Sie über einen Bunker hinwegspielen wollen, der direkt vor dem Grün liegt, zielen Sie so nahe wie möglich ans Grün und lassen den Ball dann hinaufrollen.

DIAGONAL ÜBERS FAIRWAY VERLAUFENDE BUNKER
Eine solche Anordnung von Bunkern auf dem Fairway bedeutet, dass Sie je nach Spielstärke mehrere Möglichkeiten haben.

MERKE!
DIE WEITESTE ROUTE UM EIN DOGLEG HERUM

Golf in Prozenten

Gut zu scoren ist eine echte Kunst. Häufig ist es eine Frage der besseren Entscheidung und der Fähigkeit, die Gedanken der Golfplatzarchitekten und Greenkeeper nachzuvollziehen, die Sie in Schwierigkeiten locken wollen. Die auf den nächsten Seiten dargestellten neun Löcher zeigen Ihnen typische Situationen im Golf und die Wege, wie man sie spielt.

1 **Par 5, 436 Meter. Dogleg.** Der korrekte Drive ist links von der Mitte, damit Sie einen sauberen zweiten Schlag um die Ecke spielen können. Teen Sie Ihren Ball auf der rechten Seite des Abschlags auf, um nicht rechts in Schwierigkeiten zu kommen. Der nächste Schlag ist wichtig. Aus der korrekten Drive-Position können Sie zwischen die beiden Baumgruppen spielen und dann einen geraden dritten Schlag aufs Grün haben. Aus der falschen Drive-Position berühren Sie unter Umständen die Bäume an der Ecke des Dogleg oder müssen zur anderen Baumgruppe hin spielen. Mit großer Wahrscheinlichkeit haben Sie dann einen schwierigeren Schlag zum Grün über den Bunker auf der linken Seite.

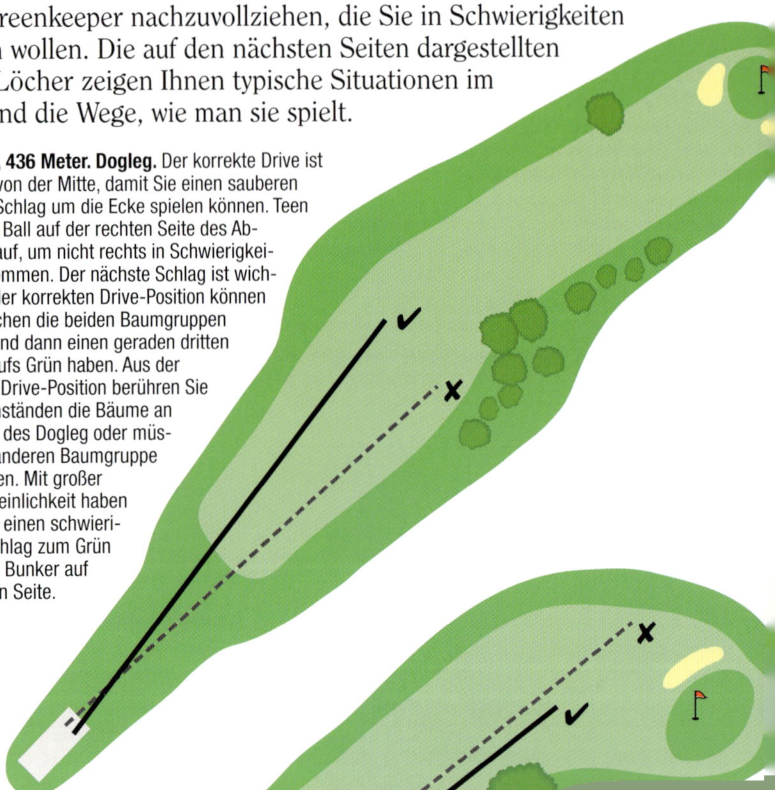

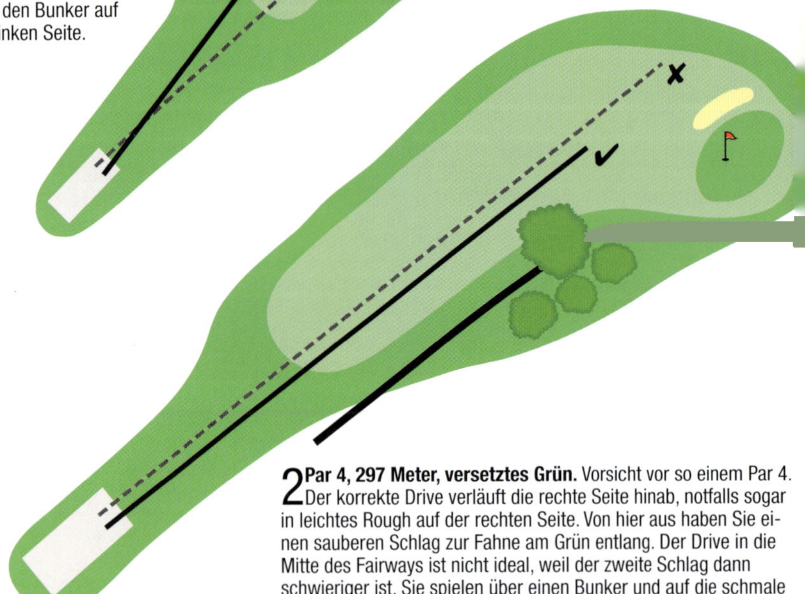

2 **Par 4, 297 Meter, versetztes Grün.** Vorsicht vor so einem Par 4. Der korrekte Drive verläuft die rechte Seite hinab, notfalls sogar in leichtes Rough auf der rechten Seite. Von hier aus haben Sie einen sauberen Schlag zur Fahne am Grün entlang. Der Drive in die Mitte des Fairways ist nicht ideal, weil der zweite Schlag dann schwieriger ist. Sie spielen über einen Bunker und auf die schmale Seite des Grüns. Sehen Sie sich die Fahnenposition vom Abschlag aus an, und überlegen Sie sich den idealen Drive. Wenn Sie die Fahne nicht sehen können, schauen Sie sich das Grün an, wenn Sie beim Spielen eines anderen Lochs daran vorbeikommen.

3 Par 4, 257 Meter, kurzes Dogleg. Wenn Sie ein „long hitter“ sind, werden Sie vielleicht das Grün erreichen wollen. Durch den großen Baum und Graben auf der rechten Seite ist ein Drive aufs Grün jedoch riskant. Wahrscheinlich schaffen Sie keine derart zielgerichtete Linie und können über den Baum ohnehin nicht hinwegspielen. Der korrekte Drive ist also, so kurz zu spielen, dass man eine gerade Linie zum Grün hat. Wenn Sie zu weit schlagen, ist der zweite Schlag viel schwieriger.

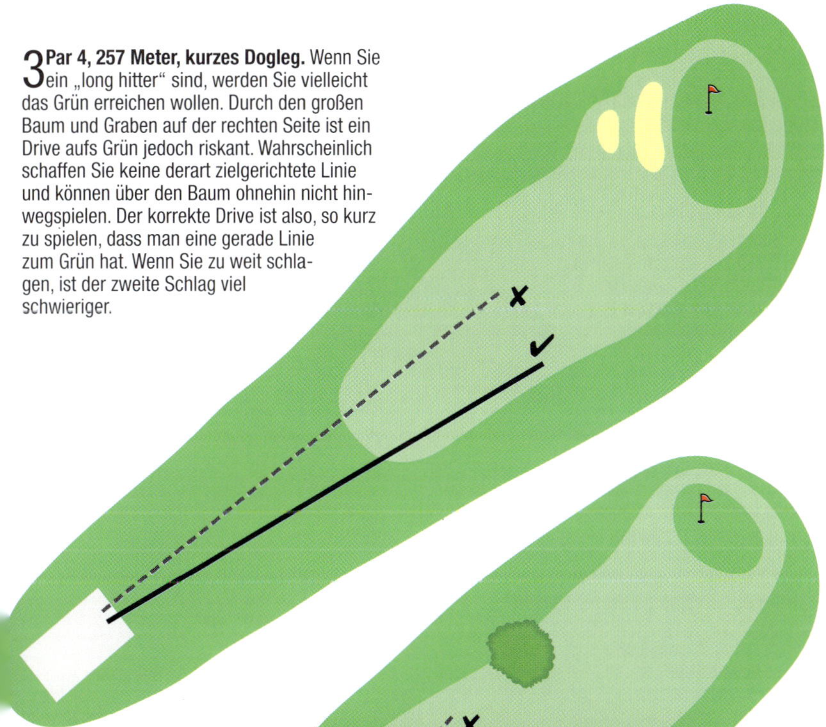

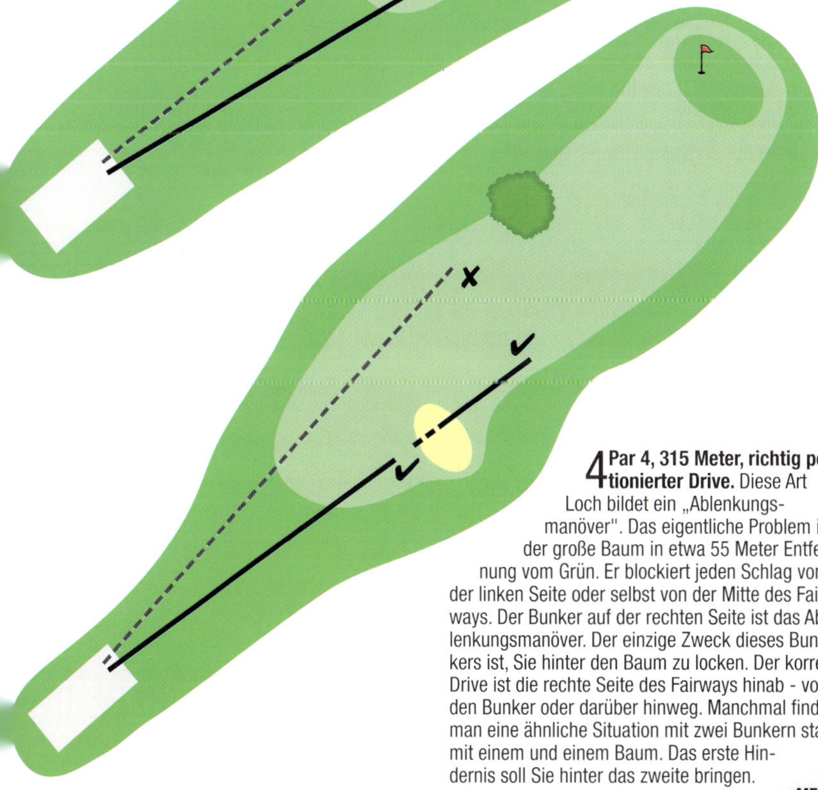

4 Par 4, 315 Meter, richtig positionierter Drive. Diese Art Loch bildet ein „Ablenkungsmanöver". Das eigentliche Problem ist der große Baum in etwa 55 Meter Entfernung vom Grün. Er blockiert jeden Schlag von der linken Seite oder selbst von der Mitte des Fairways. Der Bunker auf der rechten Seite ist das Ablenkungsmanöver. Der einzige Zweck dieses Bunkers ist, Sie hinter den Baum zu locken. Der korrekte Drive ist die rechte Seite des Fairways hinab - vor den Bunker oder darüber hinweg. Manchmal findet man eine ähnliche Situation mit zwei Bunkern statt mit einem und einem Baum. Das erste Hindernis soll Sie hinter das zweite bringen.

MERKE!
POSITIONIEREN SIE IHREN DRIVE FÜR EINEN LEICHTEN ZWEITEN SCHLAG

Golf in Prozenten (2)

5 Par 3, 176 Meter. Unentschlossenheit. Bei einem Par 3 dieser Länge haben selbst Spielerinnen mit sehr langen Schlägen Schwierigkeiten, über den Bunker aufs Grün zu pitchen und den Ball rasch zu stoppen. Wenn Sie ein „long hitter" sind, ist die korrekte Linie auf der rechten Seite des Grüns. Von hier aus können Sie näher an die Fahne kommen als mit einem geraden Schlag zur Fahne. Wenn Sie nicht so weit schlagen, sollten Sie Ihren Ball nicht einfach vor den Bunker in gerader Linie zur Fahne spielen. Zielen Sie deutlich nach links oder rechts, um einen leichteren zweiten Schlag zur Fahne zu haben. Die Gefahr besteht darin, unentschlossen zu sein und den Ball einfach geradewegs in den Bunker zu befördern.

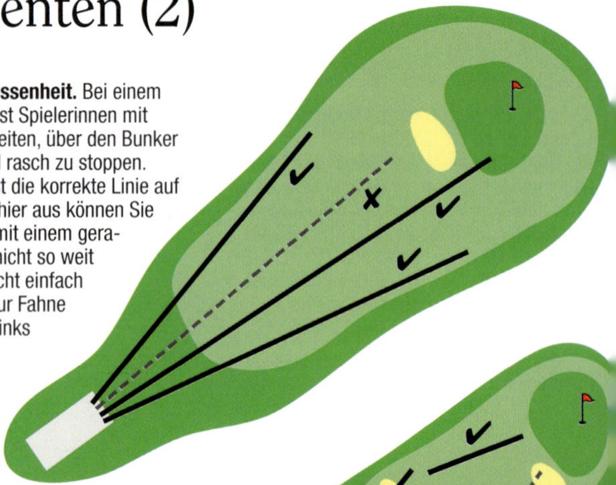

6 Par 3, 122 Meter, hangaufwärts. Ein auf einem Plateau-Grün aufsetzender Ball konnte seinen „Carry", d.h. die Flugbahn in der Luft, nicht ganz vollenden. Er landet waagerechter als normal und rollt über das ganze Grün, so dass er erst auf der Rückseite zum Liegen kommt. Sie sollten daraus aber nicht schließen, zu viel Schläger genommen zu haben, und den Fehler begehen, in der nächsten Runde einen Schläger weniger zu nehmen und vieleicht im Bunker vor dem Grün zu landen. Gehen Sie davon aus, dass Ihr Ball bei einem hohen Plateau-Grün immer erst auf der Rückseite stoppt.

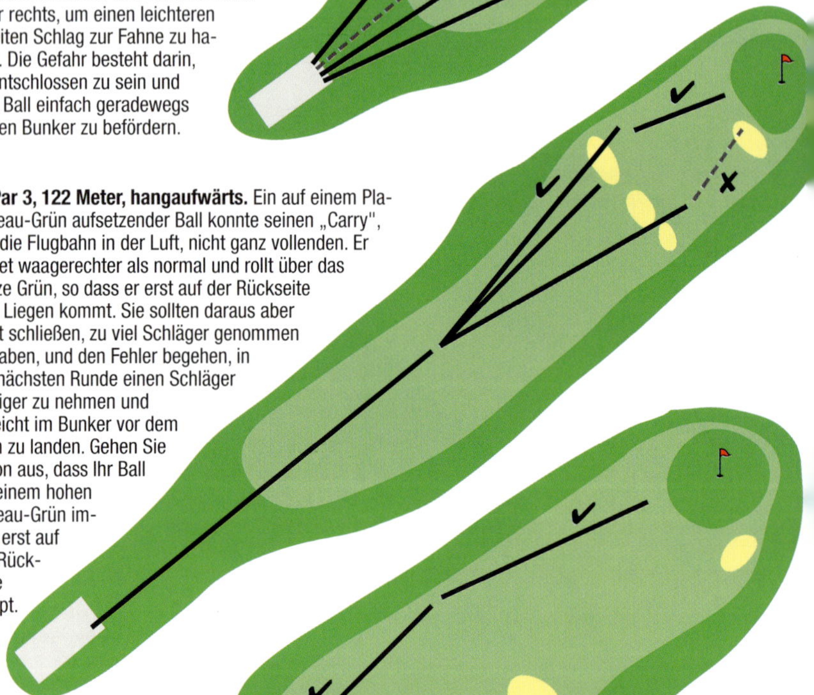

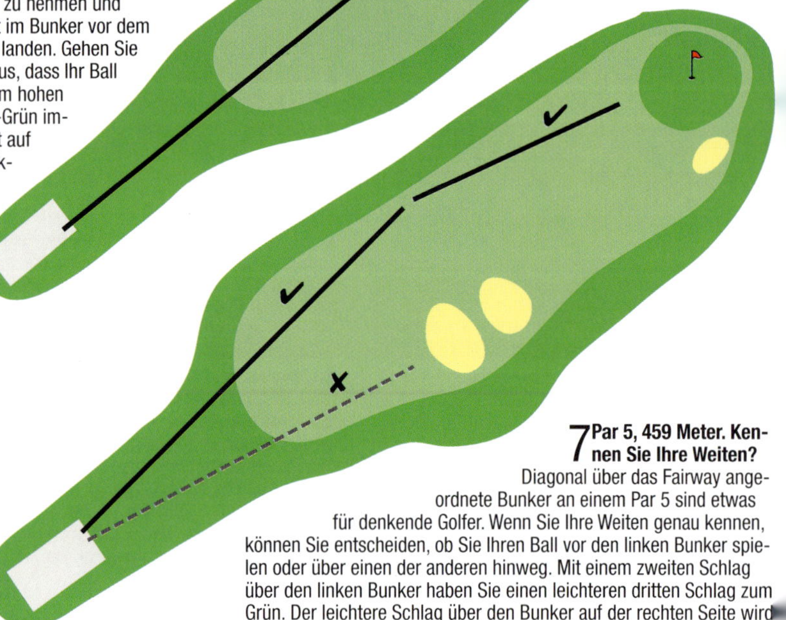

7 Par 5, 459 Meter. Kennen Sie Ihre Weiten? Diagonal über das Fairway angeordnete Bunker an einem Par 5 sind etwas für denkende Golfer. Wenn Sie Ihre Weiten genau kennen, können Sie entscheiden, ob Sie Ihren Ball vor den linken Bunker spielen oder über einen der anderen hinweg. Mit einem zweiten Schlag über den linken Bunker haben Sie einen leichteren dritten Schlag zum Grün. Der leichtere Schlag über den Bunker auf der rechten Seite wird mit einem schwierigeren dritten Schlag aufs Grün bestraft.

8 Par 4, 306 Meter. Das unwiderstehliche Wagnis Die Bunker oder Bäume an der Ecke dieses Doglegs könnten einfach unwiderstehlich sein. Man hat das Gefühl, über den Bunker hinwegspielen zu können. In Wirklichkeit schaffen Sie das vielleicht nicht, und wenn, dann ist möglicherweise auch nicht so viel damit erreicht. Hüten Sie sich vor einem Bunker wie diesem und einem zweiten, verborgenen oder dichtem Rough dahinter. Wenn Sie die erste Hürde schaffen, landen Sie wahrscheinlich in einer weiteren Gefahrenzone. Der Bunker neben dem Grün soll den zweiten Schlag für jene erschweren, die dem ersten nicht widerstehen können. Nicht vergessen: Wählen Sie die weiteste Route um ein Dogleg herum, um einen möglichst leichten Schlag zum Grün zu haben.

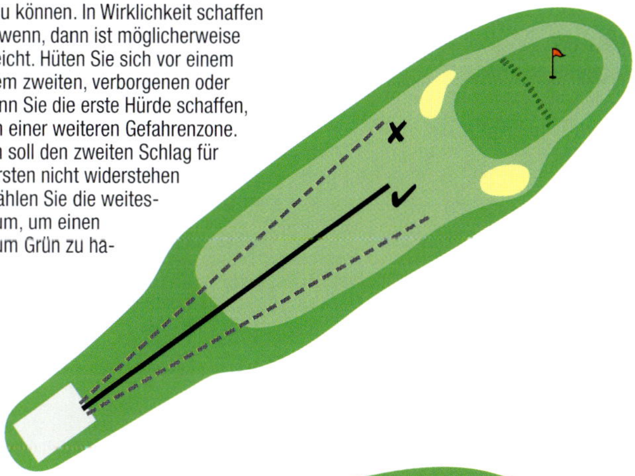

9 Par 4, 266 Meter, zweistufiges Grün. Vorsicht vor kurzen Par 4-Löchern mit zweistufigen Grüns, vor allem wenn diese klein sind. Ein hoch gelegenes Grün trocknet oft gut aus, so dass ein Pitch nicht hält. Bei einem zweistufigen Grün müssen Sie so spielen, dass der Ball auf die oberste Stufe hinaufrollt. Angesichts des kurzen Lochs lassen Sie sich am Abschlag vielleicht zu einem wilden Schlag verführen. Stattdessen sollte Ihr Abschlag lieber sehr genau sein, so dass Sie einen klaren zweiten Schlag zum Grün haben, ohne über Bunker pitchen zu müssen.

MERKE!
SEHEN SIE SICH DIE FAHNENPOSITION AN

Richtige Einschätzung der Entfernung

Die richtige Einschätzung der Entfernung und die Wahl des entsprechenden Schlägers sind die Voraussetzung für einen guten Score. Männer können Entfernungen normalerweise besser beurteilen - das ist wissenschaftlich erwiesen und macht sich auf dem Golfplatz bezahlt.

Zunächst müssen Sie wissen, wie weit Sie mit jedem Schläger spielen können. Im Idealfall besteht bei Golferinnen mit normal langen Schlägen eine Differenz von jeweils neun Meter zwischen den einzelnen Eisen. Eine gute Amateurspielerin kann den Ball mit einem Eisen 5 zum Beispiel 135 Meter weit schlagen und ausgehend von diesem Schläger jeweils neun Meter weiter oder kürzer. Bei den meisten gibt es zwischen dem Eisen 3 und Eisen 4 keine Differenz von neun Metern, aber das Holz 7 und das Holz 5 übernehmen dafür die Weiten dieser beiden Schläger. Lernen Sie, Ihre Weiten richtig zu beurteilen, indem Sie die Entfernung bei gut getroffenen Schlägen entweder abschreiten, wobei Sie schätzen, wo der Ball gelandet und nicht, wie weit er gerollt ist, oder indem Sie die Par 3-Löcher auf Ihrem Heimatplatz als Referenz verwenden.

Club-Golfer nehmen fast immer zu wenig Schläger. Seien Sie realistisch. Denken Sie erstens daran, dass die meisten Schwierigkeiten an den Grüns an den Vorderseiten lauern. Mit einem Pitch zur Fahne vermeiden Sie die meisten Bunker. Zweitens kommt einem die Entfernung vom Vorderrand des Grüns zur Fahne in der Perspektive häufig kürzer vor, als sie ist. Aber was noch wichtiger ist - wenn die Fahne an irgendeiner Stelle hinter der Mitte des Grüns platziert ist, erscheint sie einem viel näher an der Rückseite des Grüns zu sein, als dies tatsächlich der Fall ist. Sie glauben vielleicht, dass noch fünf oder sechs Schritte Abstand bis zur Rückseite sind - mit Büschen und Rough dahinter. In Wirklichkeit aber ist der Abstand meistens viel größer als angenommen. Wahrscheinlich sind es sogar an die 18 Meter zwischen der Fahne und den Büschen hinter dem Grün. Gewöhnen Sie sich an, sich die Fahnenpositionen auf den Grüns anzusehen, wenn Sie beim Spielen eines anderen Lochs daran vorbeigehen. Wenn Sie einen Schläger zu wenig nehmen - neun Meter -, riskieren Sie drei Putts. Überzeugen Sie sich davon, dass auf der anderen Seite des Grüns keine menschenfressenden Tiger lauern. Die Welt ist rund und nicht flach, und es gibt genauso viel Platz hinter der Fahne wie davor. Wenn man manche Spieler bei ihren Annäherungen ans Grün beobachtet, kommt es einem lächerlich vor, dass sie grundsätzlich zu kurz spielen.

Um sich zu verbessern, sollten Sie versuchen, jeden Schlag über die Fahne hinaus zu spielen. Machen Sie sich eine entsprechende Notiz auf Ihrer Scorekarte.

Um die Entfernung richtig zu beurteilen, sollten Sie niemals einen Schläger wählen, bevor Sie an Ihrem Ball angekommen sind.

GREIFEN SIE DIE FAHNE AN
Scheuen Sie sich nicht, mit Ihrem Pitch- oder Chip-Schlag die Fahne direkt anzugreifen (wie hier Kristal Parker). Viele Club-Golferinnen nehmen einfach zu wenig Schläger, spielen ihre Bälle grundsätzlich zu kurz und machen sich das Leben mit den folgenden schwierigen Putts nur unnötig schwer.

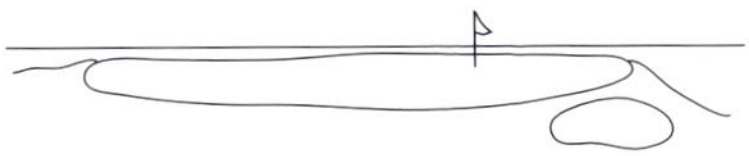

1 Eine Fahne auf dem letzten Drittel des Grüns kommt Ihnen wahrscheinlich näher zum rückwärtigen Rand hin vor als sie tatsächlich ist, so dass Sie zu wenig Schläger nehmen. Sehen Sie sich die anderen Grüns auf Ihrem Weg rund um den Platz an.

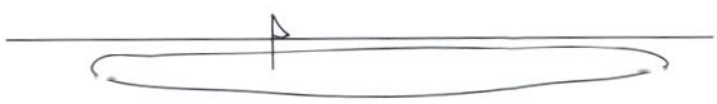

2 Die Fahnen sind nicht alle gleich hoch. Eine hohe Fahne wirkt manchmal näher, als sie ist, während eine niedrige den Schlag länger aussehen lässt. Beurteilen Sie die Entfernung zum Grün, wenn andere Spieler darauf sind.

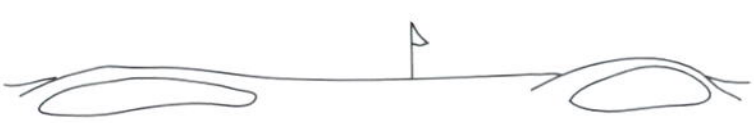

3 Große Bunker sehen manchmal täuschend nah aus.

4 Vorsicht bei Bodenwellen vor dem Grün. Es können 30 oder 40 Meter nicht einzusehendes Gelände vor dem Grün liegen, die Sie verführen, zu wenig Schläger zu nehmen.

5 Sehr flaches Gelände ist manchmal schwierig zu beurteilen, weil es nicht einzusehende Mulden bergen kann, so dass die Entfernung schwer einzuschätzen ist.

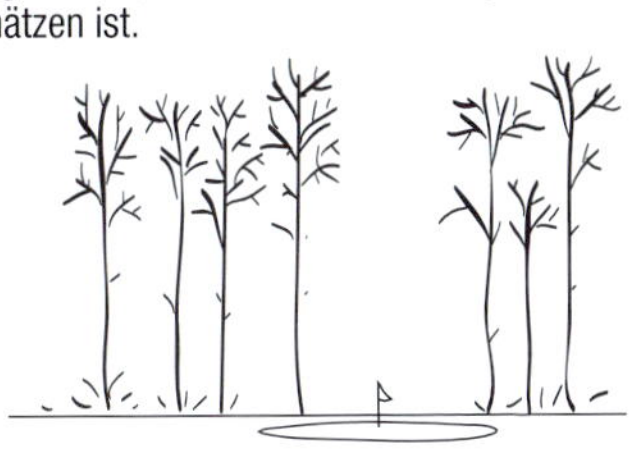

6 Hohe Bäume kommen einem näher vor, als sie sind oder lassen eine Fahne sehr klein und weiter entfernt erscheinen.

7 Versuchen Sie, die Entfernung zu beurteilen, wenn sich andere Spieler vor dem Grün befinden. Wenn nicht einzusehendes Gelände vor dem Grün liegt, beobachten Sie sie, wenn sie zum Grün gehen und zählen ihre Schritte.

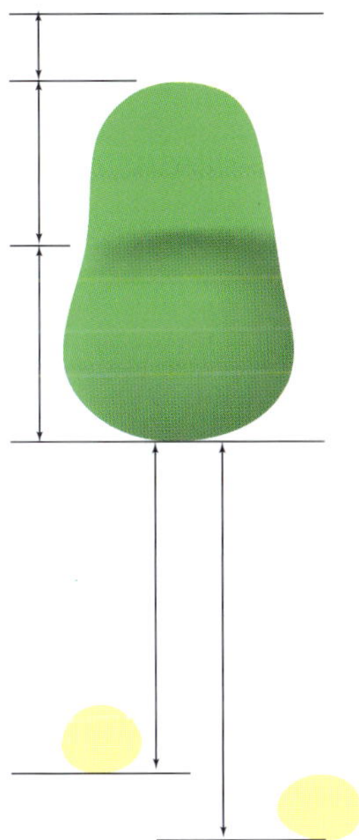

8 Pros spielen selten in einem Turnier, ohne sich vorher genau über die Entfernungen zu vergewissern. Sie haben Notizbücher bei sich und machen sich in Übungsrunden sorgfältige Notizen, auf die sie in einem Turnier zurückgreifen können. Eine Notiz über die Entfernungen an einem Loch könnte zum Beispiel so aussehen:
Loch 5 - Tanne re VrG 110 MG 120 RG 135 + 20, was soviel heißt wie, dass die Tanne auf der rechten Seite 110 Meter von der Vorderseite des Grüns entfernt ist, 120 von der Mitte des Grüns und 135 von der Rückseite mit 20 weiteren Metern bis zu den Büschen.

MERKE!
ZIELEN SIE IMMER ÜBER DIE FAHNE HINAUS

„Durchhänger“ bei schlechtem Wetter?

Wenn der Wind bläst und Sie vom Regen durchweicht sind, haben alle anderen das gleiche Problem wie Sie. Sie sollten sich davon nicht deprimieren lassen. Betrachten Sie solche Unbilden des Wetters einfach als eine weitere golferische Herausforderung.

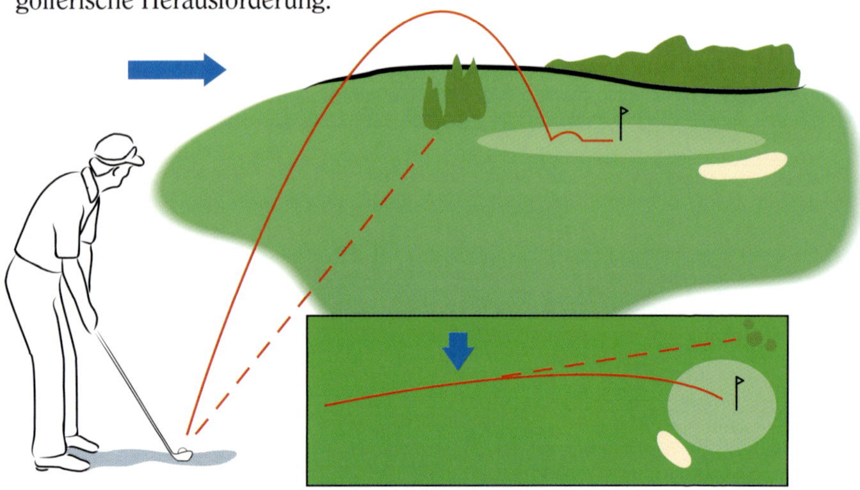

KALKULIEREN SIE DEN WIND EIN
Kalkulieren Sie einen Seitenwind ein, indem Sie zu einem neuen Ziel seitlich vom Grün spielen. Richten Sie beim Ansprechen Schlagfläche, Stand und Schwung zu diesem neuen Ziel aus, und überlassen Sie dem Wind den Rest.

Die richtige Ausrüstung ist natürlich die Voraussetzung für das Spiel bei Regen. Denken Sie daran, einen Schirm mitzunehmen. Hängen Sie ein Handtuch in das Schirmgestell. Wenn Sie Brillenträger sind, befestigen Sie eine Sonnenblende daran. Ziehen Sie sich einen wasserdichten Anzug an, der bequem ist und Sie nicht beim Schwung behindert. Tragen Sie mindestens immer einen Ersatzhandschuh bei sich, am besten in einem Kunststoffbeutel. Und der letzte Tipp: Ihre Hände bleiben am ehesten trocken, wenn Sie Fäustlinge über den Golfhandschuh ziehen. Bei Wind sollten Sie keine Kleidung tragen, die um den Körper herum flattert und Sie ablenkt.

Hier ein paar nützliche Tipps für das Spiel im Regen:

➤ Nehmen Sie einen trockenen Ball für Ihre Drives. Ein nasser Ball taucht eher, als dass er fliegt.

➤ Wenn es sehr stark regnet, machen Sie Ihre Übungsschwünge vor dem Aufteen des Balls, damit er möglichst trocken bleibt.

➤ Halten Sie die Griffe Ihrer Schläger trocken, lassen Sie die Schläger möglichst lange in der Tasche, und ziehen Sie zum Schutz die Hauben darüber.

➤ Während Sie warten, bis Ihr Partner abgeschlagen hat, halten Sie den Schläger trocken und stecken ihn nach Gebrauch sofort wieder zurück in die Tasche.

➤ Bei Regen sind Recovery-Schläge aus dem Rough schwierig. Seien Sie nicht gierig, sondern spielen Sie auf jeden Fall zum Fairway zurück.

➤ Nasse Grüns werden zuerst rutschig, so dass der Ball schlittert. Bei zunehmender Nässe verlieren sie diese Rutschigkeit und werden langsamer.

Das Spiel bei Wind

Bei Wind sollten Sie vor jedem Schlag etwas Gras in die Luft werfen, um sich zu vergewissern, aus welcher Richtung der Wind weht.

RICHTUNG

Stellen Sie anhand der Fahne fest, aus welcher Richtung der Wind weht, und achten Sie darauf, wenn der Abschlag geschützt ist und Fairway und Grün dem Wind ausgesetzt sind und umgekehrt. Unter Umständen fühlen Sie am Abschlag den Wind gar nicht, doch sobald der Ball aus den Bäumen hervortritt, wird er von der Linie geweht. Manchmal kalkulieren Sie auch den Wind ein und vergessen, dass das Grün geschützt ist. Sehen Sie sich immer die Fahne oder die Fahnen nahe gelegener Grüns an. Schwingen Sie gleichmäßig, und bleiben Sie im Gleichgewicht. Übertreiben Sie, indem Sie das Gleichgewicht mindestens vier oder fünf Sekunden lang halten. Bei Wind besteht die Gefahr, dass der Schwung von innen nach außen verläuft.

SEITENWIND

Einen Seitenwind müssen Sie einkalkulieren und nicht dagegen angehen. Zielen Sie mit Stand, Schlagfläche und Schwung zu einem neuen Ziel, und überlassen Sie dem Wind den Rest.
Als Spieler mit niedrigem Handicap können Sie versuchen, Ihren Ball in einer Kurve in den Wind zu steuern, um ihn auf der Linie zu halten. Öffnen oder schließen Sie je nach Richtung, in die der Wind weht, die Schlagfläche beim Ansprechen.

GEGENWIND

Bei Gegenwind müssen Sie ausreichend Schläger nehmen - bis zu vier Schläger mehr. Pros denken gewöhnlich an 1, 2, 3, 4 Schläger Wind oder addieren ihrem Schlag im Geiste 10 bis 40 Meter hinzu, bevor sie ihren Schläger auswählen. Je genauer Sie die Entfernungen kennen, desto besser. Schwingen Sie langsam, und gehen Sie nicht gegen den Wind an. Es ist unwahrscheinlich, dass Sie über die Rückseite des Grüns hinaus spielen, so dass Sie die Fahne ruhig angreifen können.
Bei Ihren Drives sollten Sie der Wirkung des Windes durch eine niedrige Flugbahn entgegenwirken. Teen Sie den Ball niedriger auf oder, was noch besser ist, versuchen Sie, das Tee nicht aus dem Boden zu schlagen. Erfahrene Spieler wählen eine etwas flachere Schwungebene mit einem festeren Handgelenkeinsatz, um den Rückschwung zu reduzieren. Wichtig ist ein gutes Gleichgewicht. Vergessen Sie auch nicht, dass ein Schlag, der von der Linie abkommt, noch verstärkt wird, weil der Ball höher aufsteigt und sich schneller dreht.

RÜCKENWIND

In diesem Fall ist es wichtig, den Drive hoch genug zu spielen. Teen Sie den Ball hoch auf, und achten Sie darauf, das Tee beim Treffen des Balls aus dem Boden zu schlagen. Benutzen Sie notfalls ein Holz 3, um mehr Höhe zu erzielen. Damit kommen Sie unter Umständen sogar weiter als mit dem Driver.

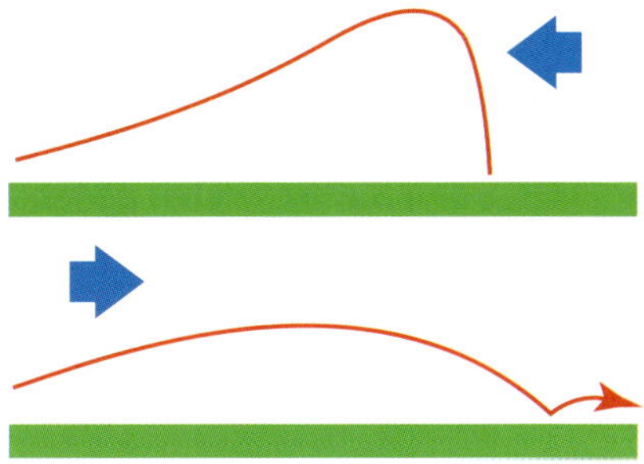

VERSCHIEDENE WINDE

Bei Gegenwind fliegt der Ball höher und verlässt leicht die Linie (oben links). Bei Rückenwind fliegt er niedriger und gerader.

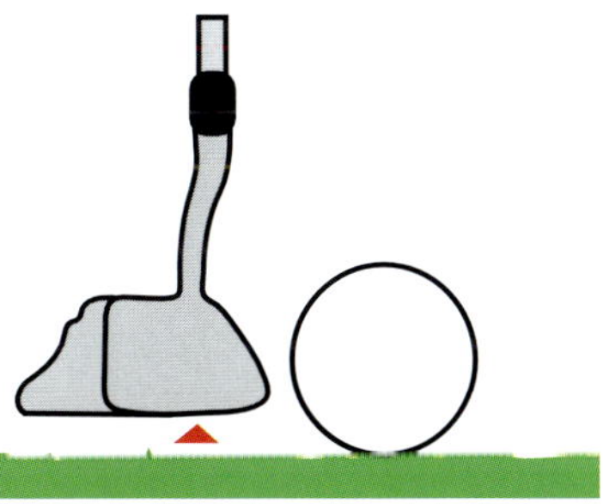

PUTTEN BEI WIND

Wind beeinträchtigt auch die Art, wie der Ball auf dem Grün rollt. Bei sehr starkem Wind sollten Sie den Schläger nicht auf dem Boden aufsetzen, damit der Ball nicht an den Schläger rollt.

Rückenwind flacht den Schlag ab und hält den Ball niedrig. Er begradigt auch Bälle mit Kurvenverlauf. Beim Spiel aufs Grün müssen Sie bis zu vier Schläger weniger nehmen und dürfen nicht vergessen, dass der Ball nach der Landung weiterläuft. Ein weicherer Ball stoppt also vielleicht besser.
NICHT VERGESSEN: Wenn Sie übers Grün hinaus spielen, erfolgt der Pitch-Schlag zurück gegen den Wind. Wenn Sie mit zu viel Schläger über das Grün hinaus gespielt haben, besteht die Gefahr, dass Sie für den Schlag zurück zu wenig Schläger nehmen und zu kurz bleiben.
Für einen guten Spieler ist dies eine der klassischen Arten, einen Schlag gut zu machen.

MERKE!
ACHTEN SIE BEI WIND BESONDERS AUF IHR GLEICHGEWICHT

Positives Denken

Vor jedem Golfschlag ist es wichtig, sich ein positives Bild von dessen Verlauf zu machen. Am Abschlag sollten Sie sich vorstellen, auf welcher Bahn Ihr Ball zum Ziel fliegt. Das Bild des Schlages, den Sie zu spielen gedenken, wirkt wie ein Befehl an Ihr Gehirn und Ihren Körper.

Leider passiert es sehr häufig, dass man, anstatt sich den Schlag vorzustellen, den man spielen will, den vor Augen hat, den man um jeden Preis vermeiden will. Es ist nicht gut zu denken: „Oh Gott, lass' mich nur meinen Ball nicht wie gestern schon wieder ins Aus spielen." Wenn Sie sich vorstellen, wie Ihr Ball mit einem Slice ins Aus segelt, ist auch das eine Anweisung an Gehirn und Körper, so dass Sie mit großer Wahrscheinlichkeit einen Slice produzieren. Wenn Sie sich vorstellen, einen Putt auf der linken Seite zu verfehlen, spielen Sie ihn garantiert links am Loch vorbei. Positives Denken bedeutet, sich positive Anweisungen zu geben.

Bei jedem Schlag, den Sie spielen, ist es ganz wichtig, sich ein Ziel auszuwählen. Die meisten Golfer bilden sich nur ein, sie täten dies, aber in Wirklichkeit ist es gar nicht der Fall. Sie blicken das Fairway hinunter und versuchen, Hindernisse zu vermeiden, d.h., sie versuchen nur, links von einem Bunker oder rechts von Bäumen zu zielen. Ihre Idee, sich ein Ziel zu suchen, besteht im Grunde nur darin, Hindernisse zu umgehen. Das bedeutet, dass das Bild in ihrem Kopf nicht die Stelle ist, an der ihr Ball landen soll, sondern das Hindernis, in das sie nicht spielen wollen. Wenn man sich aber den Bunker oder die Bäume vorstellt, wirken

SEHEN SIE DEN SCHLAG
Konzentrieren Sie sich darauf, Ihren Abschlag in eine perfekte Lage zu spielen. Gestatten Sie sich keine negativen Gedanken, dass Sie den Schlag verfehlen könnten.

DENKEN SIE IN DER GEGENWART
Verbannen Sie die Gedanken an frühere Fehler. Denken Sie nur an den Schlag und die Runde, die vor Ihnen liegen, nicht an die von gestern oder vorgestern.

diese geradezu wie ein Magnet. Der korrekte Weg, sich ein Ziel zu suchen, ist, eine Stelle am Horizont zu wählen, oder noch besser, genau in der Entfernung, die der Ball überbrücken soll, und sich dann darauf zu konzentrieren.
Vor Ihrem Abschlag sollten Sie sich genau überlegen, wo Ihr Ball landen soll. Dann breiten Sie in Ihrer Phantasie ein großes, weißes Tuch an dieser Stelle aus und stellen sich vor, dass Ihr Drive genau dort aufsetzt oder darauf rollt.
Wenn wir den Ball ansprechen, ist das Ziel, das wir ansteuern, nicht zu sehen. Wir müssen also ein deutliches Bild davon in der linken Hälfte unseres Kopfes haben. Ohne ein Bild des Ziels neigen wir dazu, zu früh aufzublicken, um Ball und Ziel gleichzeitig zu sehen. Wenn Sie nicht in der Lage sind, sich die Fahne oder ein anderes Ziel vorzustellen, können Sie genauso gut in einer dunklen und nebeligen Nacht abschlagen. Stellen Sie sich das Ziel in Ihrer linken Gehirnhälfte vor. Ganz gleich, ob Sie am Abschlag stehen und darauf warten, dass Sie mit dem Spielen an der Reihe sind, oder ob Sie zu Hause ein wenig Zeit haben -, stellen Sie sich in Ihrer Phantasie vor, wie Sie bestimmte Schläge spielen. Wenn Sie zu Hause oder vor dem Spiel Schläge proben, wird Ihnen das positive Denken auf dem Platz leichter fallen, was sehr häufig bessere Schläge zur Folge hat. An einem Par 3 zum Beispiel, das Sie nicht mögen oder in der Vergangenheit nicht gut gespielt haben, stellen Sie sich vor, wie Ihnen immer wieder absolut perfekte Schläge gelingen. Diese mentale Übung wird Ihnen helfen, sich ein positives Bild von den guten Schlägen zu machen, sobald Sie mit der realen Situation konfrontiert sind. Eine gute mentale Einstellung zum Golfspiel besteht lediglich darin, negative Gedanken und schlechte Bilder aus Ihrem Geist zu verbannen.

DENKEN SIE AN DEN ERFOLG
Stellen Sie sich vor, wie Ihr Annäherungsschlag über das Grün und direkt ins Loch rollt. Visualisieren Sie vor Ihrem geistigen Auge, wie Sie den Putt versenken.

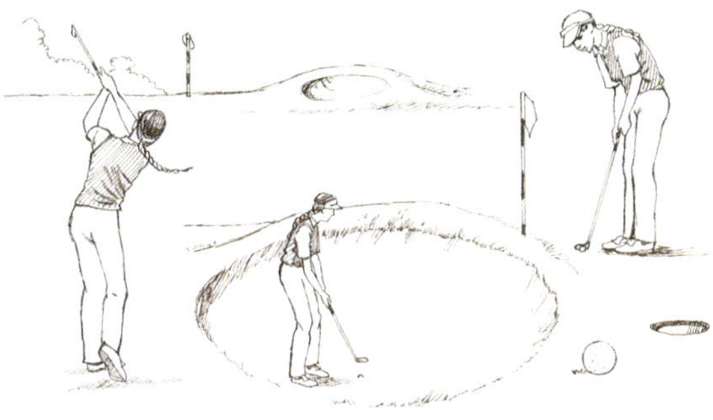

KONZENTRIEREN SIE SICH
Verbannen Sie aus Ihrem Kopf alle Probleme, die Sie im Augenblick haben, und konzentrieren Sie sich ausschließlich auf den vor Ihnen liegenden Schlag.

MERKE!
DENKEN SIE POSITIV, MACHEN SIE SICH VOR JEDEM SCHLAG EIN BILD VOM ABLAUF

7 Training und Etikette

Die ersten zwei oder drei Unterrichtsstunden können entscheidend dafür sein, ob Sie einen guten oder schlechten Start im Golf haben. Wenden Sie sich nur an einen qualifizierten Pro, und bestehen Sie darauf, immer einen ganzen Kursus zu absolvieren - am besten sechs oder zehn Stunden. So hat Ihr Pro die Chance, mit Ihnen systematisch die fundamentale Golftechnik zu erarbeiten.
Dem Unterricht muss die Praxis folgen. Spielen Sie zwischen den einzelnen Unterrichtsstunden mindestens 250 Übungsbälle, und erwarten Sie keine dramatische Verbesserung ohne die Kombination von Unterricht und Praxis. Erbitten Sie nicht zu viele Informationen in einer Stunde. Gute Pros geben Ihnen einen oder zwei Schlüsselpunkte an Hand, an denen Sie arbeiten und die Sie perfektionieren können. Seien Sie geduldig. Arbeiten Sie methodisch hintereinander an jedem Punkt. Es besteht leicht die Gefahr, den Schwung zu komplizieren. Halten Sie ihn einfach. Der Rest des Spiels ist schwer genug.
Wenn Sie mit Ihrem Golfschwung experimentieren, sollten Sie immer nur eine Sache zur Zeit ändern, denn wenn Sie mehrere Dinge gleichzeitig anders machen, werden Sie nicht wissen, was zur erhofften Wirkung geführt hat.

Samantha Head aus England - die andere Hälfte der Head-Zwillinge.

Übung macht den Meister

Machen Sie sich von allem, was Sie lernen und woran Sie arbeiten, Notizen. Denken Sie daran, dass sich immer wieder die gleichen Fehler einschleichen. Selbst erfahrene Spieler können wie aus heiterem Himmel zum Beispiel Probleme mit dem Griff oder Stand bekommen, die im Lauf ihrer Karriere immer wieder auftauchen.

Lassen Sie Ihre Unterrichtsstunden möglichst auf Video aufnehmen. Die ideale Methode ist, dass Ihr Pro Sie filmt und hörbar seine Kommentare abgibt, damit Sie die Aufnahme zu Hause noch einmal mit Ton abspielen können.

Nehmen Sie Unterricht im Chippen, Putten, Pitchen und in Bunker-Schlägen. Spieler ignorieren häufig das kurze Spiel, doch gerade darin kann sich Ihr Score am schnellsten verbessern.

Je nach Spielstärke spielen Sie 40 bis 70 Prozent Ihrer Schläge innerhalb einer Entfernung von 50 Metern zum Grün. Verwenden Sie den gleichen Prozentsatz auf Unterricht und Training.

Versuchen Sie auch, mit Ihrem Pro hin und wieder über den Platz zu gehen. Er kann Sie dann in Aktion sehen und Ihnen helfen, Ihre Strategie, Ihr Zielen und Ihren Umgang mit dem Platz im Allgemeinen zu verbessern. Oft verhalten sich Spieler, die auf der Driving Range zum Beispiel recht gut zielen, auf dem Platz ganz anders. Geben Sie Ihrem Pro die Gelegenheit, dies an Ort und Stelle zu beobachten. Sobald Sie das Spiel einigermaßen gut erlernt haben, sollten Sie selbst dann noch Unterricht nehmen, wenn Sie gut spielen. Das gibt Ihrem Pro Vergleichsmöglichkeiten, wenn Ihr Spiel nicht läuft. So kann er leichter Ihre Fehler erkennen und sie korrigieren. Gehen Sie nicht nur zu Ihrem Pro, wenn Sie frustriert über Ihr Spiel sind und erwarten dann Wunder. Schwungverbesserungen stellen sich häufig erst ein, nachdem man eine Weile sogar noch schlechtere Schläge spielt. Und bessere Scores sind oft erst nach etlichen Wochen regelmäßigen Trainings und Spiels zu verzeichnen.

Frauen machen oft bessere Fortschritte beim Gruppenunterricht, vor allem als Anfänger. Wenn sie beobachten, wie andere die gleichen Fehler begehen, fühlen sie sich ermutigt. Die meisten lernen auch leichter, wenn nicht die ganzen 30 oder 60 Minuten der Pro neben ihnen steht.

Bleiben Sie möglichst bei demselben Pro, aber Vorsicht: Wenn er oder sie Ihnen den Schwung allzu kompliziert vermitteln will, kommen Sie auf dem Platz unter Umständen nicht damit zurecht. Bei einem guten Unterricht soll einem der Schwung progressiv einfacher erscheinen. Schließlich kann ein achtjähriges Kind ihn erlernen.

Training des langen Spiels

Beim Training der langen Schläge sollten Sie immer zu einem bestimmten, am besten großen Gegenstand zielen, zu dem Sie schlagen, wie zum Beispiel einem geöffneten Schirm. Das erhöht Ihre Erfolgsquote, was wiederum Ihr Selbstvertrauen stärkt. Wenn Sie einfach zur Fahne schlagen, sind die unweigerlichen „Fehlschläge" entmutigend, so dass Sie Ihre Konzentration verlieren. Konzentrieren Sie sich auf jeden Schlag, und werden Sie nicht nachlässig.

Anfänglich werden Sie an der Verbesserung Ihrer besten Schläge arbeiten. Gute Spieler müssen dann dazu übergehen, schlechte Schläge zu verbessern und schließlich ganz abzulegen. Bemühen Sie sich beim Training, jeden Schlag gut zu spielen - so als wären Sie auf dem Platz.

ARBEITEN SIE AN IHREM SPIEL

Wie bei jeder anderen Sportart werden Sie auch im Golf nur durch harte Arbeit und Training eine gute Spielerin. Fast alle Spitzen-Pros arbeiten permanent an ihrem Spiel, und häufig sind die Spieler, die am längsten und härtesten trainieren, auf Dauer auch die erfolgreichsten.

MERKE!
LERNEN SIE MIT HILFE VON VIDEO-AUFNAHMEN

Der Wert der Routine

Golf ist ein unbewegliches Ballspiel. Es gibt Ihnen zu viel Zeit zum Nachdenken und damit auch zu viel Zeit, mit den Gedanken abzuschweifen. Je besser die Routine ist, mit der Sie Ihre Schläge angehen, desto leichter wird Ihr Spiel Druck standhalten.

Es gibt drei Phasen für gutes Golf: Die erste besteht darin, auf der Driving Range gute Schläge zu spielen. Die zweite ist, diese Methode auf das Spiel auf dem Platz zu übertragen. Die dritte, mit Stress fertig zu werden.

Eine gute Routine gibt Ihnen die Sicherheit, jeder Situation gewachsen zu sein.

Ihre Routine sollte darin bestehen, die Art, wie Sie sich auf einen Schlag vorbereiten, ständig zu wiederholen.

So stellen Sie sich an den Ball

Ein Beispiel von Routine könnte sein, Ihre Tasche mit den Schlägern immer in der gleichen Position rechts vom Ball abzustellen. Verhalten Sie sich so beim Training und beim Spiel. Treten Sie entweder von der Seite an den Ball heran oder, noch besser, gehen Sie erst hinter den Ball und stellen sich von dort aus an den Ball. Richten Sie sich möglichst über eine Stelle vor dem Ball aus. Wiederholen Sie dieses Vorgehen bei jedem Schlag.

Vorbereitung

Nehmen Sie Ihre Haltung jedes Mal auf die gleiche Art und Weise ein. Greifen Sie den Schläger immer zuerst mit der linken, dann mit der rechten Hand und so weiter. Lernen Sie, den Schläger mit zwei klaren Bewegungen zu greifen. Wenn Sie den Ball ansprechen, machen Sie immer die gleiche Zahl von Waggle-Bewegungen mit dem Schläger.

Das Finish

Lernen Sie, den Ball im Treffmoment genau zu beobachten, und achten Sie darauf, bei jedem Finish absolut im Gleichgewicht zu sein. Halten Sie das Finish mindestens vier

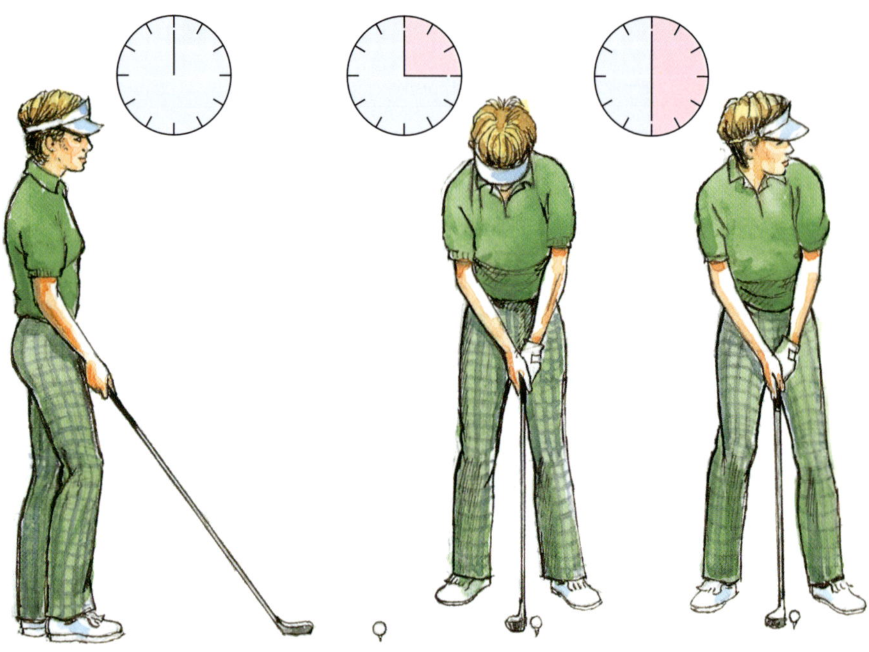

Sekunden lang. Golf ist anders als ein bewegliches Ballspiel. Sie müssen nicht hinter dem Ball her laufen, sondern nichts weiter tun, als dastehen, sich auf den Ball konzentrieren und beobachten, wo er hingeflogen ist. Selbst wenn Sie die Arme sinken lassen, sollten sich die Beine noch im Gleichgewicht befinden, bis der Ball aufhört zu rollen. Lernen Sie, den Schwung und die ganze Routine von dem Augenblick an zu wiederholen, in dem Sie an den Ball herantreten bis zum Finish Ihres Schwungs.

Routine beim kurzen Spiel

Die Routine macht natürlich auch vor dem kurzen Spiel nicht Halt. Gewöhnen Sie sich auch beim Putten eine bestimmte Routine an. Lesen Sie das Grün immer auf die gleiche Art und Weise, machen Sie die gleiche Zahl von Probeschwüngen, halten Sie den Kopf ruhig, und bemühen Sie sich bei jedem Putt um einen wiederholbaren Schlag. Wenn Sie plötzlich einen sehr wichtigen Putt vor sich haben, machen Sie deswegen nicht zwei oder drei Probeschwünge zusätzlich. Gehen Sie genauso vor wie immer, denn nur so haben Sie die besten Chancen zu wiederholt erfolgreichen Aktionen.

Denken auf zweierlei Art

Blicken Sie auch immer gleich viele Male zum Ziel. Auf der Driving Range ziehen Sie sich normalerweise Ihren Ball heran und blicken dann einmal zum Ziel, bevor Sie ihn schlagen. Auf dem Platz gehen Sie unter Umständen ganz anders vor und blicken mehrere Male zum Ziel. In einem Turnier blicken Sie sogar noch häufiger hin, bewegen die Füße hin und her und laufen Gefahr, unentschlossen zu werden. Wenn Sie gute Golfer beobachten, werden Sie feststellen, dass sie buchstäblich vor jedem Schlag das Gleiche tun. Club-Golfer hingegen ändern ihre Vorgehensweise und verlieren in einem Turnier nicht selten ihre Routine völlig. Ahmen Sie gute Golfer nach.

Das Gehirn trifft Entscheidungen auf zweierlei Art. Einmal entscheiden wir sehr schnell und wägen die Situation rasch ab. Diese Art zu denken setzen wir in Notsituationen ein und bei beweglichen Ballspielarten. Es ist normalerweise ziemlich genau und verlässlich. Bei der langsameren Art zu denken fällen wir Urteile und treffen unsere Wahl auf eine ganz andere Art. Sie ist sehr viel bewusster und erfolgt in einem ganz anderen Teil des Gehirns. Beim Golf besteht die Gefahr, dass man das schnelle Denken im Training und bei einem normalen Spiel verwendet, ein- oder zweimal zum Ziel blickt und dann den Ball schlägt. Doch kaum gerät man unter Druck, geht man zur anderen Art des Denkens über. Das Gehirn funktioniert unterschiedlich, und das Urteil kann viel schlechter ausfallen. Wenn Sie bei einem Pitch-Schlag normalerweise einmal aufblicken, um Ihre Entfernung abzuschätzen, tun Sie dasselbe auch unter Druck.

ROUTINE VOR DEM SCHLAG

Spitzenspieler halten sich vor jedem Schlag an die gleiche Routine. Man kann beinahe die Uhr danach stellen. Tun Sie dasselbe. Befolgen Sie vor jedem Schlag die gleichen Rituale in Bezug auf Griff, Stand, Ansprechen und Schwung.

MERKE!
UNTER DRUCK NICHT LANGSAMER WERDEN

Entspannung, Konzentration und ein Zuviel des Guten

Golf ist kein Spiel, bei dem die meisten Menschen ihre Bestleistung erbringen, wenn sie sich besondere Mühe geben. Manche Spieler stellen sich vor, es ginge darum, die British Open zu gewinnen. In Wirklichkeit ist Golf ein Spiel, bei dem die meisten Leute am besten spielen, wenn sie ganz entspannt sind.

Anspannung in den Schultern, Armen und Händen wirkt sich absolut nachteilig auf die Leistung aus. Wenn Sie sich auf dem Golfplatz angespannt fühlen, müssen Sie lernen, richtig zu atmen. Atmen Sie ein paar Mal ein und aus.

Für die meisten Golfer ist es am besten, wenn sie ein wichtiges Turnier wie eine ganz normale Runde angehen. Eine Runde mit ein paar Freunden wirkt sich auf das Spiel der meisten Menschen absolut vorteilhaft aus. Mit Freunden kann man entspannen, sich unterhalten. Man schlägt den Ball, vergisst ihn und fährt in seiner Unterhaltung fort. Dann hat man den nächsten Schlag vor sich, setzt die Unterhaltung einen Augenblick aus und konzentriert sich auf den Ball. Bei dieser Art zu spielen trifft man seine Entscheidungen nicht zu früh.

In einem Turnier spielt man häufig in völligem Stillschweigen. Jeder Spieler will sein Bestes geben. Vielleicht spielt man mit jemandem, den man vorher noch nie gesehen hat und findet ihn oder sie einschüchternd. Das Gleiche trifft wahrscheinlich auch umgekehrt zu. Nach der Runde hofft man, ihr oder ihm hoffentlich nie wieder zu begegnen. Und in Wirklichkeit ist sowohl mit Ihnen als auch mit Ihrer Gegnerin alles in Ordnung. Ohne Unterhaltung denken Sie immer nur nach vorne, machen sich Sorgen um den nächsten Schlag, denken an frühere Fehler und bemühen sich verkrampft um einen guten Score. Das Spiel wird dadurch immer langsamer. Gute Schläge werden buchstäblich erstickt durch allzu angestrengtes Bemühen. Und der übliche Kommentar nach der Runde lautet dann, dass Sie sich nicht konzentrieren konnten.

Es gibt zwei Möglichkeiten, sich auf dem Platz zu konzentrieren. Die erste ist, sich am ersten Abschlag in einen Kokon einzuspinnen und keinen Gedanken durch die äußere Hülle dringen zu lassen, der sich nicht auf Ihr Spiel bezieht. Die zweite ist zu lernen, die Konzentration kurz vor dem Schlag an- und zwischen den Schlägen auszuschalten. Auf diese Weise erbringen die meisten Golferinnen ihre beste Leistung. Wenn man sich übermäßig konzentriert, erzeugt man leicht Spannung.

Der Schlüssel ist, zwischen den Schlägen zu entspannen und sich erst wieder zu konzentrieren, sobald man den nächsten Ball erreicht hat. Wenn es Ihnen schwer fällt, zu entspannen, stellen Sie sich vor, Spannung sei eine Flüssigkeit im Körper. Atmen Sie einige Male tief durch, und lassen Sie die Arme nach unten hängen. Stellen Sie sich die Spannung als warme, rosafarbene Flüssigkeit vor, die von Ihnen abtropft und kleine Pfützen unter Ihren Händen bildet.

Um Ihre Konzentration „anzuschalten“, können Sie zu sich selbst sagen: „Hallo Ball, hier bin ich, 150 Meter vom Ziel entfernt. Dies ist ein Eisen 4, und ich will es jetzt schlagen, so gut ich nur kann.“ Schalten Sie an, konzentrieren Sie sich auf den Ball, schlagen Sie ihn, vergessen Sie ihn, und gehen Sie weiter. Die meisten Spieler finden es schwerer, zwischen den einzelnen Schlägen abzuschalten, als sich vor einem Schlag zu konzentrieren. Wenn Sie in Stillschweigen mit jemandem spielen, den Sie nicht kennen, müssen Sie lernen, damit umzugehen. Schalten Sie an und schalten Sie aus. Die Gedanken wandern zu lassen ist viel weniger ermüdend, als sich von Anfang bis Ende auf das Spiel zu konzentrieren.

Denken Sie niemals über den nächsten Schlag nach, bevor Sie den Ball ereicht haben. Sagen Sie sich nicht schon im voraus,

welchen Schläger Sie nehmen werden, nicht einmal zehn Meter vorher. Wenn Sie den Ball erreicht haben, kann der Schlag sehr viel anders aussehen.
Betrachten Sie das Spiel als eine Aneinanderreihung einzelner Schläge, und spielen Sie jeden, so gut Sie können. Spielen Sie nicht auf einen bestimmten Score hin, sondern lassen Sie es einfach geschehen. Sehr wichtig ist Ihre Motivation für die einzelnen Schläge. Spitzenspieler wollen jedes Mal ihren besten Schlag spielen. Bei Club-Golfern sind es häufig unterschiedliche Grade von Bemühen. Der eine Schlag erscheint unwichtig, der nächste von entscheidender Bedeutung. Vielleicht fühlen sie sich beobachtet, oder sie müssen über ein Wasserhindernis spielen. Vielleicht haben sie einen sehr guten Score. Der Druck wird immer stärker. Korrekt ist es, das Spiel ganz rationell anzugehen. „Ich will den Ball so gut spielen, wie ich kann." Das ist viel weniger stressig. Es geht nicht darum, wie ein Wilder auf den einen Ball einzudreschen und beim anderen zu entspannen. Jeder Schlag sollte methodisch angegangen werden.
Entwickeln Sie eine Art zu spielen, die auch Druck standhält. Viele Golferinnen verhalten sich auf der Driving Range anders als auf dem Platz und ändern ihre Technik sogar ein drittes Mal, wenn es um etwas geht. Eine solche Änderung ist normalerweise mit einer unnötigen Verlangsamung des Spiels verbunden. Anstatt jeden Schlag so gut wie möglich zu spielen und es dabei zu belassen, versucht man, ihn zu forcieren. Plötzlich gewinnt er an Bedeutung. Die Spielerin macht mehrere Übungsschwünge, zieht den Handschuh fest, hantiert mit dem Schlägerkopf herum und ist unzufrieden mit dem Grad von dessen Sauberkeit. Dann tritt sie hinter den Ball, um eine Stelle zu wählen und findet keine passende. Schließlich, nachdem diese Entscheidung endlich getroffen ist, spricht sie den Ball an. Dann blickt sie noch einmal, zweimal oder dreimal zum Ziel - jedes Mal mit noch angespannterem und besorgterem Gesichtsausdruck als vorher. Endlich, nach endlosem Nachdenken und Gescharre mit den Füßen, ist sie bereit zum Schlag. Ringsum herrscht Schweigen und Stille. Die Spannung ist beinahe greifbar.... da stellt die Spielerin plötzlich fest, dass ihr der Trolley im Weg ist und fängt die ganze Chose von vorne an...

EIN WEG ZU ENTSPANNEN
Wenn Sie Schwierigkeiten haben, auf dem Golfplatz zu entspannen, machen Sie Lockerungsübungen, indem Sie zum Beispiel mit dem Kopf kreisen (oben) oder sich bildlich vorstellen, wie die Spannung nachlässt.

MERKE!
ZU ANGESTRENGTES BEMÜHEN BEWIRKT DAS GEGENTEIL

Die Angst zu versagen

Beim Golf ist die Bestrafung für eine schlechte Leistung meist viel härter als bei anderen Sportarten. Bei den meisten Ballspielen besteht eine gewisse Verletzungsgefahr - man kann sich die Nase brechen oder Muskeln zerren. Beim Golf riskiert man vor allem ein erschüttertes Ego....

Für viele Sportler ist das weit schlimmer als körperliche Verletzungen, und deshalb fürchten sie sich vor Golf und dem Golfball. Das trifft auch auf uns selbst zu. Ganz gleichgültig, wie gut man als Golferin ist - an jeder Ecke lauern kleine Fehler. Der kurze, ausgelassene Putt, der getoppte Pitch-Schlag und der Bunker-Schlag, der an der Vorderkante hängen bleibt. Aus diesem Grund findet man selten bis nie eine eingebildete Golferin - außer unter blutigen Anfängern, die die hässlichen Seiten des Spiels noch nicht genügend kennen.

Um gut Golf zu spielen, muss man sich von allen Ängsten befreien. Das schlimmste Unglück, das Ihnen auf einem Golfplatz zustoßen kann, ist der Verlust eines Balls. Das kostet Geld. Aber meistens findet man dafür sogar einen anderen. Und trotzdem haben so viele Golfer Angst, sich zu blamieren. Der Anfänger sieht aus jedem Busch Augen nur auf sich gerichtet und meint, alle anderen Golfer würden über seine Fehler lachen. In Wirklichkeit wenden sich die meisten erfahrenen Golfer ab und tun so, als hätten sie nichts gesehen.

SCHWIERIGE SCHLÄGE
Gehen Sie einen schwierigen Schlag, zum Beispiel aus einem Bunker, mit Selbstvertrauen an. Es ist ein Schlag wie jeder andere, und niemand wird Sie auslachen, wenn Sie ihn vemasseln. Auf dem Foto (links) Brandie Burton in Muirfield.

VISUALISIEREN SIE DEN SCHLAG POSITIV
Reden Sie sich ein, dass Sie den Schlag schaffen. Stellen Sie sich vor, Sie seien Ihre Lieblingsproette, und versuchen Sie nachzuempfinden, wie sie sich bei diesem Schlag fühlen würde. Selbstvertrauen ist das A und O beim Golf. Auf dem Foto (rechts) Kellie Kuehne.

Der Durchschnittsgolfer ist viel zu viel mit seinem Score beschäftigt. Viele haben vom ersten Abschlag an Angst vor Karte und Bleistift. Ein schlechtes Loch lässt sie sofort an einen schlechten Score denken. Was werden die anderen denken? Sorgen um den endgültigen Score holen nicht das Beste, sondern meistens das Schlechteste aus Ihrem Spiel heraus. Die Gedanken rasen voraus und malen Ihnen das Gefühl der Peinlichkeit aus, das Sie empfinden werden. Das Ende der Runde wird erreicht. Der Zähler will den Score vergleichen, geht Loch für Loch mit Ihnen durch und bringt alles Schreckliche noch einmal zurück. Und dann wird die Karte überreicht. Eine Unterschrift ist erforderlich, als müssten alle Fehler auch noch besiegelt werden. Danach wird der schreckliche Score an der Tafel ausgehängt. Sie stellen sich vor, dass alle jetzt nur das Schlimmste von Ihnen denken, aber das stimmt nicht. Zumindest gilt das nicht für jene, die etwas von Golf verstehen.
Sie müssen lernen, Golf zu spielen, ohne die Angst zu versagen. Sie müssen vor Selbstvertrauen strotzen - mit dem richtigen Maß an Bescheidenheit.
Bewerten Sie Ihre eigenen Gefühle auf dem Platz. Ordnen Sie Ihr Selbstvertrauen - oder den Mangel daran - auf einer Skala von eins bis neun ein. Am untersten Ende herrscht ein Gefühl von „Ich habe schreckliche Angst und wollte, ich wäre nicht hier“ vor. Dann geht es bergauf über Gefühle von ängstlich, besorgt, ruhig, einigermaßen zuversichtlich, positiv, sehr zuversichtlich, aggressiv positiv und unerschütterlich. Bei vielen schwanken die Gefühle auf der Skala zwischen drei und vier. Die gute Golferin sollte sich in jeder Situation so um acht oder neun fühlen - ganz gleich, ob sie am ersten Abschlag steht oder auf dem 18. Grün einen Putt zum Matchgewinn spielt. Der angehende Champion muss sich wie eine Siegerin fühlen und wie eine Siegerin gehen. Sie sollte kühles Selbstvertrauen ausstrahlen und aussehen, als hätte sie Freude an dem Spiel und Erfolg darin.

Die Angst zu versagen (2)

➤ Schon vor Ihrem ersten Abschlag sollten Sie sich als Frau der Lage fühlen. Betreten Sie den Abschlag nicht mit hängenden Schultern und murmeln nervös Entschuldigungen, dass Sie völlig eingeschüchtert sind und sich unglaublich geehrt fühlen, mit so einer Gegnerin zu spielen (es sei denn, sie ist ein wirklicher Superstar). Ersparen Sie sich irgendwelchen Blödsinn wie, Sie würden hoffen, sich würdig zu erweisen. Seien Sie zuversichtlich. Zeigen Sie von Anfang an, wer die Chefin ist. Seien Sie organisiert und entschlossen.

Lernen Sie, schlecht zu spielen - und genießen Sie es!

Jeder weiß mit gutem Spiel umzugehen. Die Kunst ist, den Umgang mit schlechtem Spiel zu lernen. Wenn Sie nach einem schrecklichen Golftag überleben und immer noch Freude an dem Spiel haben, werden Sie feststellen, dass es so viele von diesen Tagen gar nicht gibt. Wenn Sie in Panik verfallen, wird alles nur noch schlimmer. Um ein Champion zu werden, müssen Sie stolz auf sich selbst sein. Sie wollen Ihr Bestes geben. Sie sollen nicht selbstgefällig werden, aber Angst vor schlechten Scores ist in erster Linie die Ursache schlechter Scores. Wie gehen wir also mit einer schlechten Runde um?

Eine Spielerin betritt das Clubhaus mit einem Lächeln. Auf Fragen, wie sie gespielt habe, antwortet sie, dass die Runde schrecklich, wirklich schrecklich gewesen sei - ein Desaster. Dann fragt jemand: „Und wie war dein Score?“

„Das sage ich nicht. Es war schauderhaft, aber es hat mir trotzdem Spaß gemacht. Ich habe heute Teile des Platzes kennen gelernt, die ich bisher noch gar nicht kannte. Ich

hatte so viel Bunker-Training wie nie zuvor, und ich glaube, dass ich heute für den Rest des Jahres meine schlechten Schläge losgeworden bin. Sieh dich also im nächsten Monat vor. Mein Score? 94.... nein, nein, 94 brutto, 94 netto."

Dann, wenn andere nachfragen, werden Sie feststellen, dass die Freundinnen dieser Spielerin fürsorglich reagieren (voller Dankbarkeit natürlich, dass es nicht ihnen passiert ist): „Sie hatte heute keinen guten Tag, aber es hat ihr trotzdem Spaß gemacht."

Sie sind alle so nett, so mitfühlend - zumindest alle, die man als wirkliche Golferinnen bezeichnen kann und die schon selbst genug hässliche Erfahrungen gemacht haben. So schlimm war es letztlich gar nicht.

Aber es gibt auch noch eine andere Art Golferin. Sie beendet ihre Runde, lehnt es ab, die Scorekarten genau zu vergleichen, sieht ihre Mitbewerberin nur mit einem finsteren Blick an, als wollte sie sagen: „Ich würde sie lieber zerreißen, aber reiche sie ruhig ein, wenn du meinst" und streckt ihr die Scorekarte entgegen. Dann stürmt sie zum Parkplatz, reißt den Kofferraum auf, schleudert Schläger, Trolley und alles, was sich noch daran befindet, hinein, wirft sich auf den Fahrersitz - die Golfschuhe noch an den Füßen - und fährt mit kreischenden Bremsen von dannen. Alle Augen folgen ihr durch die Clubhausfenster. Nach einigem Gemurmel kennt jeder ihren Score. Die Mitbewerberin geht Schlag für Schlag noch einmal alles durch und übertreibt jedes einzelne Missgeschick unter den Lachsalven der anderen. „Die sehen wir hier nicht so bald wieder."

Und wenn die arme Dame doch irgendwann den Mut aufbringt, den Platz erneut anzugreifen, wird ihr Auftritt im Clubhaus von verlegenem Schweigen und wissenden Blicken begleitet. Ihre nächste Runde wird noch schlimmer, weil sie sich an die Pein vergangener Erfahrung erinnert. Wenn Sie Angst vor einem schlechten Score haben, tritt er ein. Wenn diese Angst auch Sie bedrückt, begnügen Sie sich mit einer von zwei simplen Fakten - Sie haben gewonnen oder nicht gewonnen. Sprechen Sie positiv.

Golf ist ein Spiel, bei dem es keine Ausreden und Entschuldigungen gibt. Versuchen Sie es gar nicht erst. Es ist schließlich das einzige Spiel, bei dem Sie ganz allein mit Ihrem eigenen Ball spielen. Kein anderer berührt oder beeinflusst ihn. Sie teen ihn auf, Sie schlagen ihn, Sie nehmen ihn aus dem Loch, lassen ihn fallen. Alles, was mit dem Ball geschieht, ist Ihre eigene Schuld. Ganz gleich, wie gut Sie Golf erlernen - der Einbruch kann an der nächsten Ecke lauern. Der Trick ist, jedes Hindernis zu überwinden und zu akzeptieren, dass es ein Spiel ist, das sich aus verfehlten Schlägen zusammensetzt. Sie müssen unter Umständen Ihr Leben lang auf ein As warten. Jeder andere Schlag ist letztlich einer, der danebenging. Jeder Narr kann gute Schläge spielen. Eine echte Verbesserung ist erst zu verzeichnen, wenn man lernt, schlechte Schläge besser zu spielen.

Eignen Sie sich einen eleganten Schwung an, und gehen Sie wie ein Champion. Die Spieler auf dem angrenzenden Fairway sehen wahrscheinlich gar nicht, wie Ihr Ball liegt. Aber sie sehen Ihren Schwung und Ihre Reaktion auf den Schlag. Wirken Sie eher wie ein guter Golfer, dem ein schlechter Schlag unterlaufen ist, als wie ein schlechter Golfer, der einen schlechten Schlag spielte.

DAS SPIEL ÜBER WASSER

Viele Golferinnen lassen sich schon vom Anblick eines Wassers einschüchtern - und das ist auch der Zweck. Wenn Sie diesen Schlag (hier Liselotte Neumann in Les Bordes, Frankreich) wie jeden anderen spielen, besteht kein Grund, warum er nicht gelingen sollte.

MERKE!
ES GIBT KEINE ENTSCHULDIGUNGEN

Zählspiel

Das Zählspiel gilt im Allgemeinen als die schwierigste Turnierform im Golf.

Im Zählspiel wird die Gesamtzahl aller Schläge über 18 Löcher erfasst. Die Scores für jedes Loch werden notiert und ergeben am Ende addiert den Brutto-Score.
Professionelle Turniere und Meisterschaften basieren grundsätzlich auf dem Brutto-Score. Bei Amateurturnieren - mit Ausnahme von Meisterschaften - wird das Handicap des Spielers abgezogen und ergibt den Netto-Score. Der niedrigste Brutto-Score gewinnt den Scratch-Preis, der niedrigste Netto-Score den Handicap-Preis.
Beim Zählspiel spielt man gegen ein ganzes Feld von Spielerinnen und nicht nur gegen eine spezielle Gegnerin. Aus diesem Grund sind die Regeln und Strafen für Lochspiel und Zählspiel unterschiedlich. Beim Zählspiel heißt Ihre Mitbewerberin korrekt Zähler. Vor Beginn der Runde tauschen die Spieler die Scorekarten aus und notieren dann während der ganzen Runde den Score der anderen.
Das Zählspiel wird zur Ermittlung des Handicaps herangezogen. Es kann als Einzel, Vierer oder Vierball gespielt werden.
Viele Golfer haben Angst vor einem Zählspiel. Die Scorekarte scheint sie unter Druck zu setzen. Jeder Schlag zählt. Beim Lochspiel und bei anderen Turnierformen hat ein schlechter Schlag im Hinblick auf den Score keine so strafende Wirkung. Um ein guter Zählspiel-Golfer zu sein, muss man die Psychologie des Spiels wirklich verstehen.
Die erste Regel lautet, fest in der Gegenwart zu bleiben. Denken Sie nur an den jeweils vor Ihnen liegenden Schlag. Schauen Sie nicht nach vorne und nicht nach hinten. Das Geheimnis einer guten Zählspielrunde ist, am ersten Abschlag zu stehen und den Ball so gut zu spielen, wie man nur kann. Gehen Sie dann zum nächsten Schlag und spielen ihn wieder so gut, wie Sie können. Kein verkrampftes Bemühen bei einem Schlag und Entspannung beim nächsten. Nein, schlagen Sie, vergessen Sie den Schlag und gehen Sie weiter - ein langweiliger Schlag nach dem anderen. Irgendwann landet der Ball dann im Loch auf dem 18. Grün. Zählen Sie Ihren Score zusammen. Die meisten Spieler blicken dauernd nach vorne oder nach hinten, anstatt an den Ball zu denken, den sie JETZT zu spielen haben. Sie beginnen mit einer Zehn am ersten Loch, die Sie natürlich nicht mehr aus Ihrem Kopf verbannen können. Das zweite, dritte und vierte Loch gehen wegen des Gedankens an die Zehn am ersten ebenfalls daneben. Wie kann ich das wieder gutmachen? Sie können es nicht. Es ist vorbei, vergessen. Manche Spieler schaffen es einfach nicht, die Zehn am ersten zu vergessen.... bis sie am neunten elf Schläge benötigen. Blicken Sie nicht zurück. Die meisten Menschen lernen ohnehin nichts aus vergangenen Fehlern. Leben Sie in der Gegenwart.
Tun Sie nicht, was die meisten Golfer tun und addieren Ihren Score bereits nach neun Löchern in der Annahme, dass er nach 18 Löchern das Doppelte ergibt. Es gibt nur sehr wenige Spieler, die an den ersten und zweiten neun Löchern jemals das gleiche Ergebnis haben. Wenn Sie die ersten neun in 47 Schlägen spielen (ganz gleich, ob das gemessen an Ihrer Spielstärke nun gut oder schlecht ist), heißt das nicht, dass Sie für die rückwärtigen neun auch 47 Schläge benötigen - es können auch 37 oder 57 sein. Also bitte keine Vorhersagen.
Wenn Sie gut spielen, sollten Sie nicht schon an die Preise denken. Machen Sie sich keine Sorgen darüber, welche Ansprache Sie im Fall eines Sieges halten werden. Dazu haben Sie noch fünf Minuten vor der Preisverleihung Zeit, wenn feststeht, dass die Trophäe Ihnen gehört. Es ist schon häufig passiert, dass ein Turnier verloren wurde, weil der Spieler allzu siegessicher war.

GUTES ZÄHLSPIEL
Spielen Sie jeden Schlag, wie er kommt, und irgendwann wird der Ball ins 18. Loch rollen. Feiern Sie erst, wenn Sie gewonnen haben. Hier Sherri Steinhauer als Siegerin in Muirfield.

Was in einem Zählspiel erlaubt ist und was nicht:

➤ Werden Sie nicht übermütig, wenn Ihr Spiel gut läuft.
➤ Denken Sie nicht: „Was, wenn?" - Das bedeutet Stress.
➤ Nehmen Sie nicht den Score vorweg, bevor der letzte Schlag gespielt ist.
➤ Denken Sie daran, dass ein schlechter Start nicht unbedingt eine schlechte Runde bedeutet.
➤ Vergessen Sie Ihren Score, bis das Spiel zu Ende ist. Wenn Sie gut spielen, hebt das Ihre Stimmung. Läuft Ihr Spiel nicht, machen Sie sich Gedanken und verschlimmern die Sache nur.
➤ Gehen Sie nicht davon aus, dass Ihr endgültiger Score das Doppelte der Schlagzahl sein wird, die Sie an den ersten neun Löchern benötigt haben. Spielen Sie einfach immer weiter.
➤ Denken Sie nicht daran, was Sie im Fall eines Sieges tun werden, bevor Sie ihn wirklich errungen haben.
➤ Machen Sie sich keine Gedanken über Ihre Rede bei der Siegerehrung, bevor Sie wissen, dass Sie das Turnier tatsächlich gewonnen haben.
➤ Die einzige Art, nach vorne zu denken, sollten Sie sich bei der Planung eines jeden Loches gestatten, an dem Sie ankommen.
➤ Sehen Sie sich genau an, wo die Fahne platziert ist, und planen Sie Ihren Drive sorgfältig.
➤ Planen Sie nicht im voraus, sondern bleiben Sie fest in der Gegenwart.
➤ Schlagen Sie den Ball, und vergessen Sie ihn dann. Konzentrieren Sie sich immer nur auf den jeweils nächsten Schlag.
➤ Spielen Sie in Ihrem Kopf immer nur einen Schlag zur Zeit.
➤ Treffen Sie erst Ihre Schlägerwahl, wenn Sie den Ball erreicht haben, sonst geraten Ihre Gedanken durcheinander.
➤ Denken Sie über jeden Schlag getrennt nach. Denken Sie nicht an vergangene oder zukünftige Schläge.
➤ Wenn Sie einen Fehler machen, vergessen Sie ihn so schnell wie möglich.
➤ Stellen Sie Ihr Spiel auf keinen Fall wegen Ihres Scores um, sondern gehen Sie jeden Schlag wie gewohnt an.
➤ Gehen Sie keine unnötigen Risiken ein, besonders bei Recovery-Schlägen oder jenen, die zum Hasardspiel verführen. Damit machen Sie, wenn Ihr Spiel nicht gut läuft, die Sache nur noch schlimmer.

Und noch einmal: Die größten Fehler sind Unentschlossenheit und Zweifel. Fragen Sie sich niemals „Was, wenn?". Das bedeutet Stress. „Was, wenn ich im Bunker lande?", „Was, wenn ich zwischen die Bäume spiele?", „Was, wenn ich dieses Turnier nicht gewinne?" Wenn Sie nach Hause fahren, ohne gewonnen zu haben, ist Ihr Leben noch genauso wie bei Ihrer Ankunft.

MERKE!
DENKEN SIE NUR AN DIE GEGENWART

Lochspiel

Bei dieser Turnierform spielen Sie Loch für Loch gegen einen Gegner oder ein anderes Paar.

Insofern unterscheidet es sich vom Zählspiel, bei dem man gegen ein ganzes Feld von Spielern auf Basis des Gesamtscores antritt. Im Lochspiel gewinnt jeweils der Spieler mit der niedrigsten Schlagzahl das betreffende Loch, und man spielt entweder ohne Handicap oder Schlagzahl minus Handicap. Gehen wir einmal davon aus, dass A gegen B spielt und beide Handicap null haben. A gewinnt das erste Loch mit vier Schlägen, da B fünf dafür benötigte. A liegt nun 1 auf, und korrekterweise sollte B den Score verkünden, dass sie nämlich 1 down liegt. Für das zweite Loch benötigen beide fünf Schläge, d.h., sie halbieren sich das Loch und A liegt nach wie vor 1 auf. A gewinnt das dritte Loch und liegt nun 2 auf, B folglich 2 down. Nach 15 Löchern liegt A schließlich 3 auf, d.h. 3 auf bei drei noch zu spielenden Löchern. In diesem Fall ist A „dormie drei", d.h., dass sie nicht mehr verlieren kann, es sei denn, A und B gehen über extra Löcher. A und B halbieren nun das 16. Loch, so dass A also bei zwei noch zu spielenden Löchern 3 auf liegt. Nun kann B sie nicht mehr einholen, und A hat bei zwei noch zu spielenden Löchern mit drei Schlägen gewonnen - abgekürzt mit 3 und 2. Hätte B z.B. das 16., 17. und 18. Loch gewonnen, hätten die Spielerinnen bei Beendigung des Matches all square, d.h. gleich, gelegen. Je nach Turnierregeln und Austragungsmodus müssen sie nun entweder über extra Löcher gehen, d.h. sich zurück zum ersten Loch begeben, das nun zum 19. wird. Oder aber das Match ist mit dem 18. Loch beendet. Bei einer Verlängerung spielen sie das 19., 20. Loch usw., bis der endgültige Sieger ermittelt ist. Bei einem Clubturnier oder einer internationalen Meisterschaft endet das Match oft am 18. Loch und wird geteilt.

Hier noch einiges zur Etikette:

➤ Am ersten Abschlag wird durch Werfen einer Münze entschieden, wer die Ehre hat, es sei denn, diese Frage wurde bereits

GEWINNEN SIE DAS LOCH
Obwohl Sie Loch für Loch gegen Ihre Gegnerin spielen, sollten Sie sich lieber auf den Platz als auf Ihr Gegenüber konzentrieren. Hier Catriona Mathew beim Einschätzen eines Putts im Solheim Cup in Muirfield Village.

durch Auslosung geregelt. Es ist nicht korrekt, wenn eine Spielerin nur auf Grund ihres niedrigeren Handicaps beginnt.

➤ Die Spielerin, die das erste Loch gewinnt, hat die Ehre am nächsten und schlägt zuerst ab. Sie behält die Ehre, bis ihre Gegnerin ein Loch gewinnt.

➤ Korrekterweise verkündet immer die Spielerin, die down liegt, den Score an jedem Loch. In diesem Fall braucht man auch keine Karte auszufüllen. Im Lochspiel muss nicht immer eingelocht werden, und der Score an jedem einzelnen Loch ist unerheblich.

➤ Wenn eine Handicap-Spielerin im Lochspiel an einem Loch einen Schlag Vorgabe erhält, sollte sie dies laut sagen. Es ist ihre Sache, den Schlag geltend zu machen.

Die Regeln für Lochspiel und Zählspiel sind unterschiedlich. Im Lochspiel spielt man nur gegen seine Gegnerin, im Zählspiel gegen das ganze Feld.

Es ist nicht möglich, den Score rückwirkend zu ändern. Auf Befragen muss man die Zahl der benötigten Schläge korrekt angeben. Gibt man eine verkehrte Auskunft und korrigiert diese nicht, bevor die Gegnerin spielt, wird man mit Lochverlust bestraft. Auch diese Regel gilt zum Beispiel im Zählspiel nicht. Prägen Sie sich die Unterschiede in den Regeln ein.

Überlegungen beim Lochspiel

Die gedankliche Seite ist beim Lochspiel sehr wichtig. Im Prinzip sollten Sie im Lochspiel genauso wie im Zählspiel spielen, d.h., spielen Sie den Platz, und versuchen Sie, einen guten Score zu erzielen, ohne über Ihre Gegnerin nachzudenken. Ein schlechter Schlag Ihrer Gegnerin sollte keinen Einfluss auf Ihre Spielweise haben.

Es ist leicht, sich von seiner Gegnerin ablenken zu lassen. Wenn sie ihren Drive ins Aus schlägt, ist Ihre erste Reaktion vielleicht Befriedigung, und Sie begehen vielleicht den Fehler, den Driver sicherheitshalber gegen das Holz 3 auszutauschen. Danach wechseln Sie das ursprünglich für den zweiten Schlag vorgesehene Holz 3 gegen ein Holz 7 ein - wieder sicherheitshalber. In der Zwischenzeit knallt Ihre Gegnerin mit zwei weiteren phantastischen Schlägen ihren Ball aufs Grün - direkt neben das Loch. Davon geschockt benötigen Sie sechs Schläge, sie dagegen nur fünf, und schon haben Sie das Loch verloren. Durch so einen dummen Fehler kann das ganze Match verloren gehen.

Vergessen Sie nicht, dass jedes Match erst gewonnen oder verloren ist, nachdem der letzte Putt eingelocht wurde. Denken Sie genau wie im Zählspiel positiv über den jeweils zu spielenden Schlag, und konzentrieren Sie sich nur auf das Hier und Jetzt.

Ein Lochspiel kann manchmal starken Schwankungen unterliegen. Sie können ein Match noch verlieren, obwohl Sie bereits 5 auf lagen. Und Sie können 5 down liegen und trotzdem noch gewinnen. Doch ein Wort der Warnung: Wenn Sie vorne liegen, sollten Sie sich unter keinen Umständen dazu verleiten lassen, Ihre Gegnerin zu bemitleiden. Sie wird im Zweifelsfall auch kein Mitleid mit Ihnen haben. Werden Sie nicht leichtsinnig oder fangen an, mit Schlägen zu experimentieren. Versuchen Sie, mit dem größtmöglichen Vorsprung zu gewinnen. Achten Sie nicht darauf, wenn sie sich entschuldigt, weil sie meint, keine angemessene Partnerin für Sie zu sein. Kümmern Sie sich nur um den Golfplatz und Ihre eigenen Fähigkeiten.

Ah ja, und noch etwas: Hoffen Sie nicht darauf, dass Ihre Gegnerin Pech hat oder schlecht spielt. Gehen Sie lieber davon aus, dass ihr nächster Schlag perfekt ist. So wird der Erfolg Ihrer Gegnerin, da Sie damit gerechnet haben, Sie nicht demoralisieren, während ihre Fehler Ihnen vielleicht Auftrieb geben. Konzentrieren Sie sich auf Ihr eigenes Spiel.

MERKE!
SPIELEN SIE GEGEN DEN PLATZ UND NICHT GEGEN IHRE GEGNERIN

Sie wollen also gewinnen?

Professionelle Golfer müssen oft über Schüler lachen, die sagen: „Ich möchte ein besserer Golfer werden, aber ändern Sie nichts an meinem Schwung.“ Ihr erstes Ziel sollte sein, Ihren besten Schwung häufiger zu wiederholen. Das zweite Ziel, die Kunst des Scorens und Gewinnens zu erlernen.

Sieger im Pro-Zirkus haben durchaus nicht immer einen perfekten Schwung. Eher ist das selten der Fall. Was sie haben, ist Selbstvertrauen in Verbindung mit einer zuverlässigen Grundtechnik.

Wenn Sie Ihr Golfspiel verbessern wollen, müssen Sie zunächst Ihre Schwächen kennen. Notieren Sie Ihre Ergebnisse, und stellen Sie fest, woran es wirklich hapert.

Auf dem Platz sollten Sie Ihre Fortschritte auf der Zählkarte vermerken - nicht nur in Form des eigentlichen Scores, sondern Ihrer Leistungen auf anderen Gebieten. Wenn Sie bestimmte Elemente Ihres Spiels verbessern, wird sich das auch auf Ihren Score auswirken. Benutzen Sie die einzelnen Spalten auf der Zählkarte, um sich Informationen über sich selbst zu verschaffen.

In einer Spalte vermerken Sie z.B. die Zahl der Drives, die auf dem Fairway landen. In der nächsten Spalte schreiben Sie auf, wie oft Sie ein Grün von, sagen wir, weniger als 150 Meter Entfernung treffen. So werden Sie bald erkennen, ob Sie die richtige Schlägerwahl treffen.

In einer anderen Spalte machen Sie sich Notizen über Ihre Putts. Wie viele Putts haben Sie benötigt und aus welcher Entfernung? Sind Ihre langen Putts zu kurz, oder rollen sie am Loch vorbei? Stellen Sie fest, ob es irgendein Muster in Ihrem Spiel gibt, das verbessert werden kann, ohne Ihre Technik

LERNEN SIE, EIN SIEGER ZU SEIN
Sherri Steinhauer aus den USA mit der Trophäe der Women's British Open in Lytham St. Anne's.

selbst zu ändern. Nur durch eine solche „Buchführung“ können Sie etwas über Ihre eigenen Unzulänglichkeiten erfahren.
Trainieren Sie immer nach einem festen Plan. Schlagen Sie nicht einfach ziellos Bälle. Denken Sie sich eine Runde Golf zum Beispiel als 14 Drives, vier Par 3-Löcher, acht Fairway-Hölzer, zehn mittlere oder lange Eisen, zehn kurze Eisen und so weiter. Führen Sie Buch über Ihr Training, und überprüfen Sie die Ergebnisse. Achten Sie darauf, wie sich die Bälle rund um Ihr Ziel gruppieren. Wie viele landen links, wie viele rechts davon? Schaffen Sie die erhoffte Entfernung? Wie weit spielen Sie den Ball mit jedem Schläger, wenn Sie gute Golfbälle benutzen?
Setzen Sie sich selbst Ziele, um sich zu verbessern. Stellen Sie fest, welcher Teil Ihres Spiels der schwächste und welcher der stärkste ist. Listen Sie die fünf Arten von Schlägen auf, durch die Sie Ihr Spiel am ehesten verbessern können, und trainieren Sie diese. Freunden Sie sich mit jedem einzelnen Schläger an.
Wenn es Ihnen darum geht, Ihre Bälle weiter zu schlagen, sollten Sie realistisch sein. Jeder will seinen Ball weiter schlagen - selbst Laura Davies. Verlieren Sie aus lauter Gier vor weiteren 30 Metern Länge nicht Ihren Rhythmus. Versuchen Sie, den Ball jeweils zehn Zentimeter weiter zu schlagen, bis sich diese zehn Zentimeter zu zehn Metern summieren. Wenn Sie den Ball weiter schlagen wollen, schlagen Sie ihn lauter!
Danach klären Sie die fünf Dinge, die in Ihrem Kopf zu verbessern sind - Selbstvertrauen, Einschätzung von Entfernungen, Schlägerwahl, gute Vorbereitung, Wahl eines Ziels. Sehr häufig ergeben sich wirkliche Verbesserungen nicht durch bessere Schläge, sondern durch Faktoren, die viel einfacher zu korrigieren sind. Setzen Sie sich kleine Ziele. Wenn Sie zum ersten Mal die 80 unterspielen möchten, sollten Sie nicht den ultimativen Score, sondern zum Beispiel zwölf Pars anstreben. Versuchen Sie, in jeder Runde drei Birdies zu erzielen. Wenn Sie am ersten Loch kurz vor dem Grün liegen, sollten Sie sich bemühen, den Chip zum ersten Birdie einzulochen und nicht nur das Par zu spielen. Stellen Sie sich vor, wie Sie Ihre langen Putts, Chip-Schläge und kurzen Pitch-Schläge einlochen, und Sie werden bald feststellen, dass die Bälle, die das Loch zwar verfehlen, viel näher am Ziel liegen als bisher. Hier ein paar Gedanken, wie Sie lernen können, zu gewinnen, ohne Ihren Schwung zu ändern:

- ➤ Ich informiere mich so gut wie möglich über den Platz und kenne die Entfernungen genau.
- ➤ Ich bereite meine Ausrüstung vor und habe alles Notwendige in meiner Tasche.
- ➤ Ich wähle für jeden Schlag den richtigen Schläger und vertraue auf die Entfernungstabelle und den einmal gewählten Schläger.
- ➤ Ich mache auf jeden, der mich beobachtet, den Eindruck eines Siegers - ganz gleich, ob ich gewinne oder verliere.
- ➤ Ich konzentriere mich fest auf den Augenblick und spiele jeden Schlag so gut ich kann.
- ➤ Ich treffe gute und klare Entscheidungen und wähle für jeden Schlag das richtige Ziel.
- ➤ Ich greife den Golfplatz an und schlage möglichst immer an der Fahne vorbei, wenn die Situation es erlaubt.
- ➤ Ich suche nicht nach Entschuldigungen.
- ➤ Ich finde an jedem Golfspiel etwas Gutes.
- ➤ Ich lerne zu akzeptieren, dass Golf ein Spiel ist, bei dem schlechte Schläge unvermeidlich sind.
- ➤ Ich ärgere mich nicht über mich selbst und zeige auch nach außen keinen Ärger oder Frust.

Betrachten Sie die Fähigkeit zu scoren als Kunst. Gehen Sie jedes Turnier realistisch an. Wenn es noch fünfzig andere Teilnehmer gibt, ist es schwierig, besser zu sein als alle anderen. Setzen Sie sich nicht unter Druck. Betrachten Sie das Spiel als Ganzes: Gewinnen zu lernen ist eine merkwürdige Mischung aus Schwung, guten Schlägen und Scoren. Der Schwung allein wird Ihnen ohne gute Schläge und die Fähigkeit zu scoren so gut wie nie zum Sieg verhelfen. Siegen ist häufig eine Frage der Verbesserung schlechter Schläge. Echte Champions sind diejenigen, deren schlechte Schläge von ihren Spielpartnerinnen immer noch Lob erhalten.

MERKE!
DEN BALL SCHLAGEN, IHN VERGESSEN UND WEITERGEHEN

Fit für den Platz

Glauben Sie nur nicht, dass Golfer es nicht nötig hätten, fit zu sein. Wenn ein Pro oder Spitzenamateurgolfer in Turnieren antreten möchte, muss er beweglich, kräftig und ausdauernd sein.

Ein Spitzengolfer muss sich mit seinen Drives genauso viel Mühe geben wie ein Speerwerfer beim Werfen eines Speers. In einem eintägigen Turnier über 36 Löcher bedeutet das vielleicht 20 Drives mit voller Kraft, dazu einige aggressiv geschlagene Eisen und Fairway-Hölzer. Der Speerwerfer trainiert diszipliniert für vielleicht zwölf Würfe am Tag und muss zwischen seinen Würfen nicht auch noch an die 15 Kilometer schnell gehen! Muss ich noch mehr sagen? Wenn Sie für eine Golfsaison fit sein wollen, sollten Sie gehen, gehen und nochmals gehen. Üben Sie während des Winters auf einem Stepper in einem Fitnesscenter. Sie brauchen nicht zu rennen oder zu joggen, sondern nur schnell zu gehen.

Durchschnittlich dauert eine Runde Golf etwa vier Stunden. Viele Spieler nehmen eine Stunde vor dem Spiel keine Nahrung oder Flüssigkeit mehr zu sich. Das ist falsch. Körper und Geist müssen „geschmiert" werden, um gut zu funktionieren. Glauben Sie nicht, dass die Flüssigkeitsaufnahme nur bei Wärme nötig ist. Bei vielen Golfern zeigt sich um das zwölfte Loch herum eine mentale und körperliche Schwäche, die sich durch Müdigkeit äußert. Sie können kein gutes Golf spielen, ohne während der Runde etwas zu essen und zu trinken.

Der Golfschwung erfordert Flexibilität. Im Finish zeigt der linke Fuß immer noch gerade nach vorne, während sich die Hüften im rechten Winkel dazu drehen. Die Fußknöchel müssen locker sein. Auch Rücken und Taille können sich nur drehen, wenn sie geschmeidig sind. Der linke Arm muss quer über den Körper bis hinauf zur rechten Schulter schwingen, die Handgelenke müssen flexibel sein, und der Hals braucht genügend Bewegungsfreiheit, damit Sie ihn ruhig halten können. Glücklicherweise sind Frauen normalerweise beweglicher als Männer, aber hier finden Sie einige Übungen, die Ihnen Ihre Beweglichkeit und Kraft erhalten.

Kopf und Nacken. Legen Sie den Kopf zur rechten Seite, als wollten Sie mit dem Ohr die rechte Schulter berühren. Wiederholen Sie diese Übung dann nach links, nach vorne und wieder nach rechts. Ziehen Sie die Schultern nach oben und lassen sie fallen. Versuchen Sie, alle Verspannungen loszuwerden, und fühlen Sie, wie Ihr Nacken sich streckt.

Handgelenke. Ziehen Sie den Daumen mit

STRETCHING
Mit Stretchübungen – unter Umständen unter Zurhilfenahme eines Schlägers oder einer Balltasche – erhalten Sie sich Ihre Geschmeidigkeit.

den Fingern der anderen Hand senkrecht nach innen in Richtung Handgelenk (s. Abb. unten). Machen Sie eine Faust und strecken dann die Finger so weit wie möglich auseinander.

Zehen berühren. Beugen Sie sich aus der Hüfte nach vorne - die Haltung, die Sie beim Golfschwung benötigen -, und berühren Sie Ihre Zehen (s. S. 204). Wenn Ihnen das leicht fällt, stellen Sie sich auf die erste Stufe einer Treppe und strecken die Fingerspitzen nach unten.

Oberschenkel-Stretching. Setzen Sie den rechten Fuß vor den Körper, beugen Sie das rechte Knie und stützen beide Hände darauf. Strecken Sie das linke Bein gerade nach hinten, so dass der linke Fuß nach vorne zeigt und mit dem rechten Fuß eine Gerade bildet. Pressen Sie die Hände nur aufs rechte Knie, und bleiben Sie ein paar Sekunden lang in dieser Haltung. Federn Sie nicht nach. Wiederholen Sie diese Übung dann mit dem anderen Bein (s. S. 204).

Arme und Finger. Halten Sie die Arme mit gestreckten Fingern nach vorne. Ziehen Sie nun die Finger möglichst schnell nach innen und strecken sie wieder. Das scheint vielleicht nicht viel zu bringen, aber wenn Sie diese Übung 100-mal machen, werden Sie merken, wie gut Ihnen das tut.

Hier noch eine Übung, die eine stärkere Wirkung hat, als man meinen würde: Halten Sie einen Golfschläger in Armlänge vor dem Körper, und schreiben Sie Ihren Namen mit dem Schlägerkopf in die Luft, und zwar mit jeder Hand. Das gibt Kraft, und außerdem werden Sie mit dem Schlägerkopf vertraut.

Eine der beliebtesten Übungen bei weiblichen Pros ist, eine Balltasche mit einer Schnur an einen Schlägerschaft oder Besenstiel zu hängen und in Armlänge vor dem Körper zu halten. Ziehen Sie die Tasche dann nach oben und nach unten (s. S. 204). Erhöhen Sie mit zunehmender Kraft die Zahl der Bälle in der Tasche.

Wenn Sie ein Fitness-Fan sind, können Sie zwei Hanteln nach innen und außen drehen - zuerst mit aufgestützten Ellbogen, dann ohne Halt. Die erste Übung trainiert die Oberarme, die zweite die Unterarme.

Beine. Um die Beine zu trainieren, stellen Sie einen Fuß auf einen feststehenden Stuhl. Ziehen Sie sich auf dem Bein langsam nach oben und unten. Wiederholen Sie die Übung mit dem anderen Bein. Eine andere bei Golfern beliebte Übung ist, die Balltasche über einen Fuß zu hängen und das Bein zu heben und zu senken (s. S. 204).

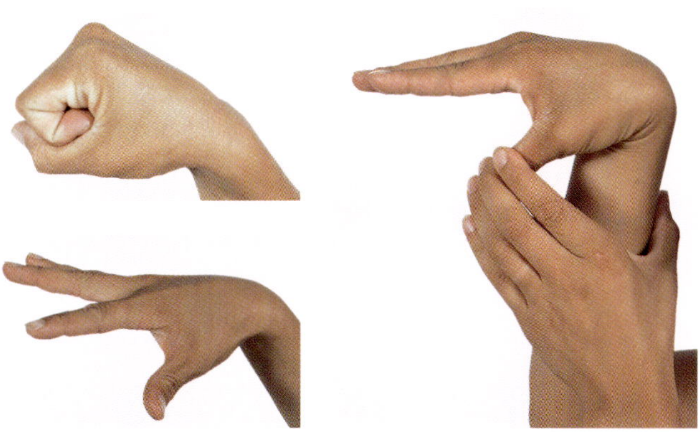

HÄNDE UND HANDGELENKE
Hände und Handgelenke müssen beim Golf gelenkig und locker bleiben. Biegen Sie Finger und Hände auf die hier gezeigte Weise.

MERKE!
TRINKEN SIE VIEL

Scorekarten und Handicaps

Golf ist ein Spiel, bei dem es ein einmaliges Zählsystem gibt: das Handicapsystem. Es ermöglicht Spielern unterschiedlicher Spielstärke, zu gleichen Bedingungen gegeneinander zu spielen. Die Ergebnisse, der Score, werden auf einer Scorekarte eingetragen.

Um Freude am Golfspiel zu haben, muss man verstehen, worum es bei Par und Handicap geht. Nehmen wir zunächst eine Spielerin, die nach internationalem Standard eine gute Amateurgolferin ist. Wir nennen sie Scratch-Spielerin. Das Par oder der Standard-Scratch ist die für sie geltende Schlagzahl pro Runde.

An einem Loch von maximal 200 Metern für Damen gehen wir davon aus, dass die Scratch-Spielerin das Grün mit einem Schlag erreicht und ihren Ball mit zwei Putts versenkt. Daher nennen wir ein solches Loch ein Par 3. Ein Par 4 hat eine Länge von 201 bis etwa 375 Meter. An diesem Loch unterstellen wir, dass die Spielerin zwei Schläge zum Grün und zwei Putts benötigt. Ein Par 5 hat eine Länge von 376 Meter und darüber. Hier braucht die Scratch-Spielerin drei Schläge zum Grün und wiederum zwei

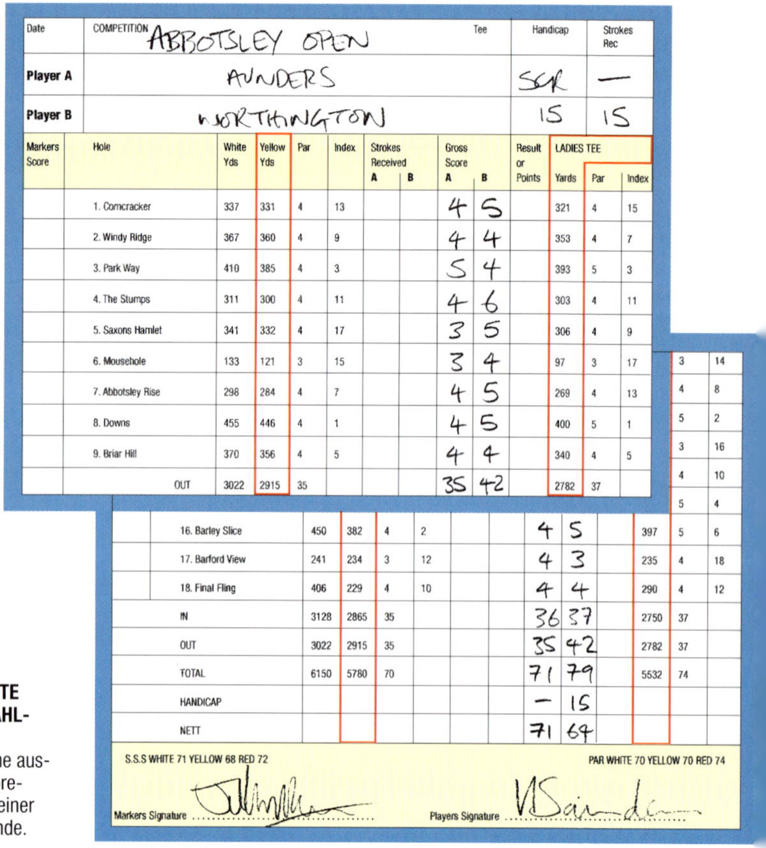

Date	COMPETITION ABBOTSLEY OPEN	Tee	Handicap	Strokes Rec
Player A	AUNDERS		SCR	—
Player B	WORTHINGTON		15	15

Markers Score	Hole	White Yds	Yellow Yds	Par	Index	Strokes Received A	Strokes Received B	Gross Score A	Gross Score B	Result or Points	LADIES TEE Yards	LADIES TEE Par	LADIES TEE Index
	1. Corncracker	337	331	4	13			4	5		321	4	15
	2. Windy Ridge	367	360	4	9			4	4		353	4	7
	3. Park Way	410	385	4	3			5	4		393	5	3
	4. The Stumps	311	300	4	11			4	6		303	4	11
	5. Saxons Hamlet	341	332	4	17			3	5		306	4	9
	6. Mousehole	133	121	3	15			3	4		97	3	17
	7. Abbotsley Rise	298	284	4	7			4	5		269	4	13
	8. Downs	455	446	4	1			4	5		400	5	1
	9. Briar Hill	370	356	4	5			4	4		340	4	5
	OUT	3022	2915	35				35	42		2782	37	

LADIES TEE Par	LADIES TEE Index
3	14
4	8
5	2
3	16
4	10
5	4

Markers Score	Hole	White Yds	Yellow Yds	Par	Index	Strokes Received A	Strokes Received B	Gross Score A	Gross Score B	Result or Points	LADIES TEE Yards	LADIES TEE Par	LADIES TEE Index
	16. Barley Slice	450	382	4	2			4	5		397	5	6
	17. Barford View	241	234	3	12			4	3		235	4	18
	18. Final Fling	406	229	4	10			4	4		290	4	12
	IN	3128	2865	35				36	37		2750	37	
	OUT	3022	2915	35				35	42		2782	37	
	TOTAL	6150	5780	70				71	79		5532	74	
	HANDICAP							—	15				
	NETT							71	64				

S.S.S WHITE 71 YELLOW 68 RED 72 — PAR WHITE 70 YELLOW 70 RED 74

Markers Signature .... Players Signature ....

SCOREKARTE FÜR EIN ZÄHLSPIEL
Eine typische ausgefüllte Scorekarte nach einer Zählspielrunde.

Putts. Die Längen variieren geringfügig von einem Land zum anderen und von einem Handicapsystem zum anderen. Auch das Par kann variieren und basiert in manchen Fällen nicht ausschließlich auf der Länge, sondern auch auf dem Schwierigkeitsgrad.
Addiert man nun die Pars aller 18 Löcher, erhält man das Gesamt-Par des Platzes. In den meisten Fällen entspricht es dem Standard-Scratch - dem Score, mit dem unsere theoretische Scratch-Spielerin den gesamten Platz spielen würde. Im Fall der hier abgebildeten Karte ist der Standard-Scratch-Score (SSS) 72. Anhand dieses Gesamtscores SSS wird das Handicap bemessen.
Die Scratch-Spielerin, die auf einen Score hofft, der dem SSS entspricht, ist eine Golferin von internationalem Amateur- oder Club-Pro-Standard.
Eine Spielerin mit Handicap 4 benötigt für die Runde vier Schläge über dem SSS. Sie dürfte zur ersten Mannschaft eines Clubs gehören. Die durchschnittliche Golferin hat vielleicht Handicap 24 und sollte theoretisch den Platz mit 24 Schlägen über dem SSS absolvieren. Das maximale Handicap für Männer und Frauen beträgt international 36 (clubintern 54), und das bedeutet, dass ein Spieler die Runde theoretisch mit 36 Schlägen über dem SSS spielen sollte. Doch das einmal erworbene Handicap 36 (bzw. 54) geht auch bei schlechter gespielten Scores nicht mehr verloren.
Ein Blick auf die hier abgebildete Scorekarte zeigt Ihnen, dass sie verschiedene Spalten enthält. Als Erstes finden Sie die Überschrift „Yardage", d. h. die Länge eines jeden Lochs, gemessen von einem bestimmten Punkt am Abschlag über die Mitte des Fairways bis zur Mitte des Grüns.
Die nächste Spalte gibt das Par des betreffenden Lochs an, und zwar auf der Basis der Länge und des Schwierigkeitsgrades.
Die Spalte mit der Überschrift „Stroke Index" (Vorgabe-Verteilung) braucht man für Vorgabe-Turniere, gefolgt von den Spalten, die zur Eintragung der Scores dienen. Auf der Rückseite der Karte finden Sie gewöhnlich die örtlichen Platzregeln und eine Spalte, aus der hervorgeht, wie das Handicap bei den einzelnen Turnieren anzurechnen ist. Die mit „Vorgabe-Verteilung" überschriebene Spalte wird benutzt, wenn Golfer gegeneinander spielen sowie auch bei einigen anderen Turnierformen. In einem Vorgabe-Match zwischen einer Spielerin mit - sagen wir - Handicap 9 und einer mit Handicap 21 beträgt die Differenz 12. Die Spielerin mit Handicap 21 erhält nun von der Spielerin mit dem niedrigeren Handicap an jedem Loch, das in der Spalte „Stroke-Index" eine 12 oder darunter aufweist, jeweils einen Schlag vor. Insgesamt erhält sie zwölf Schläge vor und kann von ihren an diesen Löchern erzielten Scores jeweils einen Schlag abziehen, bevor sie ihren Score mit dem ihrer Gegnerin vergleicht. Bei einem halbierten Match oder im Fall einer Verlängerung würde sie wiederum Schläge an den gleichen Stroke-Index-Löchern vor bekommen.
Die Scorekarte enthält auch Einzelheiten der Handicap-Anrechnung bei Vierern und Einzeln sowie bei Wettspielen nach Stableford und Bogey Competitions.

MERKE!
ÜBERPRÜFEN SIE DIE SCOREKARTE, BEVOR SIE SIE UNTERZEICHNEN

Wettspielformen

Es gibt Wettspiele für vier und mehr Spieler, die vor allem an Tagen mit großem Andrang auf dem Platz angebracht sind. Andere wiederum fördern schnelles Spiel oder ersparen es zaghaften Spielern, am ersten Loch vor einer Zuschauermenge aufteen zu müssen.

Vierer
Bei dieser Turnierform spielen jeweils vier Spielerinnen paarweise gegeneinander, wobei jede Partei jedoch nur einen Ball benutzt und an jedem Loch abwechselnd schlägt. Die Spielerin, die am ersten Loch abschlägt, schlägt nachfolgend an jedem Loch mit einer ungeraden Zahl ab, während die andere an den Löchern mit geraden Zahlen abschlägt.
Ein Vierer kann als Zählspiel oder als Lochspiel ausgetragen werden. In Amerika wird diese Turnierform normalerweise „Scottish Foursomes“ genannt.

Vierball - Bestball
Beim Vierball spielen vier Spielerinnen, und zwar jede ihren eigenen Ball. Es wird in Parteien zu je zwei Partnerinnen gespielt, wobei in einem Lochspiel jeweils die Partei mit dem niedrigeren Score das Loch gewinnt. Diese Turnierform kann auch als Zählspiel ausgetragen werden. In einem Lochspiel erfolgt die Vorgabeverteilung auf der Basis des niedrigsten Handicaps der vier Spieler.

Greensomes
(Vierer mit Auswahl-Drive)
Auch hier spielen vier Spielerinnen wiederum paarweise zusammen. Die Spielerinnen jeder Partei schlagen an jedem Abschlag je einen Ball ab. Sie wählen dann den besten dieser beiden Bälle aus und lochen ihn abwechselnd schlagend wie beim Vierer ein. Die Spielerin, deren Drive nicht weitergespielt wird, spielt den zweiten Schlag. Manche Clubs benutzen für diese Turnierform ein Vorgabe-System, bei dem nur der Mittelwert beider Handicaps in Anrechnung gebracht wird. Ein anderes System erscheint jedoch fairer, bei dem die Berechnungsgrundlage 6/10 des niedrigeren Handicaps plus 4/10 des höheren Handicaps ist. Ein Greensome kann als Lochspiel, als Zählspiel oder als Wettspiel nach Stabelford ausgetragen werden.

Wettspiel nach Stableford
Dies ist eine beliebte Turnierform gegen Par. Dabei erhält die Spielerin entweder die Gesamtzahl ihrer Vorgabe oder nach dem Vorgabeverteilungsschlüssel 7/8 ihres Handicaps an Schlägen vor. Mit anderen Worten erhält eine Spielerin mit Handicap 24 bei einer Vorgabeverteilung von 7/8 21 Schläge vor, d.h. einen Schlag an jedem Loch plus einen Schlag an jenen Löchern, die in der Spalte mit „Vorgabe-Verteilung“ die Ziffern 1, 2 und 3 tragen. Auf der Scorekarte trägt sie das Bruttoergebnis ein und erhält, nachdem sie im Kopf die Schläge abgezogen hat, zwei Punkte für ein in Par oder Netto-Par gespieltes Loch, einen Punkt für einen Score oder Netto-Score von einem Schlag über Par, drei Punkte für ein Birdie oder Netto-Birdie, vier Punkte für ein Eagle oder Netto-Eagle usw. Sieger ist die Spielerin mit der höchsten Punktezahl für 18 Löcher. Gewöhnlich liegt sie zwischen 35 und 42 Punkten. Diese Wettspielart kann als Einzel, Vierer, Vierball oder Greensome ausgetragen werden.

Bogey Competition
Dies ist eine alternative Form zum Wettspiel nach Stableford, und zwar ein Lochspiel, bei dem die Spielerin ein Loch-für-Loch-Match gegen Par (Bogey) spielt. Anders als beim normalen Lochspiel wird die ganze Runde zu Ende gespielt. Die Spielerin vermerkt an jedem Loch, ob sie nach Erhalt der vorgegebenen Schläge das Loch gegen Par (Bogey) gewonnen oder verloren hat. Am Ende der Runde notiert sie, wie viel sie im Verhältnis zu Par auf oder down liegt, z.B. drei auf oder sechs down.

Bisque
Ein Lochspiel oder Bogey Competition kann man auch mit einer besonderen Art von Vorgabeschlägen, den „Bisques“, spielen. Dies sind Vorgabeschläge, die eine Spielerin nach Belieben nehmen kann, anstatt nur an bestimmten vorgeschriebenen Löchern. In einem Bisque erhält eine Spielerin z.B. 15 Schläge vor und kann nun nach jedem gespielten Loch entscheiden, ob sie für das letzte Loch einen ihrer Bisques in Anspruch nimmt oder nicht. In einer ähnlichen Lochspielform gibt eine Spielerin der anderen sechs Bisques vor, und diese kann frei entscheiden, wann sie sie beansprucht.

Eclectic
Dies ist ein Auswahlspiel, das sich in der Regel über die Dauer von Wochen oder Monaten hinzieht, d. h., innerhalb eines bestimmten Zeitraums wird jeweils nur der beste Score einer Spielerin an jedem Loch gewertet. Es gibt verschiedene Austragungsmodi für ein Eclectic. Im Allgemeinen versucht die Spielerin nach Beendigung der ersten Runde, ihren Score an jedem einzelnen Loch zu verbessern, bevor die übliche halbe Spielvorgabe abgezogen wird.

Flaggenwettspiel
Bei dieser Wettspielform erhält die Spielerin eine bestimmte Anzahl von Schlägen, d. h. den Platzstandard plus ihre Spielvorgabe, die sie verbrauchen darf. Eine Golferin mit Handicap 20 erhält also auf einem Par 70-Platz 90 Schläge. Sie beginnt am ersten Abschlag und steckt nach dem Verbrauch der 90 Schläge eine kleine Fahne mit ihrem Namen dort in den Boden, wo ihr Ball liegt. Sieger ist die Spielerin, die dem 18. Loch am nächsten oder in der zweiten Runde das erste oder zweite Fairway am weitesten unten liegt.

St. Andrews Greensome
Diese Wettspielform ähnelt dem normalen Greensome, außer dass sich die Spielerinnen bei den zweiten Schlägen jeweils abwechseln. Eine Spielerin spielt also zum Beispiel den zweiten Schlag an allen Löchern mit ungeraden Zahlen, die andere an den Löchern mit geraden Zahlen. Beide schlagen ab und wählen den besseren Drive, der dann weitergespielt wird. Es kann also vorkommen, dass eine Spielerin den zweiten Schlag nach ihrem eigenen Drive oder aber nach dem ihrer Partnerin spielt.

Texas Scramble
Dies ist ein Mannschaftswettspiel - gewöhnlich mit vier Spielerparteien. Jede Spielerin schlägt am ersten Abschlag ihren eigenen Ball ab. Der Ladies' Captain wählt dann den bestliegenden aus. Die drei anderen Spielerinnen tragen daraufhin ihre Bälle zu dieser Stelle, und wiederum spielt jede ihren eigenen Ball. Der Ladies' Captain wählt nun den besten zweiten Schlag, und jede trägt ihren Ball zu dieser Stelle und spielt ihn. So wird weiter verfahren, bis die erste Spielerin ihren Ball einlocht. Die Anrechnung von Handicaps bei Scrambles variiert von Club zu Club. Es gibt keine Vorschriften seitens des Golfverbandes.

Die Teilnahme an ersten Turnieren
Wenn man anfängt, Turniere zu spielen, gerät man in eine Zwickmühle. Einerseits muss man ein Handicap haben, um an Wettspielen teilnehmen zu dürfen, andererseits ist das Zählspiel die schwierigste Wettspielform. Besser ist es, mit einem Texas Scramble zu beginnen. Dies ist ein freundschaftlicher Mannschaftswettbewerb, in dem Sie vielleicht sogar mitspielen dürfen, wenn Sie noch kein Handicap haben. Sobald Sie ein Handicap haben, sollten Sie sich zunächst für Lochspiele und Wettspiele nach Stableford melden.

Etikette

Die Etikette ist so wichtig, dass sie sogar Abschnitt I der vom Royal and Ancient Golf Club of St. Andrews und von der United States Golf Association herausgegebenen Golfregeln bildet. Als Teil der Golftradition ist sie gleichzeitig auch wichtig für die Sicherheit auf dem Platz.

Die Golfetikette sollten Sie sich so früh wie möglich einprägen, so dass Sie auch als Spieler mit hohem Handicap gerne auf einem Golfplatz gesehen sind.

Hier einige Punkte, die sich im Wesentlichen auf das gute Benehmen beziehen:

➤ Laufen Sie nicht herum, während andere Spieler ihren Ball schlagen.

➤ Lassen Sie nachfolgende Spieler überholen, wenn Sie langsamer spielen. Manchmal erscheint Ihnen ein Spieler möglicherweise sehr weit entfernt zu sein, aber er kann vielleicht 225 Meter weit schlagen und muss nun warten, bis Sie fertig sind. Auch wenn Sie mit dem Flight vor Ihnen nicht Schritt halten können, sollten Sie die nachfolgenden Spieler durchwinken. Das gilt vor allem, wenn Sie einen Ball verlieren. Und versuchen Sie nicht, sich, wenn Sie in der Zwischenzeit Ihren Ball finden, doch noch dazwischen zu drängeln.

➤ Seien Sie am ersten Abschlag pünktlich, und machen Sie niemals Übungsschläge am Abschlag.

➤ Grasnarben (Divots) müssen wieder eingesetzt und niedergedrückt, Pitchmarken wieder ausgebessert werden.

➤ Einen Bunker sollten Sie immer von der Rückseite und nie von vorne betreten, es sei denn, Ihr Ball liegt unmittelbar an der Vorderseite. Harken Sie den Bunker nach Ihrem Schlag, um Ihre Fußabdrücke einzuebnen.

➤ Auf dem Grün sollten Sie nicht auf die Puttlinie einer anderen Spielerin treten. Wenn Sie die Fahne bedienen, sollten Sie immer vorsichtig einen Schritt über die Puttlinie hinweg machen. Vor dem Bedienen der Fahne sollten Sie feststellen, ob sie locker steckt und sich leicht aus dem Loch nehmen lässt. Stellen Sie sich so seitlich vom Loch, dass Ihr Schatten nicht darüber fällt, und halten Sie die Fahne so, dass sie nicht im Wind flattert. Nehmen Sie sie schließlich sofort aus dem Loch, sobald die Spielerin ihren Putt geschlagen hat.

➤ Sind Sie die Spielerin, die in einem Lochspiel down liegt, sollten Sie bei Beendigung eines jeden Lochs den Spielstand angeben. Liegen Sie auf, nennen Sie ihn, falls Ihre Gegnerin dies versäumt.

➤ Zum Markieren Ihres Balls auf dem Grün verwenden Sie eine Münze oder einen Ballmarker und legen ihn hinter den Ball, bevor Sie diesen aufheben. Beim Zurücklegen wird zuerst der Ball an genau die gleiche Stelle gelegt, von der er aufgenommen wurde. Erst danach wird der Ballmarker entfernt. Wenn Sie aus irgendeinem Grund eine Spielerin bitten, ihren Ball seitlich zu markieren, erinnern Sie sie daran, ihn anschließend an die richtige Stelle zurückzulegen.

Die Etikette ist auch für die Sicherheit unerlässlich

➤ Stehen Sie immer rechts von einem Schlag und niemals hinter einer Spielerin.

➤ Am Abschlag sollten Sie sich immer zur rechten Seite begeben, um eine andere Spielerin zu beobachten. Dies ist wichtig für die Sicherheit. Denken Sie daran, dass eine Spielerin vielleicht ihren Drive spielt, unzufrieden damit ist und dann noch einen Probeschwung macht, während Sie sich schon in Position für Ihren eigenen Schlag begeben wollen.

➤ Wenn Sie, wie es richtig ist, auf der rechten Seite stehen, können Sie sich schneller auf den Abschlag begeben. Stehen Sie auf der falschen Seite, müssen Sie länger warten, um sich selbst nicht zu gefährden.

➤ Stellen Sie sich niemals vor einen Spieler

AUF DEM GRÜN
Bessern Sie Pitchmarken auf dem Grün immer aus, gehen Sie nicht über die Puttlinie Ihrer Gegnerin, und respektieren Sie, dass sie sich konzentrieren muss. Auf der Abbildung sehen Sie Mayumi Hirase in Lytham St. Anne's.

oder eine Spielerin, und wenden Sie ihnen niemals den Rücken zu, selbst wenn es sich um einen noch so guten Golfer handelt. Stehen Sie immer auf gleicher Höhe und auf der richtigen Seite.

➤ Wenn Ihr Ball jemanden treffen könnte, oder wenn er über nahe Bäume hinweg auf ein benachbartes Fairway fliegt, sollten Sie „Fore" rufen. Hören Sie jemanden anderen „Fore" rufen, halten Sie nicht einfach Ausschau, ob Sie damit gemeint sind, sondern bücken Sie sich und schützen Ihren Kopf mit den Armen.

➤ Warten Sie immer, bis die vorausgehenden Spieler außer Reichweite sind. Vor Ihrem Schlag zum Grün sollten Sie warten, bis sie es verlassen haben und zur Seite getreten sind.

➤ Bemühen Sie sich, ohne allzu großen Verzug zu spielen. Wenn Sie die Ehre haben, sollten Sie den Abschlag so schnell wie möglich betreten, aber sich Zeit für Ihren Schlag nehmen. Die anderen Spielerinnen sollten in der Zwischenzeit ihre Driver bereithalten und ihren Score ebenfalls erst auf dem Weg zum nächsten Fairway eintragen. Tragen Sie nach Beendigung des Lochs Ihren Score niemals auf dem Grün oder selbst neben dem Grün ein.

➤ Gewöhnen Sie sich daran, Ihre Schläger immer auf der richtigen Seite des Grüns und so nahe wie möglich auf dem Weg zum nächsten Abschlag abzustellen.

➤ Wenn Sie glauben, einen Ball verloren zu haben, sollten Sie von der Regel des provisorischen Balls Gebrauch machen. So brauchen Sie sich nicht zurück zum Abschlag zu begeben. Laut Golfregeln dürfen Sie fünf Minuten nach Ihrem Ball suchen. Wenn Sie glauben, er könnte verloren sein, sehen Sie, sobald Sie die Stelle erreicht haben, sofort auf die Uhr und lassen die nachfolgenden Spieler durchspielen. Überschreiten Sie die Suchzeit von fünf Minuten nicht.

MERKE!
VERLIEREN SIE NICHT DEN ANSCHLUSS AN DIE SPIELER VOR IHNEN

Auszüge aus den Golfregeln

Im Golf gibt es viele verschiedene Regeln, die teilweise schon sehr alt, obskur und komplex sind. Hier einige der wichtigsten Regeln:

Der Ball muss so gespielt werden, wie er liegt, d. h., seine Lage darf, außer am Abschlag, nicht verbessert werden. Hier dürfen Sie – anders als auf dem Platz – außerhalb des Abschlags treten oder Grasbüschel hinter dem Ball entfernen.

Verlorener Ball

Wenn Sie einen Ball verlieren, spielen Sie einen anderen von der Stelle, wo der ursprüngliche Ball gespielt worden ist und rechnen sich einen Strafschlag zu („Schlag und Distanzverlust"). Mit anderen Worten, wenn Sie mit Ihrem Drive einen Ball verlieren, zählt der nächste Abschlag also als dritter Schlag. Einen Ball zu verlieren, ist kostspielig!

Wenn Sie meinen, einen Ball verloren zu haben, können Sie einen provisorischen Ball so nahe wie möglich an die Stelle heran spielen, wo der ursprüngliche Ball Ihrer Meinung nach verloren ging. Das kann bedeuten, dass Sie unter Umständen mehrere Schläge machen. Sie müssen jedoch Ihre Gegner bzw. Mitspieler über Ihre Absicht unterrichten. Schlagen Sie nicht einfach einen anderen Ball, denn sonst gilt der ursprüngliche Ball als verloren, obwohl er es vielleicht gar nicht ist. Ist der ursprüngliche Ball tatsächlich verloren, wird der provisorische Ball zum Ball im Spiel. Finden Sie jedoch den ursprünglichen Ball, nehmen Sie den provisorischen aus dem Spiel und setzen dieses mit dem ursprünglichen fort oder erklären ihn für unspielbar.

Ball unspielbar

Ein Spieler kann seinen Ball, es sei denn, er liegt in einem Wasserhindernis, an jedem Ort für unspielbar erklären. In diesem Fall hat er drei Möglichkeiten: Einmal kann er seinen Ball innerhalb von zwei Schlägerlängen von der Stelle, wo der Ball lag, nicht näher zum Loch, fallen lassen und sich einen Strafschlag hinzurechnen. Als Zweites kann er sich für einen Schlag und Distanzverlust entscheiden und sich an die Stelle zurückbegeben, von der der ursprüngliche Ball zuletzt gespielt wurde. Drittens kann er einen Ball in beliebiger Entfernung hinter dem Punkt fallen lassen, wo der Ball lag, wobei dieser Punkt auf gerader Linie zwischen dem Loch und der Stelle, wo der Ball fallen gelassen wird, liegen muss.

In einem Bunker haben Sie die gleichen Möglichkeiten der Wahl, wenn der Ball unspielbar ist. Wenn Sie sich jedoch für die erste oder dritte Möglichkeit entscheiden, so muss dies immer innerhalb des Bunkers geschehen. Sie können den Bunker nur verlassen, wenn Sie sich für die zweite Möglichkeit entscheiden, d. h. sich an die Stelle zurückbegeben, von der der ursprüngliche Ball zuletzt gespielt wurde. Denken Sie daran, dass Sie, wenn Sie versuchen, den Ball aus dem Bunker zu schlagen und es nicht schaffen, die dritte Möglichkeit verlieren.

Es liegt allein in Ihrem Ermessen, zu entscheiden, ob Ihr Ball unspielbar ist. Niemand darf Ihre Entscheidung in Frage stellen.

Identifizieren des Balls

Achten Sie darauf, den richtigen Ball zu spielen. Merken Sie sich Marke und Nummer, und kennzeichnen Sie ihn deutlich. So wissen Sie sofort, welcher Ball Ihnen gehört. Es gibt eine merkwürdige Regel: Wenn Sie zwei Bälle der gleichen Marke und Nummer finden und nicht wissen, welcher der Ihre ist, haben Sie laut Regel Ihren Ball verloren!

Wenn Sie im Zählspiel den falschen Ball spielen, erhalten Sie für jeden mit diesem Ball ausgeführten Schlag zwei Strafschläge bis maximal vier Schläge. Im Lochspiel lautet die Strafe Lochverlust. Spielen Sie in einem Bunker den verkehrten Ball, so ist dies straffrei, vorausgesetzt, Sie identifizieren ihn als falschen Ball und spielen ihn außerhalb des Bunkers nicht weiter. Sie dürfen dann zurück in den Bunker gehen und den richtigen Ball suchen.

Ball versehentlich bewegen

Wenn Sie einen Ball versehentlich bewegen, ziehen Sie sich im Lochspiel und im Zählspiel eine Strafe zu, es sei denn, Sie bewegen ihn auf dem Grün. Dort darf er straflos zurückgelegt werden. Viele Spieler rechnen sich in dieser Situation unnötigerweise einen Strafschlag an.

Die Golfregeln sind ziemlich komplex. Nehmen wir zum Beispiel den Unterschied zwischen einem Ball in Ruhe, der durch etwas bewegt wird, das nicht zum Spiel gehört, und dem Spielzufall. Wenn ein Hund einen Ball in Ruhe packt und damit wegläuft, können Sie den Ball straffrei zurücklegen. Nimmt der Hund dagegen einen Ball in Bewegung und läuft damit weg, so gilt dies - es sei denn, Sie befinden sich auf dem Grün - als Spielzufall, und Sie spielen ihn von der Stelle, wo der Hund den Ball fallen lässt. Ist der Ball nicht wieder zu erlangen, gilt er als verlorener Ball. Haben Sie andererseits auf dem Grün einen Ball mit dem Putter geschlagen und ein Hund nimmt ihn auf, solange er noch in Bewegung ist, so ist dies straflos, und Sie können ihn zurücklegen und nochmals spielen.

Sie können nicht alle Regeln kennen, aber Sie sollten wissen, wo sie im Regelbuch zu finden sind.

WIE SIE BEI EINEM UNSPIELBAREN BALL VORGEHEN

Wenn Sie Ihren Ball für unspielbar halten, können Sie ihn aufnehmen und zwei Schlägerlängen von der Stelle entfernt, wo er ursprünglich lag, nicht näher zum Loch, fallen lassen und sich einen Strafschlag hinzurechnen. Hier Rigo Higashio während der Women's British Open in Woburn Abbey, England.

MERKE!
FÜHREN SIE IMMER EIN REGELBUCH IN IHRER TASCHE MIT SICH

Noch mehr über die Regeln

Es gibt noch eine Vielzahl anderer Golfregeln, mit denen Sie täglich auf einer Runde konfrontiert werden können.

Zeitweiliges Wasser

Im Grunde sollte es auf einem Platz kein zeitweiliges Wasser oder keinen Boden in Ausbesserung geben. Zu zeitweiligem Wasser gehören Schnee und Eis. Ansonsten ist es jede vorübergehende Wasseransammlung auf dem Platz außerhalb eines Wasserhindernisses. Sie dürfen deshalb Ihren Ball straflos innerhalb einer Schlägerlänge vom nächstgelegenen Punkt der Erleichterung fallen lassen. Von Boden in Ausbesserung dürfen Sie spielen, wenn Sie wollen, es sei denn, dies ist ausdrücklich durch Platzregeln verboten. In diesem Fall müssen Sie den Ball ebenfalls fallen lassen. Liegt der Ball auf dem Grün und befindet sich Wasser zwischen ihm und der Fahne, können Sie zur Seite ausweichen und Erleichterung in Anspruch nehmen. Wenn Sie jedoch von außerhalb des Grüns zur Fahne chippen und sich zwischen Ihrem Ball und Fahne Wasser auf dem Grün befindet, dürfen Sie keine Erleichterung in Anspruch nehmen.

Im Wege

Hemmnisse können beweglich oder unbeweglich sein. Was für eine Person beweglich ist, kann für eine andere unbeweglich sein. Ein bewegliches Hemmnis, z. B. die Harke des Greenkeepers oder eine Limonadendose, darf entfernt werden, und Sie erhalten keine Strafe, wenn Sie dabei unbeabsichtigt den Ball bewegen. Bewegliche Hemmnisse sind von Menschenhand hergestellte, also künstliche Gegenstände und schließen keine natürlichen Gegenstände wie Äste und Zweige ein. Bei unbeweglichen Hemmnissen können Sie den Ball straflos aufnehmen und ihn am nächstgelegenen Punkt der Erleichterung (ohne Kreuzen unter dem Hemmnis hindurch oder darüber hinweg oder durch das Hemmnis hindurch), nicht näher zum Loch, fallen lassen.

Wasserhindernisse

Es gibt zwei Arten von Wasserhindernissen - normale und seitliche. Ein normales Wasserhindernis müssen Sie überspielen. Wenn Ihr Ball dabei im Wasser landet, können Sie ihn unter Hinzurechnung eines Strafschlags in beliebiger Entfernung hinter dem Wasserhindernis fallen lassen. Sie müssen ihn aber auf jeden Fall über das Wasserhindernis spielen. Denken Sie daran, dass Sie so weit zurückgehen dürfen, wie Sie wollen.
Ein seitliches Wasserhindernis verläuft seitlich entlang einem Loch. Landen Sie in einem solchen Hindernis, können Sie unter Hinzurechnung eines Strafschlages Ihren Ball seitlich außerhalb des Hindernisses innerhalb zweier Schlägerlängen auf gleicher Höhe mit dem Punkt, wo der ursprüngliche Ball zuletzt die Grenze des Wasserhindernisses gekreuzt hat, fallen lassen. Normale Wasserhindernisse sollten immer mit gelben Pfosten oder Linien, seitliche mit roten gekennzeichnet sein.
Ist Ihr Ball in zeitweiligem Wasser, auf Boden in Ausbesserung oder in einem Wasserhindernis verloren, verfahren Sie so, als hätten Sie ihn gefunden, d. h., Sie lassen im ersten und zweiten Fall einen Ball außerhalb der Behinderung straflos fallen, im dritten unter Hinzurechnung eines Strafschlages.

Abschläge

Achten Sie darauf, am Abschlag nicht falsch zu spielen. Wenn Sie in einem Lochspiel in der verkehrten Reihenfolge spielen, d. h. abschlagen, obwohl eigentlich Ihre Gegnerin die Ehre gehabt hätte, oder wenn Sie außerhalb des Abschlages aufteen, kann Ihre Gegnerin verlangen, dass Sie Ihren Schlag annullieren und straflos einen Ball von innerhalb des Abschlages spielen. In diesem Fall riskiert sie natürlich, dass Ihr nächster Abschlag vielleicht sogar noch besser wird als der erste, unter Umständen sogar ein As. War Ihr Drive von außerhalb des Abschlages schlecht, wird sie wahrscheinlich nicht einmal auf Ihren Irrtum hinweisen. Oder sie weist darauf hin und erwähnt, dass sie kein Aufhebens davon machen will. Im Zählspiel zieht man sich beim Spielen eines Balls von außerhalb des Abschlages zwei Strafschläge zu.

Lochspiel und Zählspiel

Es zahlt sich aus, die Regelunterschiede zwischen Lochspiel und Zählspiel zu lernen. Beim Lochspiel ist, sobald Sie ein Loch beendet und am nächsten Loch abgeschlagen haben, eine rückwirkende Strafe nicht möglich, es sei denn, es werden überzählige Schläger in Ihrer Tasche gefunden, oder Sie verhalten sich ungebührlich, was eine Disqualifikation zur Folge haben kann. Beim Zählspiel ist, wenn Sie sich an einem Loch falsch verhalten und am nächsten abschlagen, eine Korrektur des früheren Fehlers nicht mehr möglich, so dass eine Disqualifikation erfolgt. Seien Sie also vorsichtig!

Lose hinderliche Naturstoffe

Lose hinderliche Naturstoffe sind natürliche Dinge wie Blätter oder Zweige, während ein bewegliches Hemmnis ein Stück Papier, eine Zigarettenkippe oder die Harke eines Greenkeepers sein kann. Wenn ein loser hinderlicher Naturstoff an Ihrem Ball liegt, sollten Sie, außer Sie befinden sich auf dem Grün, vorsichtig sein, bevor Sie ihn entfernen. Wenn Sie etwas innerhalb einer Schlägerlänge Ihres Balls entfernen und dieser sich dabei bewegt, ziehen Sie sich eine Strafe zu, selbst wenn das eine nicht Verursacher des anderen ist. Wenn Sie etwas von Menschenhand Gefertigtes entfernen und der Ball bewegt sich, erhalten Sie keine Strafe.
In einem Bunker dürfen keine natürlichen Stoffe entfernt werden, es sei denn, es ist durch Platzregel anders verfügt und das Entfernen von Steinen erlaubt. Sie dürfen jedoch bewegliche Hemmnisse straflos entfernen, also von Menschenhand gefertigte Gegenstände, und Sie erhalten auch keine Strafe, wenn sich der Ball dabei bewegt.

Aus

Golfplätze ziehen sich über ein großes Gelände hin, aber trotzdem ist es möglich, den Ball ins „Aus" zu schlagen. Das Aus ist normalerweise durch weiße Pfosten oder Pfähle gekennzeichnet. Sie dürfen niemals einen Aus-Pfosten bewegen oder entfernen. Sie sind unbewegliche Hemmnisse. Die Aus-Linie verläuft auf Bodenebene entlang den platzwärtig vordersten Punkten der Pfosten bzw. Zaunpfähle. Ein Ball ist nur im Aus, wenn er zur Gänze im Aus liegt. Und noch etwas: Sie dürfen im Aus stehen, um einen nicht im Aus liegenden Ball zu spielen.

Die Herren des Spiels

Die „Golfregeln" umfassen insgesamt nur 34 Regeln, doch auch das Kapitel „Schläger" umfasst eineinhalb Seiten. Im Anhang II über den Ball werden detaillierte Spezifikationen gegeben sowie Angaben zu den Tests gemacht, mit denen die Zulässigkeit eines Balls geprüft wird, einschließlich seiner Höchstgeschwindigkeit vom Abschlag.
Formelle Regeln gibt es seit dem Jahre 1774, und seit 1890 wird der Royal and Ancient Golf Club of St. Andrews vom größten Teil der Welt als letzte Instanz in Sachen Golfregeln anerkannt. In den letzten Jahren hat das Rules of Golf Committee, das Vertreter der führenden Golfverbände der Welt einlädt, mit der United States Golf Association eng zusammengearbeitet, um weltweit einheitliche Normen auszuarbeiten.
Ein Decisions Sub-Committee beantwortet alle anstehenden Fragen. Wenn sie interessante Auslegungen zulassen, werden die überarbeiteten Regeln in losen Blättern rund um die Welt geschickt. Eine gegenwärtige Sorge, mit der ein anderes Komitee befasst ist, bezieht sich darauf, dass Spieler durch Schläger und Bälle, die mit neuen Materialien und Technologien hergestellt werden, keinen unfairen Vorteil erhalten oder bestehende Golfplätze dadurch nichtig werden.
In einer Regeländerung aus dem Jahre 1952 wurde die Abschaffung eines Wortes beschlossen, das ursprünglich aus der englischen Umgangssprache stammt. Ein „stymie" war ein Ball, der einem anderen auf dem Grün den Weg zum Loch versperrte. Er durfte nicht bewegt werden. Neuerdings darf man den sperrenden Ball aufheben - und der Ausdruck „stymie" verschwand aus der Golfterminologie.

Fachausdrücke

A

Address - Das Ansprechen des Balls, d. h. die Haltung des Spielers, wenn er sich auf den Schlag vorbereitet

Airshot - Ein Luftschlag, bei dem man einen Schwung vollführt, den Ball jedoch verfehlt

Albatros - Drei Schläge unter dem für das Loch vorgeschriebenen Par, auch „double eagle" genannt

All square - Begriff aus dem MATCHPLAY (Lochspiel), wenn alle Spieler gleich liegen

Approach putt - Ein Putt, der nicht direkt zum Ziel gerichtet ist, sondern so nahe ans Loch gelegt wird, dass der nächste Putt mit Sicherheit eingelocht werden kann

Approach shot - Annäherungsschlag zum Grün

B

Backspin - Der Rückwärtsdrall, den der Ball durch die Schlagfläche erhält. Ein erfahrener Spieler kann seinem Ball absichtlich Backspin verleihen, wenn er verhindern will, dass er nach der Landung noch weit vorwärtsrollt

Backswing - Der erste Teil des Schwungs, wenn der Schläger vom Ball weg bis hinter die Schulter geschwungen wird, also der Rückschwung. Der Backswing ist also die Vorbereitung für den THROUGHSWING (Durchschwung).

Better Ball - Wenn jeweils der niedrigere Score in einer Partnerschaft als Score für das Loch notiert wird

Birdie - Ein Schlag unter dem für das Loch vorgesehenen Par

Bisque - Ein Vorgabeschlag, der dem Empfänger nicht an einem bestimmten Loch zugeteilt wird, sondern den er an einem beliebigen Loch nehmen kann

Blaster - Anderer Name für den Sand-Wedge, den Schläger mit dem größten Loft

Bogey - Ein Schlag über dem für das Loch vorgeschriebenen Par; in Großbritannien früher anderer Name für Par

Bogey competition - Der Spieler erhält 3/4 seiner Vorgabe vor und notiert seine Schlagzahl gegen Par, d.h. z.B. 2 auf (gegen Par) oder 3 down (gegen Par)

Borrow - Die Neigung eines Grüns. Um den „Borrow" auszugleichen, zielt der Spieler seinen Ball nach links oder rechts vom Loch

Bunker - Eine Vertiefung im Boden, die meistens, aber nicht immer, mit Sand gefüllt ist. Zweck eines Bunkers ist es, einen schlecht geschlagenen Ball zu bestrafen. In den USA auch unter der Bezeichnung „trap" oder „sand trap" bekannt

Bye - Inoffizielles Match über den Rest des Platzes, wenn ein MATCHPLAY (Lochspiel) schon vor dem 18. Loch gewonnen wurde

C

Caddie - Träger der Golftasche des Spielers über den Platz, manchmal auch Berater beim Spiel

Carry - Entfernung, die der Ball beim Schlag in der Luft zurücklegt. Auch die Entfernung über ein Rough oder ein anderes Hindernis zum Fairway oder zu der Stelle, wo der Ball landen soll

Casual water - Zeitweiliges Wasser auf dem Platz, einschließlich Schnee und Eis, das architektonisch nicht eingeplant wurde, also Regenpfützen oder stark bewässerte Flächen. Landet ein Ball in einem solchen Wasser, oder müsste ein Spieler beim Schlag darin stehen, darf er den Ball straffrei fallen lassen. Bei zeitweiligem Wasser auf dem Grün darf der Spieler den Ball an der nächstgelegenen Stelle, nicht näher zum Loch, fallen lassen, von der aus der Putt nicht durch das Wasser rollt

Centre-shaft - Putter-Modelle, bei denen der Schaft aus der Mitte des Schlägerkopfes emporführt

Chip - Ein von kurz außerhalb des Grüns mit einem mittleren Eisen gespielter Annäherungsschlag mit beträchtlichem Lauf auf dem Grün

Closed - Verhältnis zwischen der Richtung des Standes und der Schlagfläche

a) Die Schlagfläche ist „closed“ oder „shut“, wenn die Spitze des Schlägerkopfes nach innen gedreht ist

b) Der Stand ist „closed“, wenn die Fußlinie nach rechts vom Ziel weist (beim Rechtshänder)

Cup - Der Locheinsatz, aber auch das Loch selbst

D

Dead - Einen Ball „tot“ legen heißt, ihn so nahe ans Loch zu spielen, dass er mit dem nächsten Schlag ohne Schwierigkeiten eingelocht werden kann. Im Lochspiel wird dieser Putt geschenkt

Divot - Die Grassode, die nach einem gut getroffenen Schlag aus dem Boden geschnitten wird

Dormie - Begriff aus dem Lochspiel, wenn ein Spieler (oder eine Partei) so viele Löcher auf ist, wie bis zum 18. Loch noch zu spielen sind

Downswing - Der Teil des Golfschwungs vom höchsten Punkt des Rückschwungs bis zum Treffmoment, also der Abschwung

Draw - Ein Schlag, bei dem der Ball in der Luft eine kleine, kontrollierte Kurve von rechts nach links beschreibt (beim Rechtshänder)

Driver - Das Holz 1, der stärkste Schläger in einem Set für Abschläge von maximaler Weite

Drop - Das Fallenlassen eines Balls unter Hinzurechnung eines Strafschlages oder straffrei. Dabei steht der Spieler aufrecht, hält den vom Boden aufgehobenen Ball in Armlänge und Schulterhöhe von sich und lässt ihn nicht näher zum Loch fallen

E

Eagle - Zwei Schläge unter dem für das Loch vorgeschriebenen Par

Eclectic - Eine Wettspielart über mehrere Wochen oder Monate, in der die Spieler ihre besten Resultate an jedem Loch von mehreren Zählkarten addieren

Explosion shot - Explosionsschlag aus einem Bunker

F

Face - Die Schlagfläche eines Schlägers, mit der der Ball getroffen wird. Auch die Vorderkante eines Bunkers

Face insert - Der extra harte Schlägerblatteinsatz in der Schlagfläche eines Holzes

Fade - Ein Schlag, bei dem der Ball in der Luft eine leichte Kurve von links nach rechts beschreibt (beim Rechtshänder)

Fairway - Die gemähte Spielbahn zwischen Abschlag und Grün

Fairway woods - Die Hölzer 2, 3, 4, 5, 7 und 9 für die Schläge nach dem Abschlag

Flag - Die Fahne, die anzeigt, wo sich das Loch auf dem Grün befindet

Flag competition - Eine Wettspielart, Flaggenwettspiel genannt, bei der der Spieler eine bestimmte Anzahl von Schlägen erhält, d. h. den Platzstandard plus seine Spielvorgabe, die er verbrauchen kann. Sieger ist der Spieler, der nach dem Verbrauch seiner Schläge dem 18. Loch am nächsten liegt. Nach dem Verbrauch der Schläge wird die Stelle, an der der Ball liegt, jeweils mit einer kleinen Flagge markiert

Flange - Der Flansch, d. h. die breite Sohle eines Eisens, besonders stark ausgeprägt beim Sand-Wedge

Flat swing - Ein flacher Schwung, d. h., der Schwung des Schlägers um den Körper erfolgt niedrig

Followthrough - Der Teil des Schwungs nach dem Treffmoment, also der Durchschwung

„Fore“ - Ein Warnruf auf dem Platz an andere Spieler, dass sie in Gefahr sind, von einem Ball getroffen zu werden

Fourball better ball - Lochspiel oder Zählspiel zwischen vier Spielern

Foursome - Eine Wettspielart, Vierer genannt, bei der je zwei Spieler eine Partei bilden und zusammen einen Ball abwechselnd spielen. Auch die Abschläge werden abwechselnd gespielt

Fringe - Der mit etwas höherem Gras bewachsene Rand rund um das eigentliche Grün

G

Grain - Die Richtung, in der das Gras eines Grüns wächst. Putten gegen das „grain“ erfordert einen größeren Kraftaufwand als mit dem „grain“

Green - Das Grün - das kurz gemähte, sorgfältig gepflegte Zielgebiet, in dem das Loch liegt

Greensomes - Eine Wettspielart für zwei Spielerpaare = Vierer mit Auswahldrive. Die Spieler jeder Partei schlagen am Abschlag je einen Ball ab. Sie wählen dann den besten dieser Abschläge für sich aus und lochen ihn abwechselnd schlagend ein. Die von jeder Seite in Anrechnung gebrachte Vorgabe beträgt 6/10 des niedrigeren plus 4/10 des höheren Handicaps.

Grip - Der Griff:

a) die Position der Hände am Schaft

b) der mit Leder oder Gummi umwickelte obere Teil des Schafts

Gross score - Das Bruttoergebnis: Die Gesamtzahl der für eine Runde benötigten Schläge vor Abzug der Vorgabe

Ground under repair - Boden in Ausbesserung: Teil eines Platzes, auf dem auf Anordnung der Spielleitung zeitweilig nicht gespielt werden darf. Ein dort liegender Ball darf straflos aufgenommen und fallen gelassen werden. Ein Ball außerhalb dieser Zone darf ebenfalls aufgenommen werden, wenn die Standposition des Spielers beim Schlag auf diesem Boden in Ausbesserung wäre

H

Half - Halbiert: Ein Loch ist „halbiert“, wenn beide Parteien im Lochspiel die gleiche Anzahl von Schlägen haben. Ein Match ist halbiert, wenn es „all square“ beendet wird

Handicap - Vorgabe: Die Bemessung der Spielstärke eines Spielers im Verhältnis zum Par eines Platzes. Ein Spieler mit Handicap 20 sollte einen Par 70-Platz mit 90 Schlägen bewältigen. Diese Vorgabe dient Spielern unterschiedlicher Spielstärke dazu, zu gleichen Bedingungen miteinander zu konkurrieren

Hanging lie - Hängende Lage, wenn der Ball auf einem vor dem Spieler abfallenden Gelände liegt

Hazard - Hindernis: Seen, Teiche und Gräben (Wasserhindernisse) oder Sandbunker. Man darf den Schläger vor dem Schlag aus einem Hindernis nicht auf dem Boden aufsetzen

Heel - Hacke: der Teil des Schlägerkopfes unterhalb des Schaftendes

Hole - Das Loch von 10,8 cm Durchmesser, in das der Ball gespielt wird

Honour - Die Ehre: Das Recht abzuspielen hat der Spieler, der am vorhergehenden Loch die wenigsten Schläge benötigte

Hooded - Wenn die Schlagfläche geschlossen und nach innen gedreht und dadurch der Loft reduziert wird

Hook - Ein schlechter Schlag, bei dem der Ball eine Kurve nach links beschreibt (beim Rechtshänder)

Hosel - Die Gelenkhülse am Schlägerkopf, in die der Schaft eingepasst ist

IJKL

Lateral water hazard - Seitliches Wasserhindernis, also ein Graben, Bach oder Teich, der etwa parallel zur Linie zum Loch verläuft. Ein aus dem Wasserhindernis genommener Ball darf unter Hinzurechnung eines Strafschlages von beiden Seiten des Hindernisses gespielt werden

Lie - Lage:

a) Die Stelle, an der der Ball zur Ruhe kommt

b) Der Winkel zwischen Schlägerkopf und Schaft, der je nach Körpergröße eines Spielers unterschiedlich sein kann

Links - Ein Golfplatz im Dünengelände, der durch Sand, Rasen und Dünengras charakterisiert ist. Auf dieser Art Plätze wurde an der Ostküste Schottlands ursprünglich Golf gespielt

Local Rules - Platzregeln: Die Klarstellung des Status von ungewöhnlichen Merkmalen oder Hemmnissen auf einem Platz. Sie sind auf der Rückseite der Scorekarte spezifiziert

Loft -

a) Der Neigungswinkel des Schlägerblatts, um dem Ball mehr oder weniger Höhe zu verleihen

b) Das Spielen des Balls in die Luft

Long game - Die Schläge, bei denen es um möglichst große Weite geht

Loose impediments - Lose hinderliche Naturstoffe, also Zweige, Blätter etc., die nicht angewachsen sind und nicht am Ball haften. Sie dürfen straflos rund um den Ball entfernt werden, wobei der Ball nicht bewegt werden darf

Lost ball - Verlorener Ball: Wenn ein Ball nach fünfminütiger Suche nicht wiedergefunden wird, kann unter Hinzurechnung eines Strafschlages ein anderer Ball von der Stelle gespielt werden, wo der ursprüngliche Ball gespielt wurde

MN

Mark - Das Markieren der Stelle auf dem Grün, von welcher der Spieler seinen Ball aufgenommen hat, um den Weg für den Putt eines anderen Spielers freizumachen

Marker - Zähler: Der Spieler, der die Anzahl der Schläge eines anderen Spielers zählt

Matchplay - Lochspiel: Wettspielart, bei der nach gewonnenen Löchern und nicht nach der Gesamtzahl der Schläge gezählt wird

Medal play - Zählspiel: Wettspielart, bei der derjenige Spieler Sieger ist, der von allen Teilnehmern die wenigsten Schläge für die Runde (oder Runden) benötigt hat

Nett score - Der Score eines Spielers für eine Runde nach Abzug des Handicaps vom Bruttoergebnis

O

Open -

a) Geöffnete Schlagfläche, wenn die Spitze des Schlägerkopfes nach außen gedreht ist

b) Geöffneter Stand, wenn die Fußlinie nach links vom Ziel weist (beim Rechtshänder)

Out of bounds - Aus: Das Aus ist Boden, auf dem nicht gespielt werden darf. Es ist durch Pfosten oder einen Zaun gekennzeichnet. Ein ins Aus geschlagener Ball muss unter Hinzurechnung eines Strafschlages noch einmal von der usprünglichen Stelle gespielt werden

P

Par - Par ist die Zahl der Schläge, die ein Spieler ohne Handicap an einem Loch oder auf einem Platz erzielen sollte

Penalty - Strafe: Im Zählspiel muss man sich bei einem Regelverstoß gewöhnlich zwei Strafschläge hinzurechnen; beim Lochspiel lautet die Strafe im Allgemeinen Lochverlust

Pin - Die Fahne oder der Flaggenstock

Pitch shot - Ein kurzer, hoher Schlag zum Grün, der nach der Landung nicht rollt

Provisional - Ein provisorischer Ball. Er wird gespielt, wenn es wahrscheinlich erscheint, dass der ursprüngliche Ball verloren oder im Aus ist. Es zählt dann der Schlag mit dem provisorischen Ball plus ein Strafschlag, falls der uspründliche Ball nicht gefunden wird. Wird dieser gefunden, so muss der provisorische Ball aufgegeben und der ursprüngliche weitergespielt werden

Pull - Ein gerader Schlag nach links vom Ziel (beim Rechtshänder)

Push - Ein gerader Schlag nach rechts vom Ziel (beim Rechtshänder)

Putt - Der mit einem Putter gespielte rollende Schlag zum Loch auf dem Grün

R

Rough - Rauhes: Das weniger kurz geschnittene Gras und die niedrige Vegetation außerhalb des Fairways

Rub of the green - Bahnzufall, wenn ein Ball zufällig gestoppt oder abgelenkt wird. Er muss so gespielt werden, wie er liegt

Rules - Die Golfregeln: Der Golfsport wird vom Royal and Ancient Golf Club of St. Andrews (dem R & A) und der United States Golf Association (USGA) gemanagt. Sie erlassen allgemein verbindliche Golfregeln. Darüber hinaus können Platzregeln von einem Club erlassen werden, um den Besonderheiten eines Platzes gerecht zu werden

S

Sand trap - Amerikanischer Ausdruck für Bunker

Sand-Wedge - Eisen mit dem größten Neigungswinkel für das Bunkerspiel und Pitch-Schläge

Scratch player - Ein Spieler mit Vorgabe 0, der einen Platz in Par spielen sollte

Set of Clubs - Schlägersatz: Die Höchstzahl der zugelassenen Schläger beträgt 14 - gewöhnlich vier Hölzer, neun Eisen und ein Putter

Shank - Ein Schlag, bei dem der Ball an einer Stelle zwischen der Tülle (Hals) des Schlägers und der Ferse des Schlägerblatts getroffen wird, so dass er nach rechts fliegt (beim Rechtshänder)

Short game - Das kurze Spiel: Annäherungsschläge zum Grün und das Putten

Shut - siehe CLOSED

Singles - Ein Spieler spielt gegen einen anderen

Slice - Ein Schlag, bei dem der Ball in der Luft eine Kurve von links nach rechts beschreibt (beim Rechtshänder)

Socket - siehe SHANK

Sole - Sohle: Die Unterseite des Schlägerkopfes

Square -

a) Stand: Die Fußspitzen stehen beim Ansprechen parallel zur Linie zum Ziel

b) Schläger: Das Schlägerblatt steht senkrecht zur Linie zum Ziel

Stableford - Eine Wettspielart gegen Par (siehe Kapitel Wettspielformen)

Stance - Der Stand der Füße beim Ansprechen des Balls

Standard Scratch Score - Das Par eines Platzes sowie die Grundlage für die Vorgabenberechnung

Stroke - Ein Schlag im Golf

Stroke and distance - Die Strafe von einem Schlag und Verlust der Distanz, d. h., der Spieler muss sich, wenn sein Ball verloren, im Aus oder anderweitig unspielbar ist, zu der Stelle zurückbegeben, von der der Ball ursprünglich gespielt wurde

Stroke index - Vorgabeverteilung: Die in dieser Spalte auf der Scorekarte angegebenen Ziffern kennzeichnen die Löcher, an denen ein Handicap-Spieler Schläge vor erhält

Strokeplay - Zählspiel: Wettspielart, die durch die Zahl der erzielten Schläge entschieden wird

Swingweight - Schwunggewicht: Das Maß von Ausgewogenheit und Gesamtgewicht der Schläger. In einem passenden Schlägersatz sollten sich alle Schläger beim Schwung gleich anfühlen

T

Tee, teeing ground - Die flache, manchmal erhöht liegende Stelle, von der aus die ersten Schläge an jedem Loch gespielt werden. Häufig gibt es verschiedene Abschläge: Meisterschaftsabschläge („the tiger tee"), Herrenabschläge, vordere Herrenabschläge und Damenabschläge

Texas scramble - Ein Mannschaftswettbewerb, bei dem alle Spieler einer Partei ihren Ball immer von der Stelle des bestliegenden Drives, des bestliegenden zweiten Schlags usw. spielen

Three off the tee - Drei vom Abschlag. Wenn der Drive eines Spielers verloren, im Aus oder unspielbar ist, muss dieser unter Hinzurechnung eines Strafschlags noch einmal aufteen - sein dann dritter Schlag

Through the green - Regelfachausdruck: Der Golfplatz, d. h. die gesamte Fläche des

Platzes ausgenommen Abschlag und Grün des zu spielenden Lochs, sämtliche Hindernisse und Aus

Throughswing - Durchschwung: Der Teil des Schwungs, in dem der Ball tatsächlich getroffen wird

Toe - Die Schlägerspitze, d. h. die Stelle des Schlägerkopfes, die am weitesten vom Schaft entfernt ist

Top - Das Treffen des Balls oberhalb seines Zentrums; ein getoppter Ball fliegt nicht vom Boden hoch

Trap - In den USA ein Bunker

U

Unplayable - Unspielbar: Ein Spieler darf seinen Ball für unspielbar erklären und ihn unter Hinzurechnung eines Strafschlages nicht näher zum Loch fallen lassen. Liegt der unspielbare Ball in einem Bunker, muss er im Bunker fallen gelassen werden oder der Spieler muss sich für eine Strafe von einem Schlag und Verlust der Distanz entscheiden

Uphill lie - Lage hangaufwärts, wenn der Ball auf einem vor dem Spieler ansteigenden Gelände liegt

Upright swing - Aufrechter Schwung, bei dem der Schlägerkopf auf einer fast senkrechten Bahn verläuft

VW

Waggle - Das Ansetzen und Einpendeln des Schlägers vor dem eigentlichen Schlag zur Lockerung des Spielers

Wedge - Ein Schläger mit einer extrem geneigten Schlagfläche: Pitching-Wedges und Sandeisen

Whipping - Der straff umwickelte Teil am Schlägerkopf eines Holzes

Wrist cock - Das automatische Abwinkeln der Handgelenke, wenn der Schläger beim Rückschwung vom Boden gehoben wird

Danksagungen und Fotonachweise

Hergestellt von Focus Publishing, The Courtyard, 26 London Road, Sevenoaks, Kent TN13 1AP

Garfik von Pamela Goodchild

Computer-Grafiken von Focus Publishing

Studio-Fotografien von Laura Wickenden

Die Autorin und der Verlag danken Wendy Dicks und Sarah Greenall, die für viele Fotoaufnahmen Modell standen.

Archiv-Fotografien:
ActionPlus: S. 22/23 (Chris Brown); S. 213 (Glyn Kirk)
Allsport: S. 118/119, 211 (David Cannon); S. 147, 195 (Harry How); S. 143 (Andy Lyons); S. 55, 81, 94/95 (Stephen Munday); S. 50, 56/57, 186/187 (Andrew Redington)
Peter Dazeley: S. 63, 84, 113, 129, 173, 180, 196
Eric Hepworth: S. 7
Mark Newcombe: S. 9, 10
Phil Sheldon: S. 154, 174, 194, 199, 200
Phil Sheldon/Jan Traylen: S. 132/133, 149, 165, 168/169, 202
The Stock Market/Ed Bock: S. 111

Stichwortverzeichnis